LES YEUX DE LA DÉCOUVERTE
GALLIMARD JEUNESSE

ENCYCLOPÉDIE DES DINOSAURES

POUR L'ÉDITION ORIGINALE

Édition Ben Morgan, Caroline Bingham, Wendy Horobin
Graphisme Pamela Shiels, Rachael Grady
Iconographie Frances Vargo
Fabrication Siu Chan

Direction éditoriale Mary Ling
Direction artistique Martin Wilson
Fabrication Siu Chan
Iconographie Frances Vargo

Conseiller Dr Darren Naish

POUR L'ÉDITION FRANÇAISE

Responsable éditorial Thomas Dartige
Édition Éric Pierrat
Couverture Jean-François Saada, Studio LWA et Anaïs Lemercier
Photogravure de couverture IGS

Réalisation de l'édition française ML Éditions, Paris, sous la direction de Michel Langrognet
Traduction Sylvie Deraime (p. 4 à 113) Véronique Dreyfus (p. 114 à 293)
Édition et PAO Anne Papazoglou-Obermeister et Barbara Astruc
Correction Marie-Pierre Le Faucheur

Conseiller Bernard Battail, docteur ès sciences, paléontologue

Édition originale parue sous le titre :
Dinosaurs, A Children's Encyclopedia

ISBN : 978-2-07-508629-5

Dépôt légal : septembre 2017
N° d'édition : 319523

Loi n° 49-956 du 16 juillet 1949
sur les publications destinées à la jeunesse.

La présente édition ne peut pas être vendue au Canada.

Photogravure Media Development and Printing Limited, Grande-Bretagne
Imprimé et relié en Chine

Sommaire

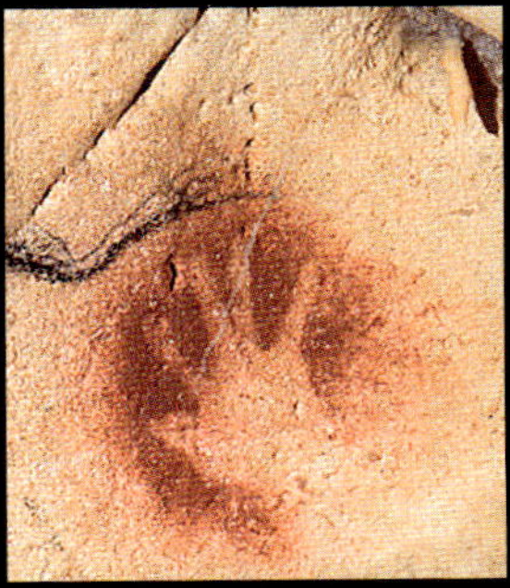

Introduction

Des animaux fascinants, et parfois imposants, nous entourent : baleines et requins dans les océans, grands félins, éléphants et girafes sur terre. Partout, les espaces sauvages grouillent d'insectes, d'oiseaux et de milliers d'autres animaux. Les fossiles conservés par la Terre témoignent que ces êtres vivants ne sont que la partie visible d'un incroyable arbre de la vie dont on peut suivre le développement sur des centaines de millions d'années. Les fossiles mis au jour retracent une histoire stupéfiante et complexe, celle de l'évolution, ponctuée d'extinctions. Ils révèlent que les animaux du passé étaient souvent plus grands, plus forts et bien plus étranges que ceux d'aujourd'hui.

Ce livre présente de manière détaillée la vie animale, très diverse, qui a évolué au cours des 500 derniers millions d'années environ, des premières formes de vie complexe, au précambrien, jusqu'aux premiers mammifères et oiseaux, en passant par les dinosaures de l'ère mésozoïque.

La très grande majorité des fossiles collectés dans le monde sont les vestiges de petits êtres vivants tels que coquillages et plancton. Mais d'autres attestent qu'il a bien existé des bêtes incroyables. Nous avons ainsi connaissance de mille-pattes de la taille d'un crocodile, d'oiseaux géants mangeurs de chevaux, de monstrueux reptiles marins et de bizarres mammifères comme les paresseux terrestres et les félins à dents de sabre. C'est souvent un défi de se représenter à quoi ressemblaient ces animaux, et de nombreux scientifiques et artistes ont fourni un travail formidable pour reconstituer leur apparence et leur comportement.

Vous découvrirez dans ces pages de nombreuses représentations de ces animaux et de bien d'autres, classés par familles et apparaissant à peu près dans l'ordre chronologique. Ouvrir ce livre est comme remonter le temps. Tenez-vous prêt pour un spectaculaire safari visuel.

Dr Darren Naish
Écrivain scientifique et associé de recherche honoraire à l'université de Portsmouth en Grande-Bretagne.

LA VIE PRÉHISTORIQUE

▲ LE GRAND CANYON, *aux États-Unis, offre un aperçu sidérant du passé. À mesure que le Colorado grignote les couches de roches anciennes, il révèle des fossiles formés il y a de nombreux millions d'années.*

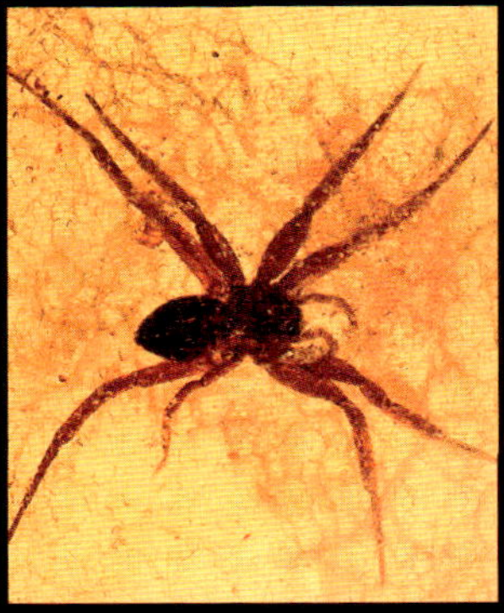

La **préhistoire** est la période précédant l'invention de l'écriture. Elle couvre la plus grande partie de l'histoire de la Terre, depuis sa naissance, il y a 4,6 milliards d'années. Bienvenue dans le monde des temps géologiques.

Les *débuts* de la *vie*

Formée il y a environ 4,6 milliards d'années, la Terre était invivable dans sa prime jeunesse : sa surface était brûlante et il n'y avait pas la moindre goutte d'eau. Comment la vie a-t-elle donc pu apparaître ?

UNE TERRE HOSTILE

La roche en fusion qui couvrait la toute jeune Terre refroidit peu à peu et se solidifia. Mais les volcans déversaient toujours des flots de lave, ainsi que des gaz provenant de l'intérieur de la planète : l'atmosphère se forma, mais cette dernière était toxique.

COMÈTES ET ASTÉROÏDES

Pendant des millions d'années, la Terre ne cessa d'être bombardée par des comètes, des astéroïdes et même de petites planètes. Sous les impacts, la toute nouvelle croûte terrestre se déchira et d'autres flots de lave s'épanchèrent. Mais ces collisions apportèrent aussi l'eau.

La formation des océans
L'atmosphère terrestre refroidissait peu à peu, tout comme la jeune Terre. La vapeur d'eau brûlante dégagée par les volcans put ainsi se condenser en eau liquide. La pluie s'abattit pendant un million d'années ! Les comètes et les astéroïdes contenaient eux aussi de l'eau. Toute cette eau s'accumula à la surface, en de vastes océans.

▼ L'EAU *Il ne peut y avoir de vie sans eau liquide. Celle-ci couvre 71 % de la surface terrestre.*

Des débuts aquatiques
La vie serait née il y a environ 3,8 milliards d'années, dans la sécurité des profondeurs marines. Les premières formes de vie pourraient être apparues autour des évents hydrothermaux. Aujourd'hui encore, des bactéries tirent leur énergie des substances chimiques dissoutes dans l'eau bouillante qui en jaillit.

La vie en eau chaude
À Grand Prismatic Spring, dans le parc américain de Yellowstone, des bactéries prospèrent dans une eau terriblement chaude.

Des photocopieuses moléculaires
La première forme de vie n'était qu'une molécule capable de produire des copies identiques à elle-même. Elle était donc différente de l'ADN, qui ne peut se dupliquer qu'à l'intérieur des cellules vivantes. L'ADN a évolué ensuite à partir de ces premières molécules vivantes.

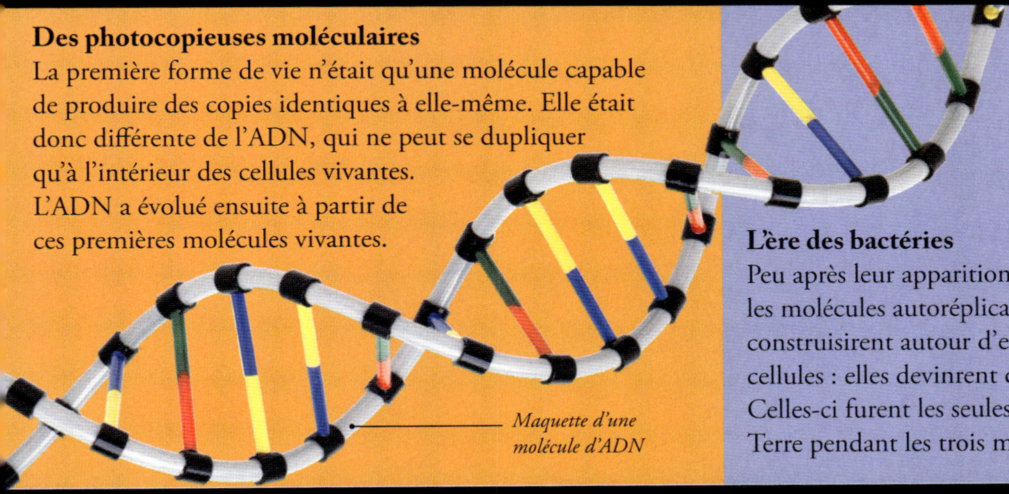

Maquette d'une molécule d'ADN

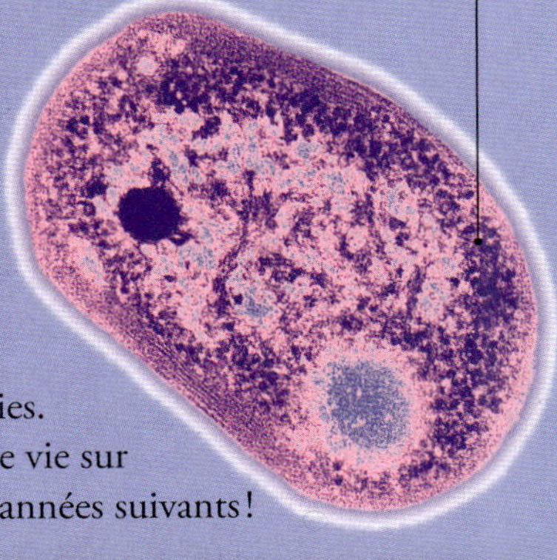

Les bactéries sont des organismes unicellulaires, trop petits pour être visibles à l'œil nu. Il y en a des millions sur et dans notre corps.

L'ère des bactéries
Peu après leur apparition, les molécules autoréplicantes construisirent autour d'elles des cellules : elles devinrent des bactéries. Celles-ci furent les seules formes de vie sur Terre pendant les trois milliards d'années suivants !

De véritables survivants
Les stromatolites, pareils à des rochers, sont édifiés par des colonies de bactéries. Or on connaît des fossiles vieux de 3,5 milliards d'années. Comme les plantes, les bactéries constituant les stromatolites utilisent l'énergie du Soleil pour fabriquer leur nourriture et rejettent de l'oxygène. Il y a des milliards d'années, elles en produisirent assez pour que l'atmosphère terrestre devienne respirable.

▼ FOSSILES VIVANTS *La baie des Requins, en Australie, abrite toujours des stromatolites vivants.*

Stromatolite

L'évolution

Les fossiles d'animaux préhistoriques montrent que la vie change sans cesse. Des espèces disparaissent et de nouvelles se développent à partir des anciennes. On appelle évolution le processus graduel de transformation menant à une nouvelle espèce.

LA SÉLECTION NATURELLE

Les descendants engendrés par les végétaux et les animaux sont tous légèrement différents. Et seuls parviennent à l'âge adulte ceux qui présentent les caractéristiques les mieux adaptées. Celles-ci sont ensuite transmises à la génération suivante.

▲ LES GRENOUILLES *pondent des centaines d'œufs, mais seule une toute petite partie de leur progéniture parvient à l'âge adulte.*

Le cou de la girafe
Le long cou de la girafe constitue un parfait exemple de sélection naturelle. À chaque génération, les girafes qui ne pouvaient brouter dans les plus hautes branches étaient éliminées, tandis que les plus grandes mangeaient plus et avaient plus de petits. Au fil du temps, le cou s'est allongé et l'espèce a évolué.

COUP D'ŒIL SUR LES PINSONS DE DARWIN

Le naturaliste anglais Charles Darwin fut l'un des premiers à faire la démonstration de l'évolution. Dans les années 1830, il découvrit dans les îles Galápagos plusieurs espèces d'oiseaux apparentées aux pinsons. Elles étaient assez semblables entre elles, mais avaient chacune un bec adapté à un régime alimentaire particulier. Il comprit que ces espèces avaient évolué à partir d'un ancêtre commun.

Géospize pique-bois
Camarhynchus pallidus

Géospize à bec moyen
Geospiza fortis

Géospize crassirostre
Platyspiza crassirostris

Géospize olive
Certhidea olivacea

Une théorie impopulaire

Quand, en 1871, Darwin avança que les humains étaient apparentés aux grands singes, on se moqua de ses idées en le dessinant avec un corps de singe.

▼ *ARCHAEOPTERYX avait des plumes mais aussi des dents, des griffes et une queue de dinosaure.*

LA PREUVE FOSSILE

Les témoignages fossiles sont trop rares pour mettre en évidence une transformation graduelle. Pourtant, certains fossiles permettent d'établir clairement les liens entre des groupes d'animaux apparentés. *Archaeopteryx* donne ainsi une image de la transition entre les dinosaures et les oiseaux.

L'ÉVOLUTION DE L'ÉLÉPHANT

Dans de rares cas, on peut observer l'évolution graduelle à travers les fossiles. Les proboscidiens, dont fait partie l'éléphant, ont ainsi grandi au fil du temps et ont développé des trompes et des défenses plus imposantes. Néanmoins, les animaux présentés ici pourraient ne pas être les ancêtres directs de l'éléphant mais quelques éléments d'un arbre généalogique plus fourni.

La sélection artificielle

Au lieu de laisser la nature choisir quels individus se reproduiront, les éleveurs font eux-mêmes ce choix, modifiant ainsi les races élevées. Darwin a appelé « sélection artificielle » ce processus. Toutes les races de chiens ont par exemple été créées à partir d'un même ancêtre sauvage, le loup.

Loup gris

▼ TOUS LES CHIENS *domestiques ont le loup pour ancêtre commun.*

Chronologie

L'histoire de la Terre s'étire sur 4,6 millions d'années. Les scientifiques divisent ce très long temps en plusieurs périodes, comme le jurassique, période pendant laquelle vivaient de nombreux dinosaures. Cette frise déroule l'histoire de la vie sur Terre.

◀ LE GRAND CANYON, ÉTATS-UNIS. *Les différentes périodes de l'histoire de la Terre portent le nom des strates rocheuses où les fossiles correspondants ont été découverts. Ces strates sont visibles dans le Grand Canyon : plus elles sont profondes, plus elles sont anciennes.*

LES LIGNES DE VIE

Le passé laisse des indices enfouis dans les roches à la surface de la Terre. Certains types de roches se superposent en couches, ou strates, au fil des millions d'années. Chaque strate correspond à une période de l'histoire de la Terre.

▶ L'HISTOIRE DE LA TERRE *est découpée en ères, très longues. Celles-ci se divisent en périodes plus courtes comme le jurassique ou le trias.*

Les dinosaures s'éteignirent il y a 65 millions d'années.

Des invertébrés marins à enveloppe dure, tels les trilobites, apparurent il y a 542 millions d'années.

La vie est apparue il y a environ 3,8 milliards d'années.

Les plantes colonisèrent la terre ferme il y a 440 millions d'années.

La Terre s'est formée il y a 4,6 milliards d'années.

ÈRES ET PÉRIODES

	ÈRE PALÉOZOÏQUE				
PRÉCAMBRIEN	CAMBRIEN	ORDOVICIEN	SILURIEN	DÉVONIEN	CARBONIFÈRE
Il y a 4,6 milliards d'années à 542 millions d'années	**Il y a 542 à 488 millions d'années**	**Il y a 488 à 444 millions d'années**	**Il y a 444 à 416 millions d'années**	**Il y a 416 à 358 millions d'années**	**Il y a 358 à 299 millio d'années**
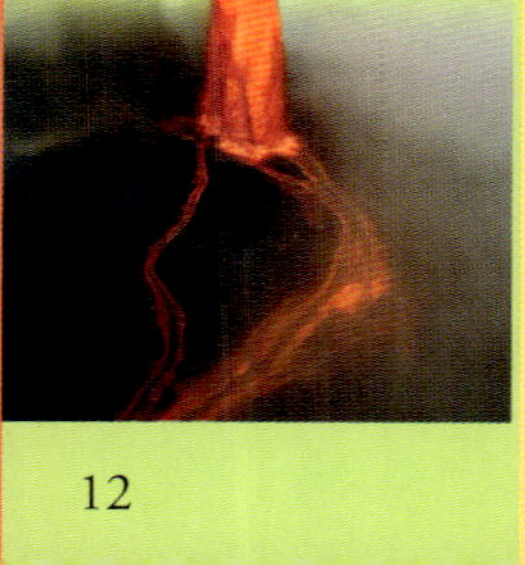	*Des trilobites peuplaient les fonds marins (voir p. 36-37).* 	 *Les astéries (étoiles de mer) devinrent communes dans les océans (voir p. 40-41).*	*Des* Pseudocrinites *vivaient ancrés sur le fond marin à la fin du silurien.* 	 Dunkleosteus, *un prédateur gigantesque, faisait régner la terreur dans les océans (voir p. 68).*	*Des libellules et d'autres insectes vrombissaient da les airs (voir p. 54-55).* 

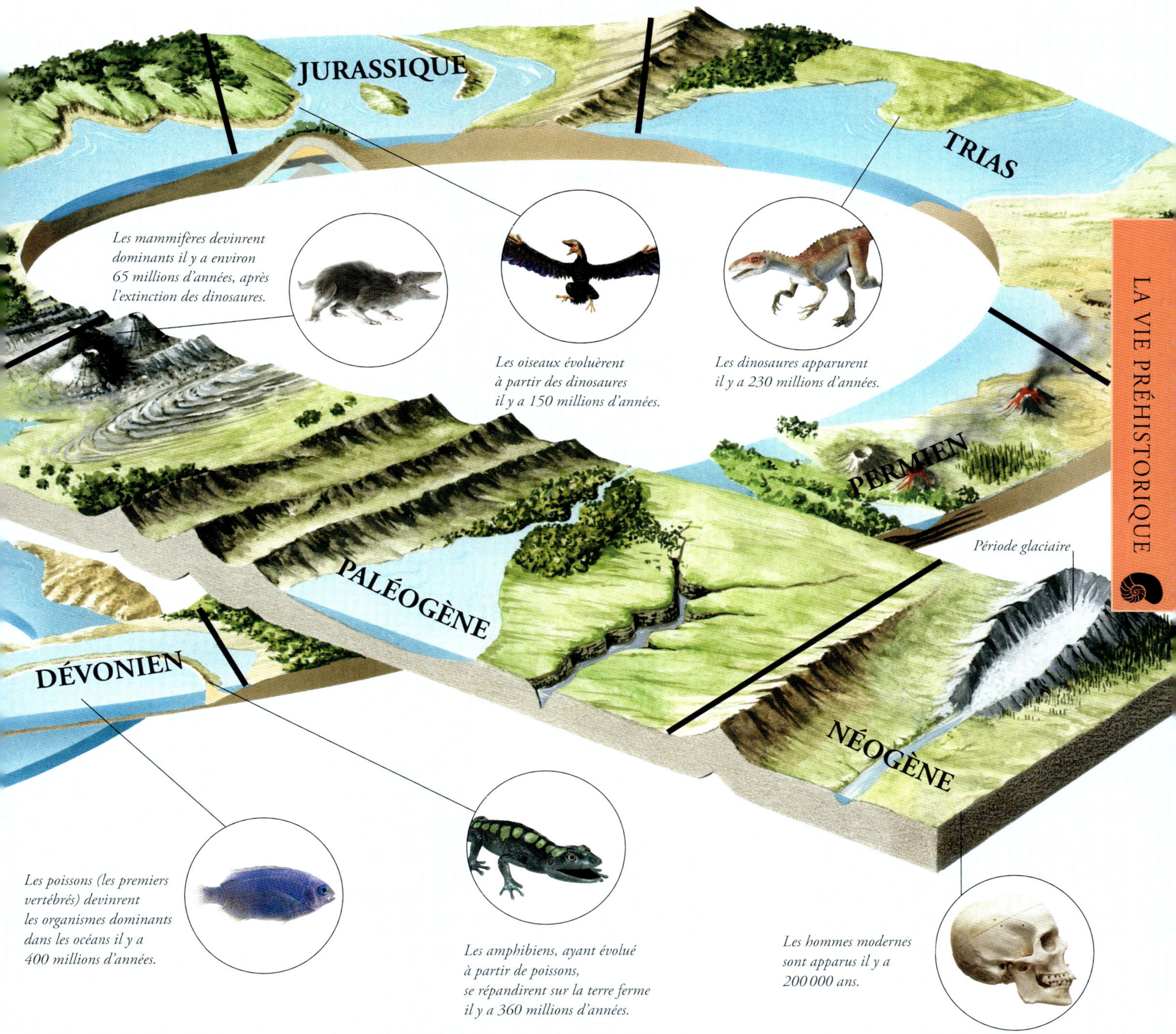
JURASSIQUE
TRIAS
Les mammifères devinrent dominants il y a environ 65 millions d'années, après l'extinction des dinosaures.
Les oiseaux évoluèrent à partir des dinosaures il y a 150 millions d'années.
Les dinosaures apparurent il y a 230 millions d'années.
PERMIEN
Période glaciaire
PALÉOGÈNE
DÉVONIEN
NÉOGÈNE
Les poissons (les premiers vertébrés) devinrent les organismes dominants dans les océans il y a 400 millions d'années.
Les amphibiens, ayant évolué à partir de poissons, se répandirent sur la terre ferme il y a 360 millions d'années.
Les hommes modernes sont apparus il y a 200 000 ans.

ÈRE MÉSOZOÏQUE
ÈRE CÉNOZOÏQUE
PERMIEN
y a 299 à 251 millions années
Dimetrodon était le rédateur le plus edoutable de son temps voir p. 218).
TRIAS
Il y a 251 à 200 millions d'années
Parmi les premiers dinosaures figurait Herrerasaurus, l'un des plus anciens que l'on connaisse.
JURASSIQUE
Il y a 200 à 145 millions d'années
Archaeopteryx est le plus ancien oiseau connu (voir p. 208).
CRÉTACÉ
Il y a 145 à 65 millions d'années
Les mammifères du crétacé n'étaient pas plus grands qu'une souris (voir p. 222-223).
PALÉOGÈNE
Il y a 65 à 23 millions d'années
Un des premiers primates connus, Eosimias, apparut à cette période (voir p. 277).
NÉOGÈNE
Il y a 23 millions d'années
Nos ancêtres, encore semblables à des grands singes, commencèrent à marcher (p. 278-281).

Planète *changeante*

La Terre se transforme sans cesse. Les masses terres (les continents) dérivent lentement à sa surface, ce qui modifie la carte du monde. Le climat alterne entre froid et chaud et, d'une ère à l'autre, les végétaux et les animaux changent aussi. Les scientifiques divisent l'ère des dinosaures en trois périodes, très différentes de la période actuelle.

LA TERRE ACTUELLE

Les terres émergées se divisent aujourd'hui en sept grandes masses : Europe, Afrique, Asie, Amérique du Nord, Amérique du Sud, Antarctique et Australasie. Ces continents se déplacent, mais très lentement : à peu près à la vitesse à laquelle poussent nos ongles.

LA VIE AU TRIAS

LA VIE AU JURASSIQUE

▼ LE JURASSIQUE *connut un climat un peu plus doux. Les dinosaures se diversifièrent et atteignirent des tailles colossales.*

LA VIE AU CRÉTACÉ

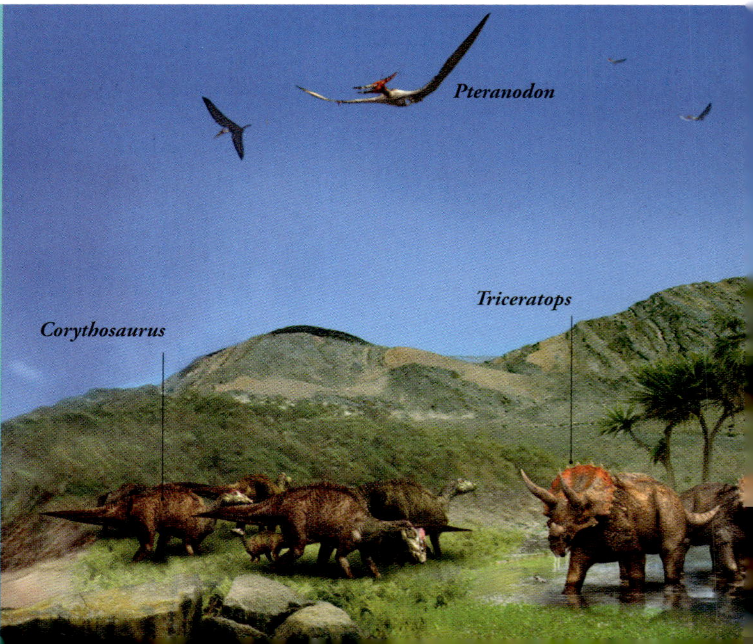

◀ LE TRIAS *vit apparaître les premiers dinosaures, tous assez petits, comme ce* Coelophysis. *Ils habitaient un monde chaud, en grande partie désertique.*

La vie au trias
Il y a 251 à 200 millions d'années

Des déserts occupaient la plus grande partie de la Pangée, continent unique. Les côtes et les vallées fluviales, en revanche, étaient verdoyantes. Des plantes à feuilles coriaces comme les cycadales (ressemblant à des palmiers), les gingkos, les prêles et les conifères prospéraient. Elles ont survécu jusqu'à nos jours. Parmi les premiers dinosaures figuraient *Herrerasaurus, Plateosaurus, Chindesaurus, Coelophysis* et *Eoraptor.*

Cycadale

▲ LA TERRE AU TRIAS
La Pangée commença à se fracturer en deux au cours du trias tandis que s'ouvrait l'océan Téthys.

La vie au jurassique
Il y a 200 à 145 millions d'années

La Pangée se divisa en deux il y a environ 200 millions d'années. Les océans envahirent alors une partie des terres pour former de vastes mers peu profondes. Des gigantesques sauropodes végétariens (comme *Brachiosaurus* et *Diplodocus*) et d'énormes prédateurs (tel *Allosaurus*) apparurent. Les forêts luxuriantes gagnèrent du terrain sur les déserts. Les conifères, les araucarias et les fougères y étaient abondants.

Fougère

▲ LA TERRE AU JURASSIQUE
La Pangée se divisa en deux continents, la Laurasie, au nord, et le Gondwana, au sud, que séparaient des mers peu profondes.

▼ LE CRÉTACÉ *fut plus frais, quoique toujours plus doux que le climat actuel. Si les dinosaures régnaient sur les terres, les ptérosaures et les insectes dominaient les airs.*

La vie au crétacé
Il y a 145 à 65 millions d'années

Tandis que les continents continuaient de se morceler, les dinosaures qui les peuplaient évoluaient de manière différente. De nombreuses espèces nouvelles émergèrent, dont *Tyrannosaurus, Triceratops* et *Iguanodon.* Les premières plantes à fleurs s'épanouirent, parmi lesquelles des magnolias et des passiflores. Dans les forêts denses poussaient des arbres feuillus, comme le chêne ou le hêtre.

Magnolia

▲ LA TERRE AU CRÉTACÉ
Au cours du crétacé, les continents commencèrent à ressembler à ceux que nous connaissons.

Tout sur les *fossiles*

Presque tout ce que nous savons sur les animaux préhistoriques nous vient de l'étude des fossiles : des restes ou des empreintes d'organismes qui vivaient dans le passé. Le mot vient du latin *fossilis,* signifiant « déterré ». De fait, il faut parfois creuser pour dégager les fossiles, même si la plupart sont exposés par l'érosion. Dans tous les cas, ils sont restés enfouis souvent des millions d'années durant.

▲ UNE MINE D'INFORMATIONS *Les squelettes fossilisés complets sont rares. Mais ils fournissent aux paléontologues, qui étudient les formes de vie préhistorique, de nombreuses et précieuses informations.*

Un dinosaure meurt et s'abat sur la berge boueuse d'une rivière.

MAIS ENCORE ?

- On découvre souvent les fossiles dans de la roche, de la vase ou du gravier.
- Les parties dures d'un animal – os, dents, carapace ou coquille – fossilisent mieux que les organes mous.
- Les dents figurent parmi les fossiles les plus courants.
- Les plus anciens fossiles sont des stromatolites (des monticules édifiés par des bactéries marines). Ils sont datés de 3,5 millions d'années.

LES TYPES DE FOSSILES

Les fossiles sont classés en différents types selon la manière dont ils se sont formés. La fossilisation prend dans tous les cas des millions d'années.

Conservation parfaite
Une araignée ou un insecte emprisonné dans de la résine collante suintant d'un conifère (un pin par exemple) peut être conservé en totalité. Des animaux vieux de plusieurs millions d'années ont ainsi été préservés dans de la résine fossilisée, appelée « ambre ».

Minéralisés Les pores et les cavités des os de dinosaures se remplissent de matières minérales qui proviennent des roches qui les entourent. La roche environnante doit être dégagée avec précaution pour en extraire les fossiles.

Qu'est-ce qui se fossilise ?
Toutes sortes de restes ou d'empreintes fossilisés d'êtres vivants ont été mis au jour : des squelettes d'animaux, des empreintes de peau et de pieds, des dents, des excréments, des insectes et des plantes. Les parties dures sont celles qui se fossilisent le mieux.

COUP D'ŒIL SUR CE QUE FAIT UN PALÉONTOLOGUE

Les paléontologues étudient les fossiles. Ils travaillent sur le terrain, en quête de nouveaux fossiles, ou dans des laboratoires et des musées. Ce sont un peu des détectives : ils collectent le plus d'indices possible pour reconstituer le passé et déterminer comment chaque nouvelle trouvaille se place sur l'arbre de la vie.

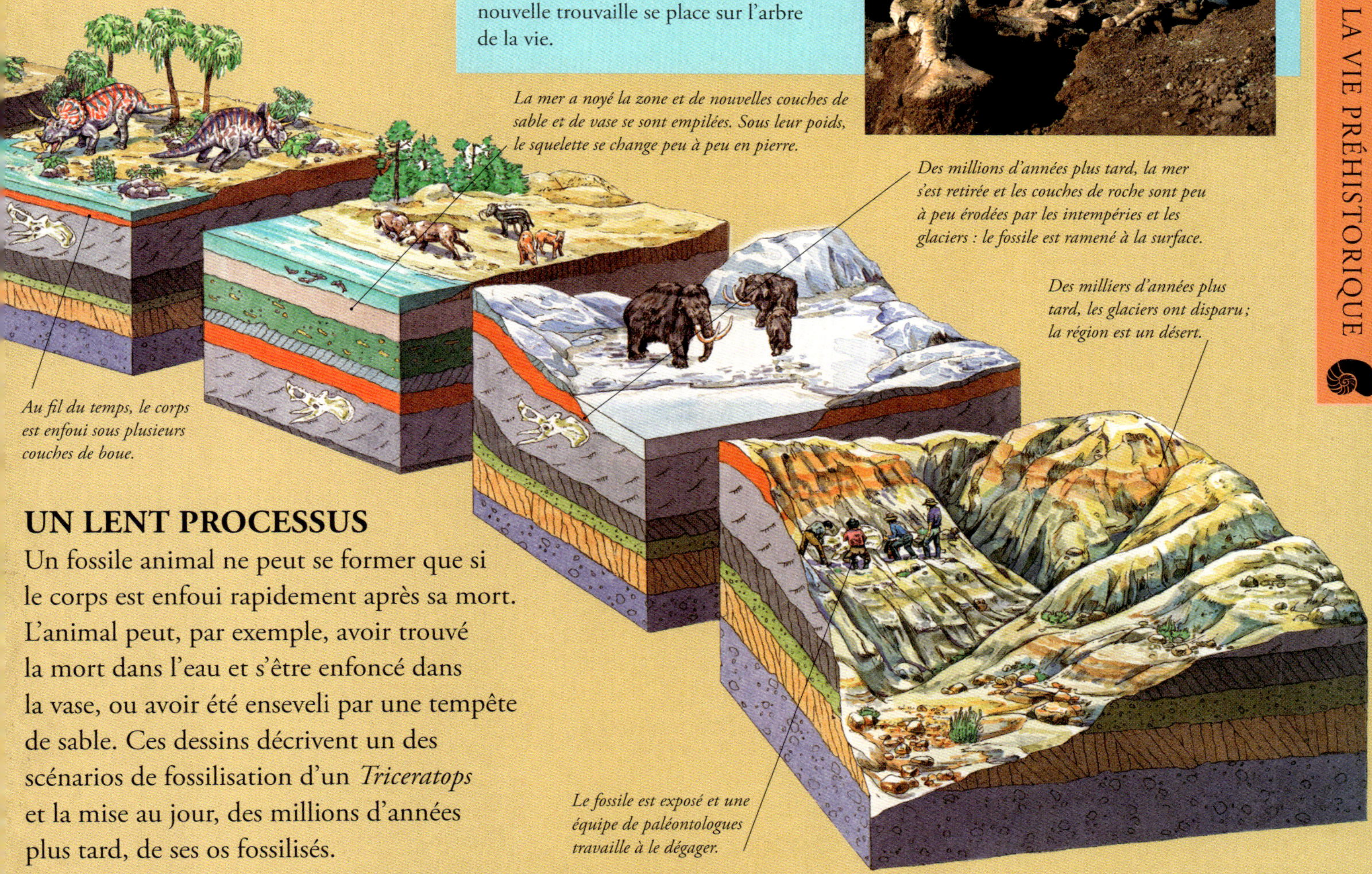

UN LENT PROCESSUS

Un fossile animal ne peut se former que si le corps est enfoui rapidement après sa mort. L'animal peut, par exemple, avoir trouvé la mort dans l'eau et s'être enfoncé dans la vase, ou avoir été enseveli par une tempête de sable. Ces dessins décrivent un des scénarios de fossilisation d'un *Triceratops* et la mise au jour, des millions d'années plus tard, de ses os fossilisés.

Pétrifiés Ce mot veut dire « changés en pierre ». Les troncs d'arbre peuvent, tout comme les os, subir une minéralisation. Les arbres pétrifiés ressemblent à des troncs coupés.

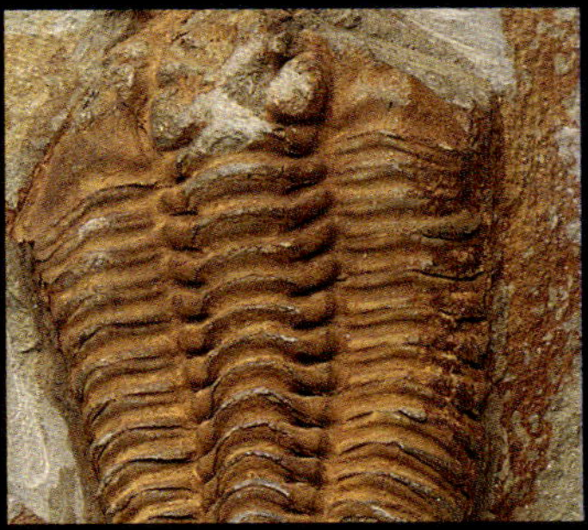

Moule externe Il arrive que l'organisme vivant disparaisse complètement après avoir laissé son empreinte dans la roche. C'est un moule externe.

Moule interne Quand la cavité d'une coquille se remplit de minéraux déposés par des eaux de circulation, et que cette coquille se dissout, le fossile obtenu est un moule interne.

Empreinte fossile Parfois, un animal ne laisse qu'une trace de sa présence : une empreinte. Ce peut être une empreinte de pied, un nid, des marques de dent ou des excréments.

LE CIMETIÈRE DES DINOSAURES

De très nombreux fossiles de dinosaures ont été découverts sur le site de Dinosaur National Monument, à la frontière entre l'Utah et le Colorado, aux États-Unis. On voit ici une paroi de grès exposée, qui recèle environ 1 500 os fossilisés de dinosaures, datés de 148 à 155 millions d'années.

En *chasse*

Vous avez peut-être déjà visité un site paléontologique, riche en fossiles. Il se peut même que vous ayez eu la chance de découvrir un fossile. Mais savez-vous comment s'organisent les fouilles ?

La panoplie du chasseur de fossiles
Pour extraire les fossiles, les paléontologues utilisent des outils assez simples, comme des pics, des burins et des truelles. Les brosses servent à ôter le sable ou la poussière des fossiles.

DANS SON ÉCRIN

Chaque fouille est différente. Certains fossiles sont enchâssés dans de la roche solide qu'il faut décaper morceau par morceau. D'autres tombent de falaises tendres qui s'éboulent ; ils peuvent être eux-mêmes très fragiles. *Ouranosaurus* (un dinosaure végétarien), ci-dessus, était enfoui dans le sable d'un désert et a pu être dégagé facilement, à la main.

DES FOSSILES PLUS OU MOINS COMPLETS

Les fossiles de dinosaures exhumés peuvent être de quatre sortes :

- **Squelette articulé** Les os sont encore attachés entre eux. Le squelette peut être complet, mais, le plus souvent, il en manque des morceaux.
- **Squelette dispersé** Les os se sont détachés et ont été dispersés. Mais on peut aisément les identifier comme appartenant à un même dinosaure.
- **Os isolé** Il s'agit d'un os qui s'est détaché du squelette et a fossilisé séparément. Ce peut être un fossile de bonne taille, par exemple un fémur (l'os de la cuisse).
- **Débris** Il ne reste de l'os que des fragments, souvent trop petits pour être utiles.

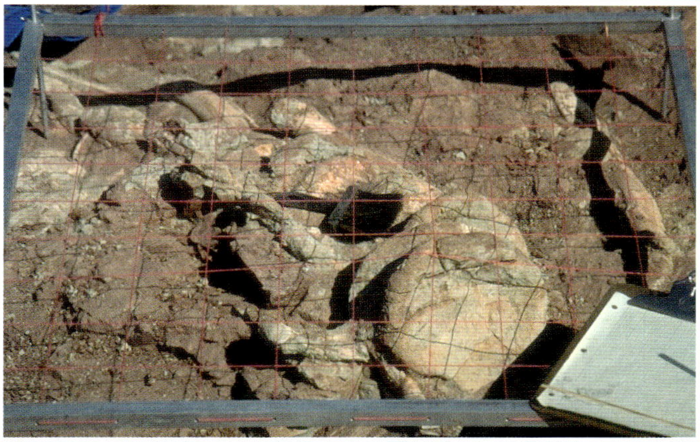

▲ UN TRAVAIL PATIENT *Une fois que les paléontologues ont soigneusement débarrassé les fossiles de la poussière environnante, ils relèvent la position de chaque os sur du papier millimétré. Ils s'aident pour cela d'un cadre quadrillé.*

Que d'**os** !

Le site de Dinosaur National Monument, aux États-Unis, est celui qui a livré le plus d'ossements de dinosaures au monde. De 1909 à 1924, on en a extrait 350 tonnes de fossiles de dinosaures.

EXTRAIRE UN DINOSAURE

Cette série photographique montre l'extraction de deux dinosaures fossiles, *Afrovenator* (un théropode) et *Jobaria* (un sauropode), en Afrique. Saillant des roches du désert, ils ont d'abord été découverts par des autochtones. L'extraction par les paléontologues a ensuite nécessité de longs mois de travail, comme c'est en général le cas pour de telles fouilles.

◀ LES DÉBUTS *Après plusieurs semaines d'un travail pénible pour décaper la roche, les chercheurs ont enfin accès aux fossiles. De nombreuses personnes sont mobilisées sur cette fouille.*

◀ METTRE AU JOUR *À mesure que le sol est dégagé, l'équipe a une idée de plus en plus claire de l'identité des fossiles. Il s'agit d'un théropode et d'un sauropode, pouvant atteindre respectivement 9 et 18 m de longueur. Les os sont donc très gros.*

◀ CARTOGRAPHIER *Un paléontologue relève minutieusement la position des os. Il apparaît clairement que certains ont été séparés du reste du squelette au cours des millions d'années que celui-ci a passé prisonnier de la roche.*

◀ EMBALLER ! *Avant d'être emportés, les os sont recouverts de bandages trempés dans du plâtre frais. Le plâtre, en durcissant, protège le fossile enfin prêt qui peut rejoindre le laboratoire d'un musée où il va être étudié.*

Quelle *taille* ?

Des dinosaures pas plus gros qu'un poulet aux lourds sauropodes, la Terre a porté et porte des animaux de tailles et de formes très variables. En voici quelques exemples.

Le plus grand animal terrestre ?
Le plus grand de tous les animaux ayant déambulé sur la terre ferme pourrait être *Amphicoelias.* On découvrit il y a plus d'un siècle une vertèbre unique de ce dinosaure. Elle fut dessinée et décrite, avant de disparaître mystérieusement. Sa description suggère qu'*Amphicoelias* mesurait entre 40 et 60 m de longueur et pesait 120 tonnes !

Rorqual bleu
■ **Longueur** 30 m

Megalodon
■ **Longueur** 20 m

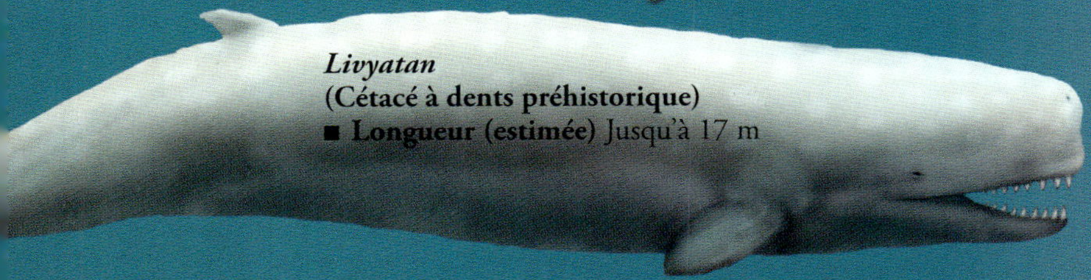

Livyatan
(Cétacé à dents préhistorique)
■ **Longueur (estimée)** Jusqu'à 17 m

Mosasaurus
■ **Longueur** 15 m

Temnodontosaurus
■ **Longueur** 12 m

Éléphant d'Afrique
■ **Hauteur au garrot** 4 m

Triceratops
■ **Longueur** 9 m

Être humain
■ **Le plus grand** 2,70 m

EN BREF

Les illustrations ci-contre indiquent la taille maximale atteinte par ces animaux. Les dessins ne sont pas à l'échelle mais permettent une bonne comparaison.

■ **Le plus grand prédateur** *Spinosaurus* est le plus grand carnivore terrestre connu. Ce dinosaure était long de 16 m et pesait 12 tonnes (le poids de 3 éléphants adultes).

Albatros

■ **Le plus grand animal volant** *Hatzegopteryx* était un ptérosaure, un reptile volant. Il avait une envergure d'environ 11 m, soit celle d'un petit avion. À titre de comparaison, l'oiseau actuel ayant la plus grande envergure est l'albatros hurleur, dont les ailes se déploient sur 3,60 m.

■ **Record actuel** Le rorqual bleu est le plus grand animal vivant. Son cœur est aussi volumineux qu'une petite voiture.

■ **Le plus petit dinosaure** *Anchiornis,* le plus petit dinosaure, était de la taille d'un pigeon. Le colibri d'Hélène est son plus petit parent vivant.

LES INVERTÉBRÉS

▲ TRILOBITES *En général, les invertébrés à corps mou ne se fossilisent pas. Mais quantité de fossiles d'invertébrés à enveloppe dure ont été mis au jour. Certains fossiles de trilobites (ci-dessus) ont plus de 500 millions d'années.*

Les **invertébrés** sont des animaux dépourvus de colonne vertébrale. Ils forment un ensemble très disparate, qui comprend les insectes, les araignées, les mollusques, les éponges, les méduses, les vers…

Les invertébrés

Des insectes aux mollusques, des vers aux méduses, les invertébrés sont si nombreux qu'ils dominent la planète : ils représentent environ 97 % du règne animal. Ils ont, en fait, bien peu de chose en commun, excepté qu'ils n'ont ni colonne vertébrale ni squelette osseux interne.

Les invertébrés se divisent en une trentaine de groupes, dont ceux-ci :

LES ARTHROPODES

Le groupe des arthropodes, le plus fourni parmi les invertébrés, comprend notamment les trilobites, les insectes, les arachnides (tels que les araignées et les scorpions) et les crustacés. Environ neuf espèces animales sur dix sont des arthropodes.

Scorpion-empereur

◂ MILLE-PATTES *Les lithobies, communément appelées mille-pattes, possèdent au moins 15 paires de pattes. Carnivores, elles se nourrissent d'insectes et d'araignées.*

▾ CÉTOINE DORÉE *Il existe plus de 300 000 espèces de coléoptères, dont certaines sont très colorées.*

LES MOLLLUSQUES

Du petit escargot de nos jardins au calmar géant, le groupe des mollusques est très varié. La plupart des mollusques ont une coquille, ou au moins des vestiges de coquille. Mais ni les pieuvres ni les limaces n'en sont dotées.

▴ NUDIBRANCHE *Seules les larves (les « bébés ») de ces mollusques marins ont une coquille.*

Calmar

▸ ACHATINE *Ces grands escargots africains peuvent atteindre 20 cm de longueur.*

LES ANNÉLIDÉS

Les annélidés, dont font partie les lombrics (les vers de terre), sont des vers dont le corps est composé de plusieurs segments. On en connaît plus de 12 000 espèces. Certaines vivent en mer, d'autres en eau douce, et d'autres encore peuplent la terre ferme.

Lombric

▴ NÉRÉIDE *Chaque segment du corps est pourvu d'une paire de parapodes, des sortes de pattes permettant au ver de se déplacer dans l'eau.*

▸ SANGSUE-TIGRE *Certaines sangsues, comme celle-ci, attendent patiemment que passe un animal pour se nourrir de son sang.*

LES MÉTAMORPHOSES

La plupart des invertébrés éclosent sous forme de larves et subissent plusieurs transformations, ou métamorphoses, avant de parvenir à la forme adulte.

◂ CHENILLE *Après l'éclosion, la larve de papillon mange avec voracité pour grandir très vite.*

▸ CHRYSALIDE *Une enveloppe coriace, parcheminée, se forme autour de la chenille, qui se métamorphose en chrysalide immobile.*

▾ FORME ADULTE *Un papillon émerge de la chrysalide. Il déploie ses ailes, qu'il doit laisser sécher avant de pouvoir s'envoler.*

LES CNIDAIRES

Anémone de mer

Les cnidaires, dont font partie les méduses, les coraux et les anémones de mer, possèdent tous des cellules urticantes, appelées nématocystes. Certains nagent; d'autres vivent fixés sur le fond marin, et se nourrissent des particules qui flottent jusqu'à eux.

▸ CORAIL CERVEAU *Le nom commun des coraux fait souvent référence à leur aspect.*

▾ *CHRYSAORA Le corps des méduses, comme celles-ci du genre* Chrysaora, *se compose en grande partie d'eau. Sortez une méduse de l'eau et elle perd sa forme.*

LES ÉCHINODERMES

Les échinodermes, tous marins, ont souvent un corps épineux et vivent en général sur le fond. La plupart sont mobiles et peuvent compter jusqu'à 20 bras. Mais ils n'ont pas de cerveau. En font partie les astéries (étoiles de mer), les oursins et les holothuries (concombres de mer).

Étoile de mer

▸ HOLOTHURIE *On trouve ces échinodermes sur les fonds marins du monde entier.*

▾ ÉTOILE COURONNE D'ÉPINES *Cette astérie, la plus grande de toutes, est un prédateur vorace. Elle se nourrit de coraux. Elle est pourvue d'épines aiguisées et venimeuses.*

LES SPONGIAIRES

Jusqu'au XVIIIe siècle, on croyait que les spongiaires, aussi appelés éponges, étaient des végétaux. Ce sont bien des animaux, mais sans membres ni tête, ni même d'organes sensoriels. Ils vivent fixés sur le fond marin, filtrant la nourriture contenue dans l'eau.

◂ ÉPONGE VASE AZURÉE *Il existe des milliers d'espèces d'éponges, dont certaines très colorées.*

▾ ÉPONGE OREILLE D'ÉLÉPHANT *Certaines espèces atteignent des dimensions imposantes. Celle-ci est haute de 1 m et continue de croître.*

Les *premiers* animaux

Les fossiles nous disent que la vie animale est apparue il y a environ 600 millions d'années. Les premiers animaux vivaient dans l'obscurité, ancrés sur les fonds marins. Ils avaient un corps mou, simple, en forme de disque ou de feuille, qui absorbait les particules et les substances chimiques nutritives contenues dans l'eau. Il semble qu'ils n'avaient même pas d'organes internes.

LES DÉBUTS DE LA VIE

Durant la plus grande partie du précambrien, la vie se résumait à des cellules individuelles microscopiques. Certaines, cependant, formaient des colonies sur le fond marin, édifiant, au fil du temps, des monticules en forme de coussin : des stromatolites. Il s'en forme encore aujourd'hui.

Stromatolites vivants en Australie

Charnia

- **Quand** -575 à -545 millions d'années (précambrien)
- **Où** Angleterre, Australie, Canada, Russie
- **Habitat** Fonds marins
- **Longueur** 0,15-2 m

Découvert par un écolier en 1957, *Charnia* fit sensation, car il provenait de roches qu'on pensait trop anciennes pour receler des fossiles animaux. Fixé sur les fonds marins par une tige, *Charnia* se nourrissait peut-être en filtrant les micro-organismes contenus dans l'eau. La partie principale du corps, en forme de plume, était constituée de « branches » très serrées. Certains spécialistes pensent qu'elle abritait des algues qui lui donnaient une couleur verte et transformaient la lumière du soleil en énergie, par photosynthèse.

◄ ANCRE
Certains fossiles de Charnia *présentent une tige pourvue d'un disque à sa base. Celui-ci maintenait peut-être* Charnia *fixé sur le fond tandis que la partie supérieure, en forme de plume, s'agitait dans le courant, recueillant la nourriture.*

Spriggina

- **Quand** -550 millions d'années (précambrien)
- **Où** Australie, Russie
- **Habitat** Fonds marins
- **Longueur** 3 cm

Spriggina pourrait avoir été l'un des premiers animaux avec un avant et un arrière distincts. Peut-être même avait-il une tête, des yeux et une bouche, et était-il l'un des tout premiers prédateurs. Pour les uns, ce serait un des premiers trilobites ; pour d'autres, un ver.

▲ SEGMENTS
Les fossiles de Spriggina *sont souvent incurvés de différentes manières, ce qui laisse penser que le corps, composé de segments, se courbait.*

MAIS ENCORE ?

En 1946, Reg Sprigg, un scientifique, mangeait un casse-croûte dans les falaises d'Ediacara, en Australie, quand il repéra dans la roche ce qui ressemblait à des fossiles de méduses. Il avait découvert les plus anciens fossiles animaux ! L'un fut baptisé *Spriggina*, et tous les fossiles de cette période sont réunis sous le nom de faune d'Ediacara.

Dickinsonia

- **Quand** -560 à -555 millions d'années (précambrien)
- **Où** Australie, Russie
- **Habitat** Fonds marins
- **Taille** 1-100 cm de largeur

Dickinsonia est l'un des fossiles les plus étonnants de la faune d'Ediacara : rond et plat, il avait une extrémité avant et une extrémité arrière, mais ni tête, ni bouche, ni appareil digestif. Il vivait sans doute fixé sur le fond, absorbant la nourriture par sa base.

▲ *DICKINSONIA est souvent de forme ovale, avec des segments partant d'un sillon central. On a mis au jour des centaines de fossiles de ce type, de tailles très variées.*

Cyclomedusa

- **Quand** -670 millions d'années (précambrien)
- **Où** Russie, Chine, Australie, Canada, Mexique, îles Britanniques, Norvège
- **Habitat** Fonds marins
- **Taille** 2,5-30 cm de largeur

Cyclomedusa fut d'abord pris pour une méduse, en raison de sa forme. Mais les fossiles proches sont souvent déformés, comme s'ils s'étaient développés les uns autour des autres. Pour certains, *Cyclomedusa* n'était qu'une colonie de bactéries ou même un disque ancrant la tige d'un animal plus grand.

Parvancorina

- **Quand** -558 à -555 millions d'années (précambrien)
- **Où** Australie, Russie
- **Habitat** Fonds marins
- **Taille** 1-2,5 cm de largeur

L'avant de *Parvancorina,* en forme de bouclier, pourrait avoir été une tête, plongée dans le courant. Des segments partent d'un sillon central. La forme des fossiles étant souvent bien conservée, il est possible qu'une enveloppe dure protégeait le corps.

L'explosion *cambrienne*

Il y a environ 530 millions d'années, les mers se peuplèrent d'une grande variété de nouveaux animaux, parmi lesquels figuraient les premiers êtres pourvus de membres, de têtes, d'organes sensoriels, de carapaces ou de squelettes. Toutes les grandes catégories d'invertébrés que nous connaissons semblent avoir évolué presque d'un coup. Les scientifiques ont donné à cette soudaine abondance de vie le nom d'explosion cambrienne.

Wiwaxia

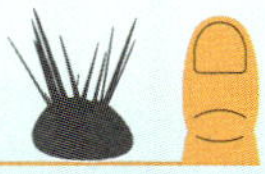

- **Quand** -505 millions d'années (milieu du cambrien)
- **Où** Canada
- **Habitat** Fonds marins
- **Longueur** 3-5 cm

Le corps de *Wiwaxia* était couvert de piquants et de plaques cuirassées qui se chevauchaient. La partie plate, sur le dessous, n'était en revanche pas protégée. C'est là que se trouvait la bouche, garnie de deux ou trois rangées de dents coniques coupantes, qui servaient peut-être à arracher les algues du fond marin. On ne distingue ni tête ni queue et il est probable que *Wiwaxia* était aveugle et s'orientait au toucher et à l'odorat.

▲ CE *WIWAXIA provenant des schistes de Burgess, au Canada, date d'environ 500 millions d'années. Les plaques cuirassant son dos sont appelées sclérites.*

Anomalocaris

- **Quand** -505 millions d'années (milieu du cambrien)
- **Où** Canada, sud de la Chine
- **Habitat** Océans
- **Longueur** Jusqu'à 1 m

Anomalocaris (ci-dessous) est le plus grand animal mis au jour dans les schistes de Burgess (voir encadré). Les spécialistes pensent qu'il était le superprédateur des mers du cambrien et qu'il se servait de la paire d'appendices épineux rattachés à sa tête pour se saisir de ses proies, dont les trilobites. Il n'avait pas de pattes, mais nageait en ondulant de son corps segmenté et en battant des lobes flanquant celui-ci. Les gros yeux à facettes indiquent qu'il jouissait d'une bonne vision.

▲ CE FOSSILE *d'*Anomalocaris *est un des appendices épineux au moyen desquels l'animal se nourrissait.*

Echmatocrinus

- **Quand** -505 millions d'années (milieu du cambrien)
- **Où** Canada
- **Habitat** Fonds marins
- **Longueur** 3 cm, sans les tentacules

Echmatocrinus était fixé sur le fond marin. Son corps en forme de cône était couronné de 7 à 9 tentacules, portant chacun de petites branches latérales. La surface du cône était couverte d'un puzzle de plaques rigides. Quand on le découvrit, *Echmatocrinus* fut d'abord rapproché des astéries. Mais comme il est dépourvu de la symétrie propre à cette famille, certains spécialistes l'apparentent plutôt aux coraux.

Ottoia

- **Quand** -505 millions d'années (milieu du cambrien)
- **Où** Canada
- **Habitat** Fonds marins
- **Longueur** 4-8 cm

Ottoia était une sorte de ver qui vivait dans des terriers en U. Sa bouche, pourvue de minuscules crochets, se retournait comme une chaussette pour capturer de petits animaux sur les fonds vaseux. Des restes fossilisés dans la région de l'appareil digestif révèlent qu'*Ottoia* était cannibale, chassant aussi bien des animaux de son espèce que d'autres petits animaux cuirassés. Les fossiles d'*Ottoia* comptent parmi les plus communs de cette période : on en a identifié environ 1 500.

Fossile d'*Ottoia*

Hallucigenia

- **Quand** -505 millions d'années (milieu du cambrien)
- **Où** Canada, Chine
- **Habitat** Océans
- **Longueur** Jusqu'à 2,5 cm

Hallucigenia est l'un des fossiles les plus étranges du cambrien. Le gros bulbe formant une des extrémités pourrait être une tête, mais semble dépourvu de bouche ou d'yeux ; ce pourrait n'être en fait qu'une tache dans le fossile. Le corps, pareil à celui d'un ver, était hérissé d'épines acérées et pourvu de tentacules charnus. On a d'abord pensé que les épines faisaient office de pattes, mais les scientifiques penchent aujourd'hui plutôt pour les tentacules, bien qu'ils ne fussent pas disposés par paires.

MAIS ENCORE ?

Tous les fossiles présentés dans ces deux pages proviennent de la formation des schistes de Burgess, située dans les montagnes Rocheuses, au Canada. Ce site est jonché de centaines de fossiles d'animaux très bien conservés, remontant presque aux tout débuts de la vie animale. Les schistes de Burgess révèlent que la vie invertébrée était déjà extraordinairement diversifiée il y a un demi-milliard d'années.

Opabinia

Opabinia est l'un des animaux préhistoriques les plus bizarres qu'on ait jamais découvert. Cet animal marin de la taille d'une souris possédait cinq yeux fixés au bout d'appendices et une longue trompe flexible terminée par une pince préhensile. Il saisissait sans doute sa nourriture à l'aide de cette pince.

▲ LES FOSSILES *d'*Opabinia *furent découverts dans le gisement fossilifère des schistes de Burgess, au Canada. Ces roches recèlent des empreintes étonnamment distinctes de tissus corporels mous, enfouis dans la vase des fonds marins, il y a un demi-milliard d'années, au cambrien. Les schistes de Burgess ont révélé tant d'espèces animales qu'on parle d'« explosion cambrienne » pour désigner cette soudaine diversité.*

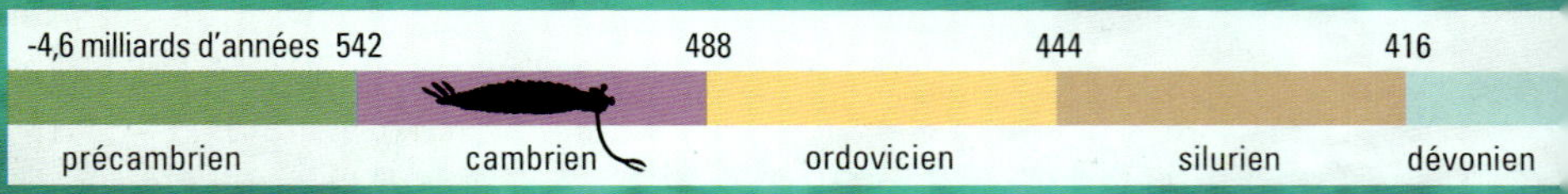

Opabinia

- **Quand** -515 à -500 millions d'années (milieu du cambrien)
- **Où** Canada
- **Habitat** Fonds marins
- **Longueur** 6,5 cm

Le corps d'*Opabinia* se composait de 16 segments. Chacun portait des palettes sur le dessus et sur le dessous des branchies, permettant à l'animal de respirer dans l'eau. Les scientifiques pensent qu'*Opabinia* vivait à proximité du fond marin et se servait de sa trompe pour chercher sa nourriture dans la vase. Celle-ci devait être molle, car il n'avait ni mâchoires ni dents. Bien que très différent de tous les animaux connus, *Opabinia* ferait partie des arthropodes, comme les insectes, les araignées et les crabes.

9	299	251	200	145	65	23	aujourd'hui
carbonifère	permien	trias	jurassique	crétacé	paléogène	néogène	

Marrella

Il y a environ 500 millions d'années, *Marrella* explorait les fonds marins en quête de cadavres d'animaux à dévorer, agitant ses cinquantes pattes plumeuses pour se déplacer. Ce minuscule animal à l'allure de crevette apparut lors de « l'explosion cambrienne ».

Marrella

- **Quand** -515 à -500 millions d'années (milieu du cambrien)
- **Où** Canada
- **Habitat** Fonds marins
- **Longueur** 2 cm

La tête de *Marrella* était couverte d'un grand bouclier, peut-être coloré, hérissé de quatres longues épines recourbées vers l'arrière. Ce bouclier protégeait un corps flexible, composé de 25 segments. De chacun partait une paire de pattes plumeuses qui faisaient aussi fonction de branchies. Deux paires de longues antennes sensitives souples étaient rattachées à la tête. *Marrella* est l'un des premiers représentants connus du groupe des arthropodes, des invertébrés à squelette externe.

EXPLORATEUR DE FOND ▸
Marrella *courait sur le fond ou nageait juste au-dessus de celui-ci, fouillant la vase avec ses antennes pour dénicher à manger.*

-4,6 milliards d'années 542	488	444	416	359	299	25
précambrien	cambrien	ordovicien	silurien	dévonien	carbonifère	permien

◄ COULEURS CHANGEANTES
L'étude des fossiles de Marrella *suggère que sa surface était irisée, comme celle d'une bulle de savon ou les ailes d'un papillon : sa couleur présentait des nuances et des reflets, et changeait en fonction de la lumière.*

▲ CONSERVÉ DANS LA VASE
Plus de 15 000 fossiles de Marrella *ont été mis au jour, tous dans les schistes de Burgess, au Canada. Ces roches se sont formées à partir de la vase des anciens fonds marins.*

	200	145	65	23	aujourd'hui
trias	jurassique	crétacé	paléogène	néogène	

Les trilobites

Pendant plus de deux cent cinquante millions d'années, les trilobites prospérèrent dans les mers préhistoriques. Ces arthropodes apparentés aux insectes, cloportes et crabes actuels s'étaient diversifiés en plus de 17 000 espèces différentes, leur taille variant de celle d'une puce à deux fois les dimensions de ce livre. La plupart rampaient sur les fonds marins mais certains nageaient ou dérivaient au gré des courants.

Ditomopyge

- **Quand** -300 à -251 millions d'années (de la fin du carbonifère à la fin du permien)
- **Où** Amérique du Nord, Europe, Asie, ouest de l'Australie
- **Habitat** Fonds marins
- **Longueur** 2,5-3 cm

Ditomopyge vécut à la fin du règne des trilobites, qui précéda celui des dinosaures. Il avait un exosquelette rigide, constitué de plaques chevauchantes, correspondant aux segments de son corps. Chacun des segments était pourvu d'une paire de pattes. La tête était protégée par un large bouclier prolongé par des épines pointant vers l'arrière et portait peut-être aussi une paire d'antennes flexibles et sensitives.

PORTRAIT DE GROUPE

Caractéristiques
- Bouclier protégeant la tête
- Corps segmenté, divisé en trois lobes
- Yeux à facettes fréquents
- Exosquelette (squelette externe)

Quand
Les trilobites apparurent il y a 526 millions d'années, au cambrien ; les dernières espèces disparurent à la fin du permien, il y a 250 millions d'années.

Eodalmanitina

- **Quand** -465 millions d'années (milieu de l'ordovicien)
- **Où** France, Espagne, Portugal
- **Habitat** Fonds marins
- **Longueur** Jusqu'à 4 cm

Les trilobites furent parmi les premiers animaux à avoir des yeux sophistiqués, et une bonne vision. Les yeux étaient formés de multiples lentilles minuscules, disposées comme les alvéoles d'une ruche, à la manière des yeux à facettes des insectes. Les yeux d'*Eodalmanitina* se distinguent par leur forme de haricot. Son corps rétrécissait en allant vers la queue, surmontée d'une épine courte.

Ceratarges

- **Quand** -380 à -359 millions d'années (du milieu à la fin du dévonien)
- **Où** Maroc
- **Habitat** Fonds marins
- **Longueur** 6,6 cm

Ceratarges compte parmi les nombreux trilobites qui arboraient d'impressionnantes épines et cornes. Ces armes servaient peut-être à dissuader les prédateurs. Une autre hypothèse est que leur développement aurait été encouragé par les combats entre mâles rivaux, comme on en voit chez les lucanes.

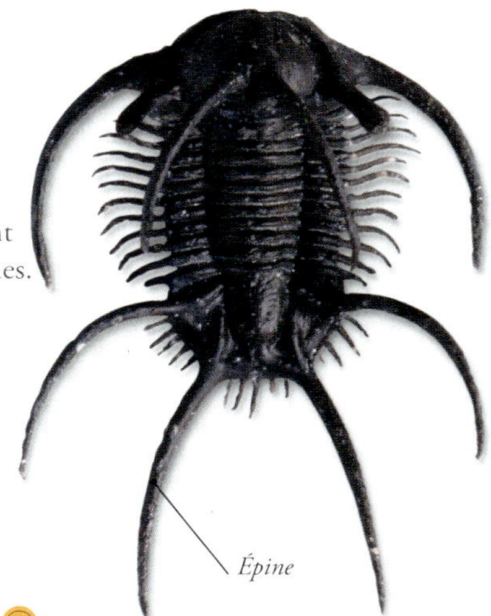

Encrinurus

- **Quand** -444 millions d'années (début du silurien)
- **Où** Monde entier
- **Habitat** Fonds marins
- **Longueur** Jusqu'à 5 cm

Le bouclier protégeant la tête de ce petit trilobite était parsemé de petites bosses rondes. Les yeux d'*Encrinurus* étaient sans doute situés à l'extrémité de courts appendices. Il se peut qu'il passait beaucoup de temps enfoui dans la vase sur le fond marin, ses yeux dépassant seuls à la surface.

Phacops

- **Quand** -380 à -359 millions d'années (2e moitié du dévonien)
- **Où** Monde entier
- **Habitat** Fonds marins
- **Longueur** Jusqu'à 6 cm

Phacops doit son nom d'« œil lentille » à la vision très développée que lui conféraient des yeux proéminents. Ceci suggère qu'il peuplait des eaux peu profondes et bien éclairées. Ses fossiles comptent parmi les plus communs et les plus largement distribués, au point que les géologues s'en servent pour estimer rapidement l'âge des roches.

▸ EN BOULE
En cas d'attaque, Phacops *pouvait se rouler en boule serrée pour protéger le dessous de son corps, mou.*

Selenopeltis

Ce trilobite commun peuplait les eaux côtières assez froides du Gondwana, un vaste continent qui se morcela plus tard pour donner le jour à l'Amérique du Sud, à l'Afrique, à l'Australie, à l'Inde, à Madagascar et à l'Antarctique. De longues épines incurvées donnent une allure gracieuse aux fossiles de *Selenoptis,* très prisés des collectionneurs.

Selenopeltis

- **Quand** -471 à -445 millions d'années (ordovicien)
- **Où** Îles Britanniques, France, péninsule Ibérique, Maroc, République tchèque, Turquie
- **Habitat** Eaux côtières
- **Longueur** Jusqu'à 12 cm

Selenopeltis se distinguait par un squelette large, une tête carrée et des petits yeux, chose peu courante chez les trilobites. La tête ainsi que chaque segment du corps portaient des épines latérales.

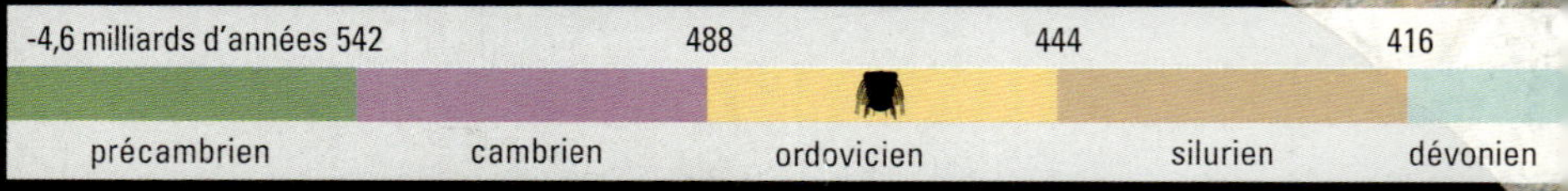

◄ TRILOBITES ÉPINEUX
Cet extraordinaire bloc rocheux ne recèle pas que des fossiles de Selenopeltis. *On peut y voir deux autres types de trilobites : un plus grand, sans épines, et un petit avec une épine en guise de queue. La pierre contient aussi de nombreuses astéries.*

Les échinodermes

Les astéries et les oursins que nous rencontrons sur les plages appartiennent à un groupe très ancien d'animaux marins, les échinodermes. Ceux-ci se caractérisent par un corps rond ou en forme d'étoile, et par des pieds pareils à des ventouses. Ils n'ont ni tête ni cerveau. Les fossiles révèlent que les échinodermes n'ont pas beaucoup changé depuis la préhistoire.

Fossile d'*Encrinus*

PORTRAIT DE GROUPE

Caractéristiques

- Corps divisé en cinq parties égales, disposées autour d'un disque central
- Petits pieds pareils à des ventouses
- Ni avant ni arrière, ni tête ni cerveau

Quand

Les échinodermes sont apparus au début du cambrien, il y a environ 530 millions d'années. Plus de 7 000 espèces peuplent les océans actuels.

Encrinus

- **Quand** -235 à -215 millions d'années (milieu du trias)
- **Où** Europe
- **Habitat** Mers peu profondes
- **Taille** Calice long de 4 à 6 cm

Fixé par une tige au fond marin, *Encrinus* attrapait les petits organismes flottants au moyen des dix bras plumeux couronnant son calice. Ses proies, piégées dans un fluide collant, étaient ramenées par de minuscules poils (soies) vers la bouche, au centre du calice. *Encrinus* était un crinoïde, un type d'échinodermes encore représenté.

Clypeus

- **Quand** -176 à -135 millions d'années (deuxième moitié du jurassique)
- **Où** Europe, Afrique
- **Habitat** Galeries dans les fonds marins
- **Taille** 5-12 cm de largeur

Clypeus possédait une enveloppe ronde et dure, se composant de cinq parties disposées en étoile. Cette enveloppe était hérissée de piquants, non pas durs et pointus comme ceux de beaucoup d'oursins, mais souples comme des poils. Clypeus creusait des galeries dans la vase recouvrant les fonds marins, mangeant à mesure qu'il avançait.

Pentasteria

- **Quand** -203 à -100 millions d'années (jurassique et début du crétacé)
- **Où** Europe
- **Habitat** Bancs sableux
- **Taille** Jusqu'à 12 cm

Pentasteria vivait au temps des dinosaures. Pourtant, avec ses cinq bras, pourvus chacun de deux rangées de pieds tubulaires, et sa bouche s'ouvrant sur la face inférieure, il ressemblait beaucoup aux astéries actuelles. Il ne pouvait toutefois pas faire ventouse avec ses pieds pour ouvrir les coquillages.

Hemicidaris

- **Quand** -176 à -65 millions d'années (du milieu du jurassique à la fin du crétacé)
- **Où** Angleterre
- **Habitat** Fonds marins rocheux
- **Taille** 20 cm de diamètre avec les épines ; 2 à 4 cm sans celles-ci

Les bosses couvrant les fossiles d'*Hemicidaris* portaient des piquants longs de 8 cm. Les attaches étant flexibles, l'animal pouvait bouger ses piquants en contractant et en relâchant ses muscles. *Hemicidaris* se déplaçait sur les fonds durs grâce à des pieds en ventouse.

Point d'attache d'un piquant

PARENT VIVANT

Le corps rond de l'oursin est hérissé de piquants souvent pointus, parfois venimeux. Il se déplace sur le fond marin grâce à des dizaines de petits pieds pourvus de ventouses.

Pentacrinites

- **Quand** -208 à -135 millions d'années (jurassique)
- **Où** Europe
- **Habitat** Mers ouvertes
- **Taille** Bras pouvant atteindre 80 cm

Ce crinoïde, de la taille d'un homme, s'ancrait par une tige et collectait sa nourriture au moyen de bras plumeux. Il en possédait des centaines, très serrés, ce qui le faisait ressembler plus à une plante touffue qu'à un animal. Les fossiles sont parfois conservés dans du bois pétrifié, ce qui laisse penser que *Pentacrinites* se fixait parfois sur du bois flottant.

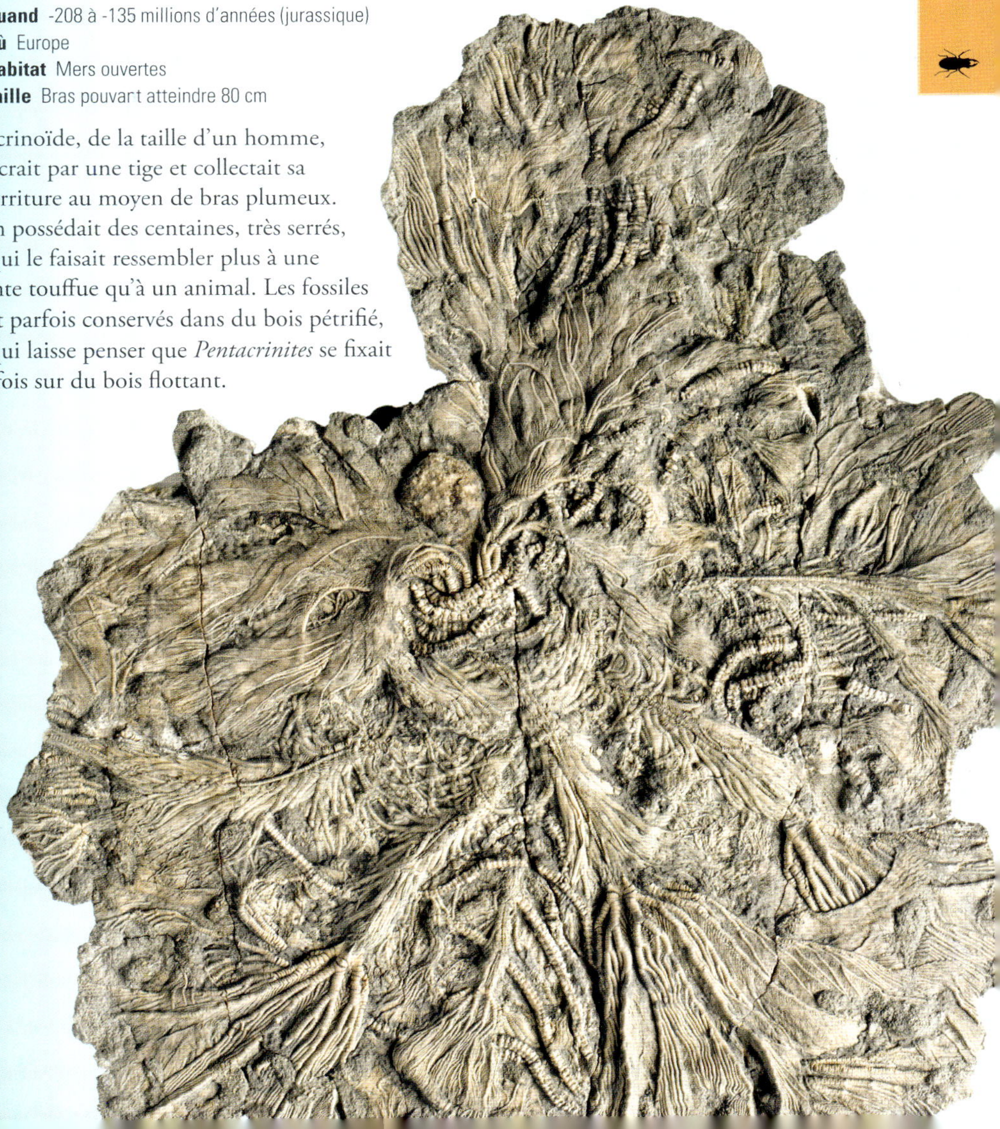

Les ophiures

En observant attentivement les fonds marins, on peut y découvrir des animaux en forme d'étoile, agitant de longs bras minces. Ce sont des ophiures, des invertébrés apparentés aux astéries et aux oursins. *Palaeocoma* est l'une des premières ophiures connues. Sans doute se cachait-elle des prédateurs dans les anfractuosités des rochers et des récifs coralliens, n'en sortant que la nuit pour se nourrir, comme le font aujourd'hui ses semblables.

Palaeocoma

- **Quand** -200 millions d'années environ (début du jurassique)
- **Où** Europe
- **Habitat** Fonds marins
- **Taille** 5-10 cm de largeur
- **Alimentation** Restes végétaux et animaux

Du corps rond et plat de *Palaeocoma* partaient cinq longs bras épineux et mobiles. Si l'animal était dérangé, il filait en avant ou en arrière, se propulsant grâce aux muscles des bras. Sa bouche en étoile, sur le dessous du corps, était pourvue de cinq mâchoires garnies de dents. Il y portait la nourriture au moyen des minuscules pieds tubulaires et musculeux, disposés sur le dessous des bras. Ces pieds permettaient peut-être à *Palaeocoma*, qui n'avait pas d'yeux, de percevoir les variations de lumière.

-4,6 milliards d'années	542	488	444	416	359
précambrien	cambrien	ordovicien	silurien	dévonien	carbonifère

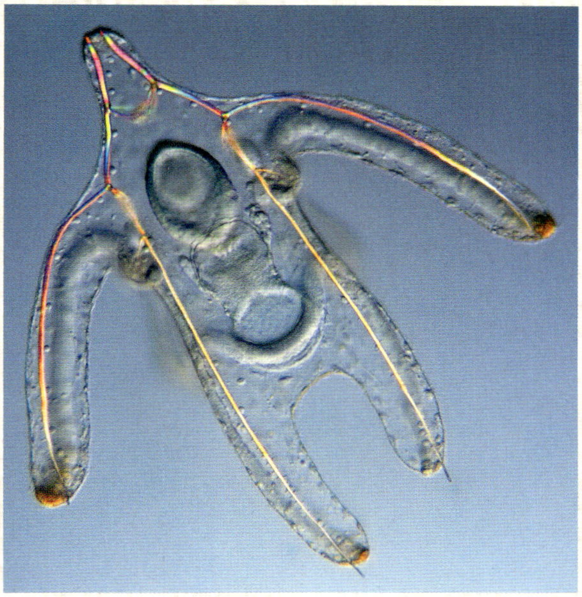

Flotter au gré des courants
Les ophiures passent leur vie d'adulte sur le fond marin, mais les larves qui viennent de naître flottent dans les eaux de surface, avec d'autres petits animaux formant le plancton. Les larves dérivent, portées par les courants, sur des centaines de kilomètres, pendant des semaines. Puis elles tombent sur le fond marin pour se métamorphoser en ophiures adultes.

PARENTS VIVANTS

Il existe aujourd'hui environ 2 000 espèces d'ophiures, présentes dans les mers glacées comme dans les mers chaudes de toute la planète. Elles sont souvent de couleur vive, avec parfois des motifs. Lorsqu'un prédateur les attaque, elles abandonnent un de leurs longs bras, qui s'agite pendant un moment, plongeant l'attaquant dans la confusion. Le bras perdu repousse vite.

299 | 251 | 200 | 145 | 65 | 23 | aujourd'hui

permien | trias | jurassique | crétacé | paléogène | néogène

Araignées *et* scorpions

Araignées et scorpions font partie d'un groupe très ancien d'arthropodes prédateurs, appelés chélicérates. Tous portent au niveau de la bouche une paire d'appendices, les chélicères, formant des pinces ou des crochets. Leurs lointains ancêtres étaient souvent bien plus grands et comptaient parmi les superprédateurs de leur temps. Les plus imposants de ces monstres préhistoriques étaient les scorpions de mer.

Pterygotus

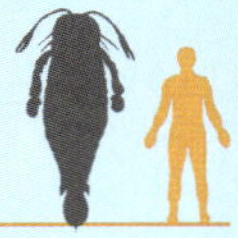

- **Quand** -400 à -380 millions d'années (première moitié du dévonien)
- **Où** Amérique du Nord, Europe
- **Habitat** Mers peu profondes
- **Longueur** Jusqu'à 2,30 m

Pterygotus était plus grand qu'un homme adulte. Ses énormes yeux scrutaient les eaux en quête de poissons ou de trilobites. Peut-être demeurait-il à demi enfoui dans le sable, sur le fond, jusqu'à ce que des proies s'approchent, donnant alors un violent coup de queue pour se propulser et saisir l'animal d'un coup de pince. Certains spécialistes pensent qu'il ne semait pas uniquement la terreur dans les mers mais remontait aussi les fleuves, jusqu'aux lacs.

PORTRAIT DE GROUPE

Caractéristiques
- Corps segmenté et membres articulés
- Exosquelette rigide
- Appendices buccaux en pinces ou crochets
- Quatre paires de pattes

Quand
Les chélicérates sont apparus à la toute fin de l'ordovicien, il y a environ 444 millions d'années. On en connaît plus de 77 000 espèces vivantes.

MAIS ENCORE ?

On appelle arthropodes les animaux pourvus de pattes articulées et d'exosquelettes, à l'image des insectes, des araignées et des scorpions. Les scorpions actuels sont des versions miniatures des scorpions de mer, les plus grands arthropodes ayant jamais peuplé la Terre. Les arthropodes préhistoriques étaient souvent bien plus grands que leurs parents vivants, peut-être parce que l'atmosphère était plus riche en oxygène.

Eurypterus

- **Quand** -420 millions d'années (fin du silurien)
- **Où** États-Unis
- **Habitat** Mers peu profondes
- **Longueur** Jusqu'à 10 cm

Ce petit scorpion de mer se servait de ses pattes épineuses pour ramener de petites proies vers ses crochets, avec lesquels il les déchiquetait. *Eurypterus* chassait sur les fonds vaseux des mers peu profondes.

Mesolimulus

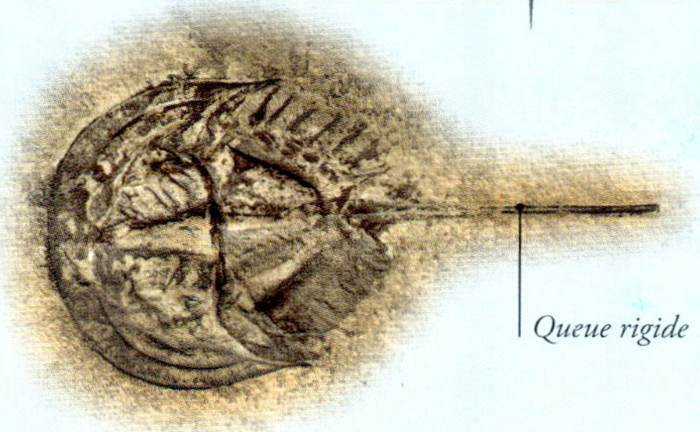

- **Quand** -162 à -145 millions d'années (fin du jurassique)
- **Où** Allemagne
- **Habitat** Eaux océaniques peu profondes
- **Longueur** Jusqu'à 8-9 cm, sans la queue

Mesolimulus avait une carapace imposante, de petits yeux écartés et une queue rigide terminée par une pointe acérée, un peu comme une lance. Il chassait vers et coquillages sur le fond marin.

PARENT VIVANT

La limule actuelle ressemble presque trait pour trait à sa cousine du jurassique. *Limulus* vit dans les eaux côtières peu profondes à l'est de l'Amérique du Nord. Elle nage sur le dos, tout comme le faisaient probablement ses ancêtres.

Limulus

Araignée

- **Quand** Depuis 400 millions d'années (début du dévonien)
- **Où** Monde entier
- **Habitat** Toutes les terres émergées
- **Taille** Jusqu'à 30 cm de diamètre

Bien que les corps mous des araignées ne se fossilisent pas bien, on a mis au jour des milliers d'espèces d'araignées conservées dans de l'ambre. Les araignées sont des spécialistes de la chasse qui le plus souvent piègent leurs proies dans des toiles de soie avant de leur injecter un venin mortel au moyen de leurs crochets. La plus ancienne toile d'araignée fossilisée est vieille de 100 millions d'années.

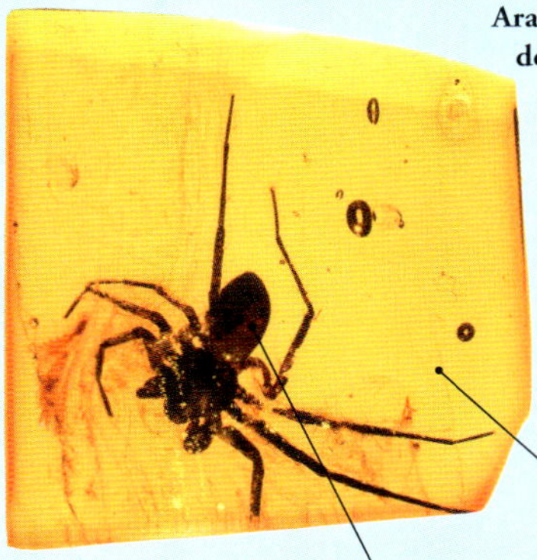

Araignée dans de l'ambre

Proscorpius

- **Quand** Il y a 418 à 330 millions d'années (du silurien au carbonifère)
- **Où** Monde entier
- **Habitat** Incertain
- **Longueur** 4 cm

Les premiers scorpions peuplaient les mers plutôt que les terres et respiraient au moyen de branchies. *Proscorpius* est l'une des plus anciennes formes de fossiles connues. Sa bouche était située sur le dessous de la tête, comme celles des limules, plutôt que sur le devant, comme chez les scorpions modernes. Les spécialistes n'ont pu déterminer avec certitude s'il vivait dans l'eau ou sur la terre ferme.

Les mille-pattes *géants*

Les mille-pattes furent parmi les premiers animaux à marcher sur la terre ferme, il y a au moins 428 millions d'années. Ces arthropodes se nourrissaient des quelques végétaux simples, du type mousse, qui poussaient alors. Il y a 350 millions d'années, les plantes avaient évolué jusqu'à prendre la forme d'arbres et les mille-pattes avaient atteint des dimensions géantes. *Arthropleura,* de la taille d'un crocodile, est le plus grand invertébré qui ait jamais peuplé les terres émergées.

▲ CE FOSSILE, *long de 7,1 cm, ne correspond qu'à un morceau d'une patte d'*Arthropleura.

-4,6 milliards d'années	542	488	444	416	359
précambrien	cambrien	ordovicien	silurien	dévonien	carbonifère

Arthropleura

- **Quand** -350 millions d'années (début du carbonifère)
- **Où** Écosse
- **Habitat** Forêts
- **Longueur** Jusqu'à 2 m
- **Alimentation** Incertaine

Arthropleura vivait sur le sol sombre et humide des forêts du carbonifère. La région de la bouche ne s'est pas fossilisée, mais des traces de fougère dans la région de l'abdomen suggèrent qu'il était végétarien. Bien que capable de respirer à l'air libre, il ne s'éloignait sans doute pas des endroits humides et regagnait peut-être le milieu aquatique pour muer. Certains chercheurs pensent qu'il pouvait nager sous l'eau.

▲ RAPIDE *Le corps d'*Arthropleura *se composait de 30 segments, portant chacun une paire de pattes. Des empreintes de pas fossiles indiquent qu'il contournait les obstacles et pouvait se déplacer rapidement, allongeant le pas pour accélérer.*

PARENTS VIVANTS

Bien qu'ils aient entre 100 et 300 pattes, les mille-pattes diplopodes marchent lentement, avançant leurs minuscules pieds par vagues. Ils se nourrissent de végétaux en décomposition. Leurs cousins chilopodes (comme les scolopendres) sont, à l'inverse, des prédateurs véloces, pourvus de griffes venimeuses.

99	251	200	145	65	23	aujourd'hui
permien	trias	jurassique	crétacé	paléogène	néogène	

Les insectes

Les premiers insectes, des arthropodes, apparus il y a un peu moins de 400 millions d'années, étaient de minuscules êtres vivants, qui vivaient au sol. Les ailes évoluèrent plus tard et les insectes furent les tout premiers animaux volants. Cette aptitude leur assura le succès et ils se diversifièrent en milliers d'espèces. Ils représentent les trois quarts des espèces animales actuelles.

Fourmis

- **Quand** Depuis 130 à 110 millions d'années (crétacé)
- **Nombre d'espèces actuelles** Plus de 12 000 connues
- **Alimentation** Variée, des graines aux feuilles, des champignons à la chair animale

Les fourmis ont évolué à partir de guêpes qui avaient commencé à former des colonies souterraines. Elles étaient encore rares à l'ère des dinosaures. Chaque colonie possède une seule reine, dont les centaines d'ouvrières et de soldats, sans ailes, sont les filles.

Abeilles

- **Quand** Depuis 100 millions d'années (crétacé)
- **Nombre d'espèces actuelles** Près de 20 000
- **Alimentation** Nectar, pollen

Après l'apparition des plantes à fleurs il y a 125 millions d'années, des guêpes commencèrent à se nourrir de fleurs, plutôt que d'autres insectes. Elles devinrent des abeilles. La plupart des espèces vivent en colonies, autour d'une reine unique. Les ouvrières prennent soin des œufs et des larves, et récoltent le nectar des fleurs, stocké sous forme de miel.

Fossile d'abeille vieux de 35 millions d'années

MAIS ENCORE ?

Quand une abeille se régale de nectar, du pollen se colle à son corps. Elle le déposera sur une autre fleur, qui pourra ainsi donner des graines : c'est la pollinisation.

PORTRAIT DE GROUPE

Caractéristiques
- Corps divisé en trois parties : la tête, le thorax (torse) et l'abdomen (le ventre et la queue)
- Exosquelette rigide, protecteur
- Trois paires de pattes articulées
- Deux antennes sensitives
- En général, deux paires d'ailes

Quand
Les premiers insectes sont apparus au dévonien, il y a 396 millions d'années.

▲ LES PLUS BEAUX *fossiles d'insectes sont conservés dans de l'ambre, de la résine de conifère fossilisée. La résine épaisse et collante suinte des blessures des arbres, piégeant fourmis et autres insectes, et durcit en fossilisant.*

Diptères

- **Quand** Depuis 230 millions d'années (trias)
- **Nombre d'espèces actuelles** Environ 240 000
- **Alimentation** Matière décomposée pour les larves ; divers liquides, du nectar au sang, pour les adultes

Les diptères, dont font partie les mouches et les taons, ne possèdent que deux ailes. La deuxième paire a disparu pour faire place à des balanciers (haltères), qui bougent d'avant en arrière et stabilisent le vol. Parmi les premières espèces, certaines parasitaient sans doute les dinosaures, apparus à la même période, aspirant leur sang et les fluides sécrétés par leurs yeux.

Taon

Coléoptères

- **Quand** Depuis 260 millions d'années (fin du permien)
- **Nombre d'espèces actuelles** Plus de 1 million
- **Alimentation** Pollen, nectar, fruits, chair, autres insectes, cadavres, bois ou excréments

Les coléoptères ont évolué à partir d'insectes pourvus de deux paires d'ailes. La paire antérieure s'est muée en élytres dures se repliant sur les ailes postérieures. Les toutes premières plantes à fleurs étaient probablement pollinisées par des coléoptères, qui se sont diversifiés et répandus parallèlement à ces plantes. Il se pourrait que les espèces de coléoptères soient aujourd'hui plus nombreuses que toutes les autres espèces animales.

Hydrophile (coléoptère aquatique)

Blattes

- **Quand** Depuis 350 à 300 millions d'années (carbonifère)
- **Nombre d'espèces actuelles** Plus de 4 500
- **Alimentation** Végétaux en décomposition

Les premières blattes ressemblaient à celles que nous connaissons. Elles cherchaient des végétaux morts, à l'aide de leurs antennes sensitives, sur le sol des forêts préhistoriques. Les termites ont évolué à partir de blattes vivant en colonies.

Archimylacris, une blatte préhistorique

Les papillons

Les ailes délicates des papillons ne résistent guère au temps, et les fossiles de papillons sont rares. Pourtant, quelques spécimens merveilleusement conservés ont été mis au jour dans des roches à grain très fin, ou dans de l'ambre. Les plus anciens papillons connus datent d'environ 65 millions d'années. Il y a 30 millions d'années, ces insectes étaient devenus abondants.

MAIS ENCORE ?

Les organes récepteurs du goût se trouvant à l'extrémité des pattes du papillon, il doit se poser sur la nourriture pour en connaître le goût. Il peut ensuite l'aspirer avec sa trompe.

Lethe corbieri

- **Quand** -30 millions d'années (paléogène)
- **Où** France
- **Habitat** Bois

Cette espèce fait partie de la famille des satyridés, toujours représentée. Ses ailes, ornées de marques rondes (des ocelles), étaient sans doute brun orangé sur le dessus et brunes sur le dessous. Les chenilles se nourrissaient probablement d'herbe ou de feuilles de palmier, tandis que les adultes aspiraient le nectar des fleurs de leur longue trompe *(proboscis)*.

-4,6 milliards d'années	542	488	444	416	359
précambrien	cambrien	ordovicien	silurien	dévonien	carbonifère

PARENT VIVANT

Ce paon du jour s'orne d'ocelles pareilles à celles de *Lethe corbieri*. Les oiseaux ont pour habitude de viser les yeux des papillons pour les frapper à la tête. Leurrés par ces « faux yeux », ils atteignent les ailes. Leur proie s'en tire avec une aile abîmée.

251 200 145 65 23 aujourd'hui

permien trias jurassique crétacé paléogène néogène

FOSSILISÉS DANS L'AMBRE

Ces insectes ont été piégés il y a des millions d'années dans de la résine de pin poisseuse, de la couleur du miel. Au fil du temps, la résine a durci pour se transformer en ambre, préservant si bien ses prisonniers qu'on voit même les fines nervures de leurs ailes. Il semble qu'ils étaient vivants hier encore, alors qu'ils ont des millions d'années.

▼ PIÉGÉS *Toutes sortes d'insectes ont été conservés dans de l'ambre, y compris des mantes, comme celle-ci, et d'innombrables diptères.*

▲ À TRAVERS LE TEMPS *Certains fossiles d'ambre sont vieux de plus de 100 millions d'années. Les insectes qui y sont piégés fournissent la preuve que ceux qui nous sont familiers ont évolué sur des millions d'années.*

◂ PRISON DORÉE *L'ambre est de la résine fossilisée. Cette résine suinte sur le tronc des conifères, à l'endroit où celui-ci est endommagé. Elle recouvre l'entaille puis sèche et durcit pour refermer la blessure.*

Meganeura

Meganeura, peut-être le plus grand insecte ayant jamais existé, ressemblait à une libellule géante. Ses ailes se déployaient sur 75 cm, soit 12 fois l'envergure des libellules communes d'aujourd'hui. Ce monstre chassait d'autres insectes en vol. En fait, bien des insectes et d'autres invertébrés avaient atteint de grandes dimensions au carbonifère, période où prospéraient des forêts luxuriantes et où l'atmosphère était beaucoup plus riche en oxygène qu'aujourd'hui.

-4,6 milliards d'années	542	488	444	416	359	299	25
précambrien	cambrien	ordovicien	silurien	dévonien	carbonifère	permien	

Meganeura

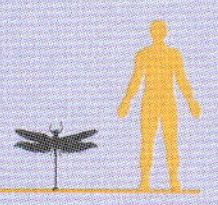

- **Quand** -300 millions d'années (fin du carbonifère)
- **Où** Europe
- **Habitat** Forêts tropicales marécageuses
- **Envergure** Jusqu'à 75 cm

Meganeura appartenait à la famille des méganeuridés, proche des vraies libellules. Il avait des pattes plus puissantes que ces dernières et les nervures de ses ailes dessinaient un motif plus simple. Il survolait très vite les forêts tropicales, repérant ses proies grâce à ses énormes yeux à facettes. Il attrapait avec ses pattes d'autres insectes en vol et les dévorait sans même se poser.

▲ AILES RENFORCÉES
Meganeura *signifie « à grandes nervures ». Ce fossile, découvert en France, révèle les épaisses nervures qui renforçaient les ailes.*

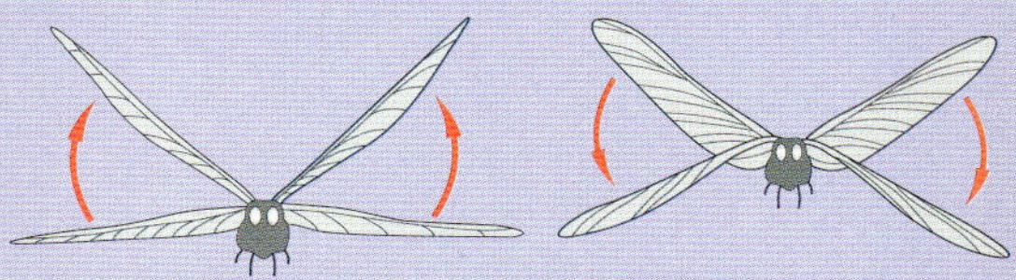

▲ AS DU VOL
Comme chez les libellules, qui pratiquent le vol stationnaire et en arrière, et virent en un instant, les deux paires d'ailes de Meganeura *battaient séparément, peut-être même à différentes vitesses. L'insecte contrôlait ainsi finement son vol.*

PARENT VIVANT

Petalura gigantea est l'une des plus grandes libellules actuelles. Elle peuple la Nouvelle-Galles du Sud, en Australie. Malgré une envergure de près de 14 cm, elle ne vole en fait pas très bien, et ne s'éloigne jamais de l'endroit où elle vit. Comme ses ancêtres, elle se nourrit d'insectes volants.

Les ammonites

Les fossiles d'ammonites se reconnaissent à leur forme enroulée. Ces mollusques, parents des actuels pieuvres et calmars, étaient protégés par une coquille à laquelle ils ajoutaient des loges de plus en plus grandes, à mesure de leur croissance. Peuplant les mers du monde entier, les ammonites se déplaçaient en rejetant de l'eau, flottant grâce à l'air contenu dans les loges vides de la coquille.

Scaphites

- **Quand** -144 à -65 millions d'années (crétacé)
- **Où** Europe, Afrique, Inde, Amérique du Nord et du Sud
- **Habitat** Mers peu profondes
- **Taille** Jusqu'à 20 cm de diamètre

La coquille de *Scaphites* ne formait pas une belle spirale mais se développait plutôt en crochet. Il en résultait que plus *Scaphites* grandissait, plus l'orifice par lequel sortait la tête était étroit. L'animal finissait peut-être par mourir de faim.

PORTRAIT DE GROUPE

Caractéristiques
- Coquille enroulée divisée en loges
- Corps mou occupant la loge ouverte sur l'extérieur
- Grosse tête et yeux développés
- Longs tentacules pour saisir les proies

Quand
Les ammonites apparurent il y a 425 millions d'années. Elles étaient très répandues à l'ère des dinosaures. Elles disparurent en même temps que ces derniers, il y a 65 millions d'années.

Fossile de *Scaphites*

Marbre de Marston

Promicroceras

- **Quand** -200 millions d'années (jurassique)
- **Où** Monde entier
- **Habitat** Mers
- **Taille** Jusqu'à 2 cm de diamètre

Le marbre de Marston, originaire d'Angleterre, est une roche presque uniquement constituée d'ammonites fossilisées. On ignore pourquoi d'innombrables *Promicroceras* moururent ainsi en même temps, jonchant le fond marin de coquilles. Une des hypothèses est que l'eau de mer dans laquelle elles vivaient aurait été empoisonnée par des algues microscopiques.

Echioceras

- **Quand** -200 millions d'années (début du jurassique)
- **Où** Monde entier
- **Habitat** Mers
- **Taille** Jusqu'à 6 cm de diamètre

La spirale formée par la coquille d'*Echioceras* était très serrée, ce qui l'empêchait peut-être de se déplacer rapidement. Elle chassait en tout cas des animaux lents.

Les loges intérieures, remplies d'air, faisaient flotter la coquille à la verticale. Les ammonites nageaient donc la tête plus basse que le corps.

Bifericeras

- **Quand** -200 millions d'années (début du jurassique)
- **Où** Europe
- **Habitat** Mers ouvertes
- **Taille** Jusqu'à 3 cm de diamètre

Bifericeras se nourrissait de petits invertébrés marins. Les plus grandes coquilles fossiles mises au jour (des macroconques) sont celles de femelles, dont le corps était plus grand afin qu'elles puissent produire des œufs et les protéger.

Microconque (mâle) fossile formée de pyrite de fer («l'or des fous»)

Macroconque (femelle)

Aturia

- **Quand** -65 à -23 millions d'années (paléogène)
- **Où** Monde entier
- **Habitat** Pleine eau
- **Taille** Jusqu'à 16 cm de diamètre

Les nautiloïdes, des animaux étroitement apparentés aux ammonites, leur survécurent. L'un d'eux, *Aturia,* chassait sans doute des poissons et des crevettes. Sa coquille, dépourvue des côtes souvent présentes chez les ammonites, était profilée pour lui permettre de nager rapidement.

PARENT VIVANT

Nautilus pompilius est un nautiloïde actuel et un parent des ammonites préhistoriques. Comme celles-ci, il s'abrite dans une coquille enroulée divisée en loges et se propulse en rejetant de l'eau. Il a jusqu'à 90 tentacules avec lesquels il capture des petits poissons et des crustacés.

Les gemmes

Il arrive que des minéraux cristallins aient rempli les loges des coquilles d'ammonites. Lorsqu'on ouvre le fossile et qu'on le polit, on dirait un bijou en cristal. D'autres ammonites ont une surface irisée, semblable à la nacre des perles fines. Cette matière constitue l'une des gemmes les plus précieuses.

▼ ON VOIT BIEN ICI *les loges composant la coquille des ammonites. Ce fossile de* Desmoceras *est vieux d'environ 100 millions d'années.*

Des bijoux rares
En 1981, la Confédération internationale de la bijouterie, de la joaillerie et de l'orfèvrerie a donné le statut de pierre précieuse, ou gemme, au minéral coloré qui recouvre certains fossiles d'ammonites. Réputée aussi rare que le diamant rouge, l'ammolite ne se trouve que dans quelques endroits des montagnes Rocheuses, en Amérique du Nord. On en fait des bijoux très coûteux.

AMMONITES NACRÉES

Les coquilles des ammonites étaient faites d'aragonite, le même minéral nacré qui forme les perles d'huîtres. Le plus souvent, il ne subsiste qu'un moule interne de la coquille. Certains fossiles sont toutefois encore recouverts d'une pellicule d'aragonite. Les plus beaux spécimens présentent des couleurs chatoyantes, qu'on dit iridescentes : leur surface décompose la lumière qui s'y reflète.

Les coquillages

Ces coquillages sont des fossiles vieux de plusieurs millions d'années. Certains datent d'avant l'ère des dinosaures. Parce qu'ils sont durs, les coquillages se fossilisent bien. Ce sont pour la plupart des coquilles de mollusques, des invertébrés à corps mou, dont font partie les escargots et les moules. D'autres groupes d'invertébrés à coquille existent aussi.

Xénophore *(Xenophora)*
Pliocène

Pectinidé *(Oxytoma)*
Début du jurassique

Pinne *(Pinna)*
Jurassique

Cérithe géant *(Campanile)*
Éocène

Huître *(Gervillaria)*
Crétacé

Nuculidé *(Nuculana)*
Éocène

Strombidé *(Rimella)*
Éocène

Scalaire *(Cirsotrema)*
Pliocène

Bullidée *(Bulla)*
Pleistocène

PORTRAIT DE GROUPE

Gastéropodes
Toutes les coquilles spiralées présentées sur ces pages appartenaient à des gastéropodes marins, parents des patelles, des escargots et des limaces. Le corps de ces mollusques consiste pour l'essentiel en un pied musculeux, qui se rétracte à l'intérieur de la coquille, quand elle existe.

Escargot

Bivalves
La coquille de ces mollusques, dont font partie les coques ou les moules, se compose de deux parties réunies par un ligament. Elle peut ainsi se refermer hermétiquement.

Quand
Les premiers mollusques datent d'environ 500 millions d'années (cambrien).

Calliostome *(Calliostoma)*
Éocène

Muricidé *(Murexsul)*
Pliocène

Corbiculidé *(Fimbria)*
Éocène

Pectinidé *(Pecten)*
Miocène

Chamidé
(Chama)
Éocène

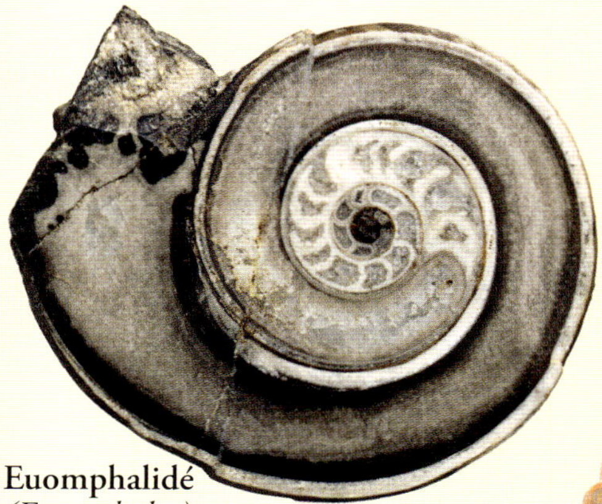

Euomphalidé
(Euomphalus)
Carbonifère

Buccin *(Clavilithes)*
Éocène

Cône
(Conus)
Éocène

Huître
(Rastellum)
Crétacé

Moule *(Modiolus)*
Crétacé

Vénéridé *(Chione)*
Miocène

Néritidé *(Velates)*
Éocène

Coque *(Acrosterigma)*
Pliocène

Arcoïde
(Cucullaea)
Crétacé

Muricidé
(Ecphora)
Pliocène

Architectonicidé
(Granosolarium)
Éocène

Architectonicidé
(Granosolarium)
Éocène

Ficidé
(Ficopsis)
Éocène

Buccin
(Neptunea)
Pliocène

PREMIERS VERTÉBRÉS

▲ *PHLEGETHONTIA Cet animal, l'un des premiers vertébrés, était un amphibien dépourvu de membres. Il mesurait jusqu'à 70 cm et chassait de petites proies, qu'il saisissait à l'aide de ses dents pointues.*

On appelle **vertébrés** les animaux pourvus d'une colonne vertébrale. Les premiers vertébrés étaient des poissons sans mâchoires ; ils apparurent dans les océans il y a plus de 500 millions d'années.

Les vertébrés

Qu'y a-t-il de commun entre un âne, un crocodile, un poisson, un perroquet et une grenouille ? Tous sont pourvus d'une colonne vertébrale. Celle-ci forme l'axe d'un squelette osseux interne qui soutient le corps. Ces animaux sont des vertébrés.

ARBRE DES VERTÉBRÉS

Si les vertébrés sont les animaux que nous connaissons le mieux, ils ne représentent qu'une part infime du règne animal. Les vertébrés dotés de membres – les tétrapodes – descendent tous des poissons.

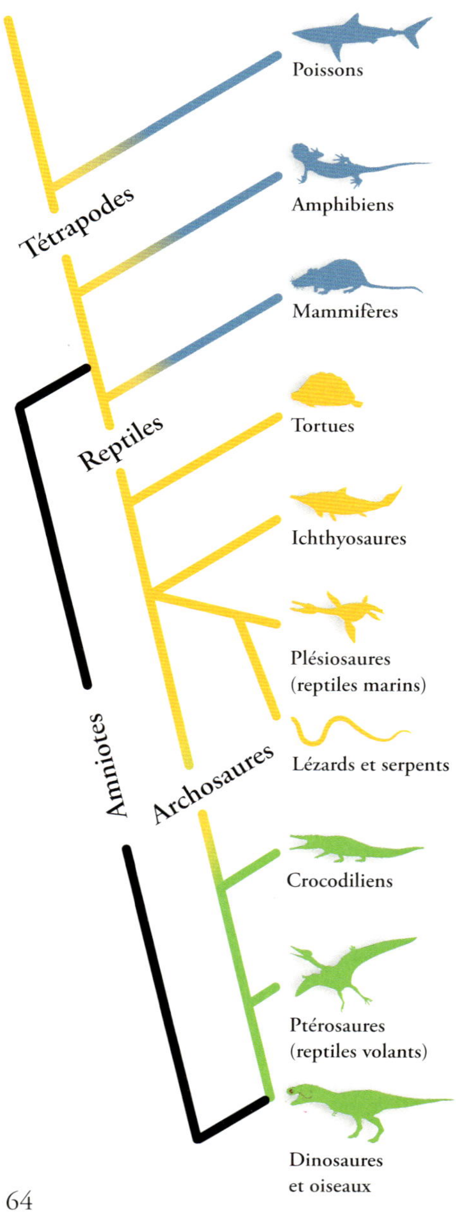

On divise les vertébrés en cinq grands groupes : les mammifères, les oiseaux, les reptiles, les amphibiens et les poissons.

LES MAMMIFÈRES

Parmi les mammifères, les placentaires, plus nombreux, donnent naissance à des petits bien plus développés que les marsupiaux (dont font partie les kangourous). Les monotrèmes, dont il ne subsiste que cinq espèces, pondent des œufs.

Chimpanzé

◀ GERBILLE *Les rongeurs se caractérisent par de grandes incisives, faites pour ronger.*

▼ ÉLÉPHANT D'AFRIQUE *Chez la plus grande espèce de mammifère terrestre, le mâle peut atteindre une hauteur de 4 m au garrot.*

LES OISEAUX

On connaît environ 10 000 espèces d'oiseaux. Ces descendants vivants des dinosaures ont développé la faculté de voler. Leurs plumes les y aident mais servent aussi à leur tenir chaud.

Perruche ondulée

▶ NANDOU D'AMÉRIQUE *Plus de 40 espèces d'oiseaux ont perdu la capacité de voler. C'est le cas du nandou.*

▲ FAUCON PÈLERIN *Ce rapace est le plus rapide de tous les animaux.*

LE SQUELETTE INTERNE

En plus d'avoir un squelette osseux interne, les vertébrés sont pourvus d'un système nerveux très complexe et d'un cerveau plus volumineux, par rapport à leur taille, que les invertébrés. Le sang, pompé par le cœur, fournit au corps les nutriments et l'oxygène dont il a besoin et évacue les déchets.

▶ LES OS *sont des tissus vivants et légers, propres aux vertébrés. Comme ils sont irrigués par des vaisseaux sanguins, ils peuvent grandir, à la différence de la carapace de certains invertébrés, comme les crabes (qui doivent muer à mesure de leur croissance).*

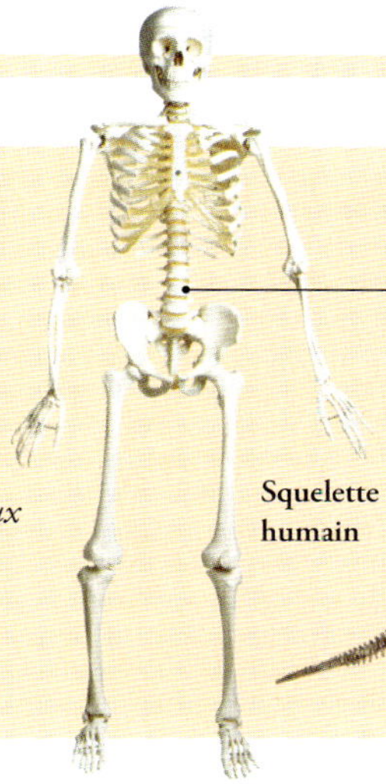

Squelette humain

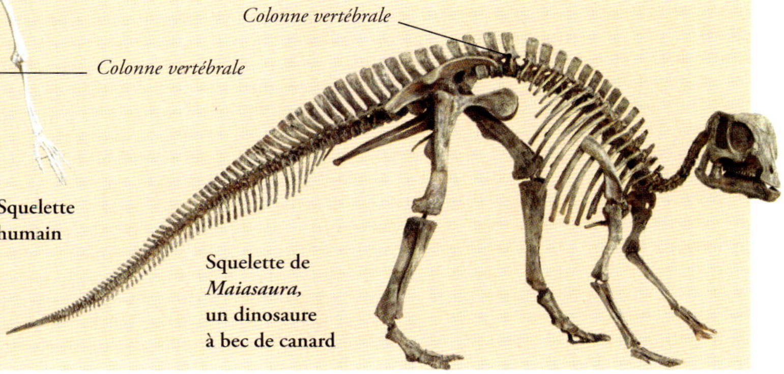

Squelette de *Maiasaura*, un dinosaure à bec de canard

LES REPTILES

Les reptiles furent parmi les premiers vertébrés à vivre à temps plein sur la terre ferme. Leur peau sèche est couverte d'écailles qui retiennent l'humidité, une adaptation nécessaire pour des animaux dont beaucoup habitent des régions chaudes et arides.

Caméléon de Parson

▶ COULEUVRE FAUX-CORAIL *Certaines espèces de reptiles se dépouillent de leur peau à mesure de leur croissance. Elles muent de quatre à huit fois par an.*

▼ CAÏMAN *Apparus il y a quelque 200 millions d'années, les crocodiliens, dont fait partie ce caïman, ont prospéré.*

LES AMPHIBIENS

La plupart des amphibiens respirent à la fois par la peau, nue et humide, et grâce à des poumons. Ils vivent en grande partie sur la terre ferme, mais toujours dans des milieux humides. Une grande majorité retourne dans l'eau pour pondre.

◀ SALAMANDRE DU PÈRE DAVID *C'est le plus grand amphibien actuel.*

▶ SALAMANDRE TACHETÉE *Cette salamandre passe l'hiver enroulée sous terre, à l'abri du froid. Ses couleurs vives sont un avertissement aux prédateurs : elle est toxique.*

▼ DENDROBATE *Il existe quelque 4 500 espèces de grenouilles et de crapauds, dont environ 120 espèces de dendrobates, très toxiques.*

LES POISSONS

Les poissons, premiers vertébrés à avoir peuplé la Terre, représentent plus de la moitié des espèces vertébrées actuelles. Ils respirent sous l'eau grâce à des branchies.

Poisson porc-épic

▼ REQUIN-BALEINE *Le plus grand poisson actuel se nourrit de plancton : des minuscules organismes dérivant dans l'eau.*

▼ GROUPÉS *Beaucoup de poissons se déplacent en bancs, trouvant la sécurité dans le nombre.*

Poissons *agnathes*

Les premiers poissons n'avaient pas de mâchoires, ce que signifie le mot « agnathe ». Ils s'alimentaient plutôt par succion. Faute de nageoires bien développées, ils nageaient en agitant la queue, à la manière des têtards. Ils n'avaient pas de squelette interne mais un large bouclier osseux couvrait la tête de certains, une utile protection contre les scorpions de mer géants.

Drepanaspis

- **Quand** -410 millions d'années (début du dévonien)
- **Où** Europe
- **Habitat** Fonds marins
- **Longueur** 35 cm

Avec sa tête plate et son corps étroit, *Drepanaspis* avait une étrange allure. Il cherchait sa nourriture à proximité du fond marin, mais on ignore comment il s'alimentait. Sa bouche étant orientée vers le haut, il lui aurait été difficile d'aspirer les petits organismes sur le fond, ou même de gober les animaux portés par le courant. Comme beaucoup d'autres agnathes, il était protégé par un bouclier osseux.

PARENTS VIVANTS

Les myxines et les lamproies sont des poissons agnathes à la forme d'anguille qui n'ont ni squelette interne, ni écailles ni nageoires. Les myxines se nourrissent de vers ou de cadavres d'animaux marins. Certaines lamproies s'attachent par la bouche à des poissons et se nourrissent de leur sang.

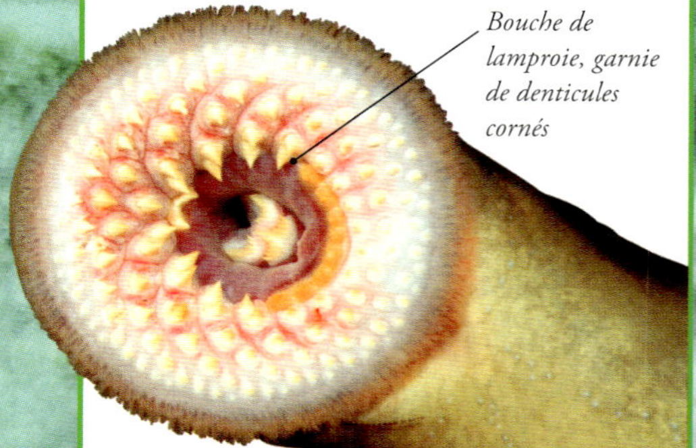

Bouche de lamproie, garnie de denticules cornés

PORTRAIT DE GROUPE

Caractéristiques

- Bouche dépourvue de mâchoires
- Pas de nageoires paires chez la plupart
- Nageaient en agitant la queue

Quand

Des fossiles de poissons agnathes ont été datés du cambrien, il y a plus de 500 millions d'années. Beaucoup d'espèces s'éteignirent à la fin du dévonien, il y a environ 360 millions. d'années.

Birkenia

- **Quand** -425 millions d'années (silurien)
- **Où** Europe
- **Habitat** Eaux douces
- **Longueur** 10 cm

Pourtant dépourvu de nageoires, *Birkenia* n'en nageait pas moins activement dans les mares et cours d'eau qu'il peuplait. Il se nourrissait de végétaux et d'animaux morts, dont il aspirait sans doute des lambeaux de sa bouche grande ouverte. Sa tête était couverte de petites écailles, et non d'un bouclier comme chez la plupart des agnathes.

Zenaspis

- **Quand** -410 millions d'années (début du dévonien)
- **Où** Europe
- **Habitat** Mers peu profondes et estuaires
- **Longueur** 25 cm

La tête en fer à cheval de *Zenaspis* était couverte d'un bouclier et des écailles protégeaient son corps assez plat. Les yeux, très rapprochés, étaient placés sur le dessus de la tête : ce poisson vivant sur le fond pouvait ainsi repérer les prédateurs arrivant au-dessus de lui. Il se nourrissait probablement de petits animaux vivant eux aussi dans la vase. Comme les autres agnathes, il n'avait pas de dents, mais sa bouche, située sur la face inférieure, était garnie de plaques osseuses.

Cephalaspis

- **Quand** -410 millions d'années (début du dévonien)
- **Où** Europe
- **Habitat** Eaux douces
- **Longueur** 22 cm

Ce petit poisson peuplait le fond des mares et des cours d'eau. Peut-être bougeait-il latéralement son large bouclier céphalique pour remuer la vase et y dénicher des vers et autres animaux. Il se nourrissait peut-être aussi des déchets tombant sur le fond. Des ébauches de nageoires paires stabilisaient son corps et une nageoire dorsale l'empêchait de basculer.

Sacabambaspis

- **Quand** -490 millions d'années (début de l'ordovicien)
- **Où** Bolivie
- **Habitat** Eaux côtières
- **Longueur** 30 cm

Ce poisson était doté d'un large bouclier céphalique et d'un corps se terminant par une petite nageoire. Sa forme suggère qu'il nageait comme un têtard, aspirant des petits organismes dans sa bouche toujours ouverte. Des organes sensoriels lui permettaient de détecter les mouvements et de jauger à quelle distance se trouvaient proies et prédateurs.

Poissons *cuirassés*

Aussi appelés placodermes, les poissons cuirassés furent les premiers à atteindre des tailles imposantes, certains étant aussi grands que les requins actuels. Ils furent également les premiers poissons à être pourvus de mâchoires, redoutables. Pour se protéger les uns des autres, ils développèrent des cuirasses faites de plaques osseuses qui se chevauchaient.

Gemuendina

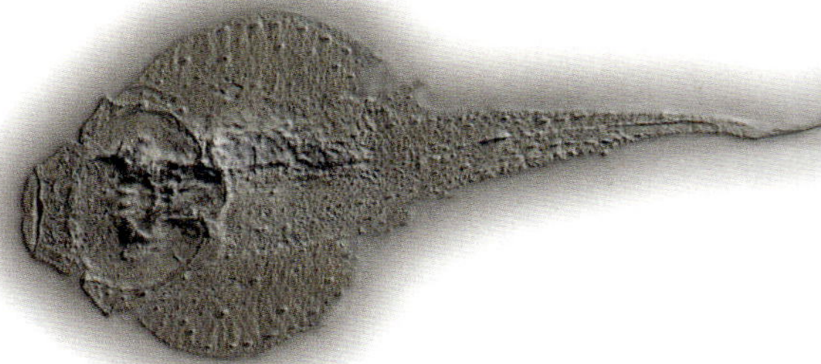

- **Quand** -410 millions d'années env. (début du dévonien)
- **Où** Allemagne
- **Habitat** Mers peu profondes
- **Longueur** 25-30 cm

Ce petit poisson au corps plat et à la queue étroite avait l'apparence d'une raie actuelle, mais sa bouche était située sur le dessus de la tête. Elle n'était pas pourvue de plaques osseuses, ce qui différenciait *Gemuendina* d'autres poissons cuirassés. Il accrochait ses proies au moyen d'écailles en forme d'étoile.

Dunkleosteus

- **Quand** -380 millions d'années (dévonien)
- **Où** États-Unis, Europe, Maroc
- **Habitat** Mers peu profondes
- **Longueur** 6 m

Parfois décrit comme le tyrannosaure des mers, *Dunkleosteus* avait la taille d'un éléphant. Il avait la morsure la plus puissante de tous les poissons, à l'exception peut-être de *Megalodon*. Au lieu de dents, *Dunkleosteus* était pourvu d'une sorte de bec formé de plaques osseuses découpées en pointes. Certains fossiles de *Dunkleosteus* présentent des marques de morsure correspondant à ces mâchoires, ce qui indique que ce prédateur était aussi cannibale.

▲ MÂCHOIRES DE MONSTRE
Dunkleosteus *avait une tête massive et d'énormes mâchoires garnies de plaques osseuses coupantes. Il aurait pu, en mordant, fissurer du béton.*

Coccosteus

- **Quand** -380 à -350 millions d'années (fin du dévonien)
- **Où** Amérique du Nord, Europe
- **Habitat** Mers peu profondes
- **Longueur** 40 cm

Bien qu'assez petit, *Coccosteus* était un prédateur efficace. Il chassait d'autres poissons, se tenant peut-être à l'affût sur le fond marin pour fondre soudainement sur eux. Il déchiquetait la chair des plus gros animaux grâce aux plaques tranchantes garnissant sa bouche en forme de bec. Il était sans doute bon nageur, car il avait une queue puissante.

Rolfosteus

- **Quand** -380 millions d'années (dévonien)
- **Où** Australie
- **Habitat** Récifs
- **Longueur** 30 cm

Avec son long museau tubulaire, évoquant la corne d'une licorne, *Rolfosteus* était d'allure assez bizarre. La fonction de ce museau laisse les scientifiques perplexes. Peut-être servait-il à fouiller les fonds sablonneux pour débusquer des proies, ou peut-être n'était-ce qu'un ornement mâle destiné à attirer les femelles. *Rolfosteus* n'avait pas de dents mais des plaques osseuses à l'arrière de la bouche, qu'il utilisait peut-être pour broyer les carapaces des crabes et autres crustacés.

PORTRAIT DE GROUPE

Caractéristiques
- Corps recouvert de plaques osseuses
- Mâchoires garnies de plaques osseuses faisant office de dents
- Articulations permettant aux mâchoires de s'ouvrir et au corps de se plier

Quand
Les poissons cuirassés vécurent du silurien, il y a près de 430 millions d'années, à la fin du dévonien, il y a 359 millions d'années.

Raies *et* requins

Des dents fossiles révèlent que les requins sillonnent les océans depuis plus de 400 millions d'années. Ces grands prédateurs, et leurs parentes les raies, au corps aplati, font partie de la classe des poissons cartilagineux. On les appelle ainsi car leur squelette est fait de cartilage, une matière plus souple que l'os – qui se fossilise mal.

PORTRAIT DE GROUPE

Caractéristiques
- Dents qui tombent et repoussent sans cesse
- Squelette fait de cartilage
- Absence de côtes
- Nageoires paires permettant de se diriger
- Pas de vessie natatoire contrôlant la flottaison
- Les requins doivent donc nager en permanence, sinon ils coulent.

Quand
Les plus anciens fossiles de requins et de raies datent de la fin du silurien, il y a environ 420 millions d'années.

Hybodus

- **Quand** De la fin du permien à la fin du crétacé
- **Où** Amérique du Nord, Europe, Afrique, Asie
- **Habitat** Océans
- **Longueur** 2 m
- **Alimentation** Petits animaux marins

Hybodus avait le corps fuselé d'un requin moderne. Mais sa denture et ses nageoires étaient différentes. Il était pourvu de deux sortes de dents : pointues et tranchantes à l'avant, qui lui permettaient de saisir et retenir les proies glissantes ; plus plates et plus émoussées à l'arrière, pour broyer les coquillages. La nageoire dorsale était précédée d'une longue épine pointue. Peut-être celle-ci permettait-elle à *Hybodus* de fendre plus facilement les flots, ou alors, il s'agissait d'une arme défensive.

Heliobatis

- **Quand** -54 à -38 millions d'années (première moitié du paléogène)
- **Où** États-Unis
- **Habitat** Eaux douces
- **Longueur** 1 m
- **Alimentation** Écrevisses et autres invertébrés, petits poissons

Heliobatis pourrait être apparenté à l'actuelle pastenague américaine. Sa queue était armée de trois épines pointues, peut-être venimeuses. Cette raie vivait sur le fond des lacs et peut-être aussi des cours d'eau. Elle doit son nom de « raie soleil » à la disposition de ses nageoires, rayonnant autour du corps.

Notorynchus

- **Quand** Depuis 56 millions d'années
- **Où** Monde entier
- **Habitat** Eaux froides peu profondes
- **Longueur** 3 m
- **Alimentation** Requins, raies, poissons, phoques et cadavres d'animaux

Une dent de *Notorynchus*

Notorynchus, ou requin plat-nez, a sept fentes branchiales, au lieu de cinq comme chez la plupart des requins. Les dents fossiles se distinguent par le fait que chacune se compose de nombreuses petites pointes (cupsides), formant un bord en dents de scie idéal pour trancher la chair. Plusieurs espèces peuplent aujourd'hui encore les eaux froides du monde entier.

Squalicorax

- **Quand** -105 à -65 millions d'années (crétacé)
- **Où** Monde entier
- **Habitat** Océans
- **Longueur** 4,50 m
- **Alimentation** Animaux marins

On trouve facilement des dents de requins fossilisées. Celles de *Squalicorax* sont communes : celle-ci était fichée dans le pied d'un dinosaure de la famille des hadrosaures. Cette trouvaille rare indique que *Squalicorax* se régalait parfois de carcasses d'animaux emportées par les vagues.

Stethacanthus

- **Quand** Fin du dévonien, début du carbonifère
- **Où** Amérique du Nord, Écosse
- **Habitat** Océans
- **Longueur** 1,50 m
- **Alimentation** Animaux marins

Stethacanthus était pourvu d'une bizarre nageoire dorsale en forme de planche à repasser, dont le dessus était semé de denticules, des écailles en pointe. La tête était hérissée d'un nombre encore plus grand de ces denticules. De longues pointes, ou fouets, traînaient derrière ses nageoires pectorales. Ces traits n'étaient peut-être présents que chez les mâles. *Stethacanthus* patrouillait habituellement dans les eaux côtières peu profondes, en quête de petits poissons et de coquillages.

Helicoprion

- **Quand** Début du permien
- **Où** Monde entier
- **Habitat** Océans
- **Longueur** 5,50 m
- **Alimentation** Animaux marins

On ne connaît de cet étrange requin que ses dents, auxquelles il doit son nom d'*Helicoprion* (« scie spiralée ») : elles poussaient en spirale, formant un disque de la taille d'une assiette plate. On sait qu'elles garnissaient sa mâchoire inférieure mais on ignore comment le requin s'en servait.

Megalodon

Megalodon fut peut-être le prédateur le plus redoutable et le plus terrifiant de tous les temps – et il pourrait aussi avoir été le plus grand. Ce géant était un proche cousin de l'actuel requin blanc, mais sa seule nageoire dorsale était aussi longue que le corps de ce dernier. *Megalodon* sema la terreur dans les océans pendant plus de 20 millions d'années. Il chassait baleines, dauphins et phoques ; il les prenait de vitesse pour les saisir, les broyer ou les déchiqueter entre ses énormes mâchoires.

Record de poids

Un *Megalodon* adulte pesait vingt fois plus que le grand requin blanc, le plus grand requin vivant.

-4,6 milliards d'années	542	488	444	416	359	299	25
précambrien	cambrien	ordovicien	silurien	dévonien	carbonifère	permien	

Megalodon

- **Quand** -25 à -1,5 million d'années (fin du paléogène, fin du néogène)
- **Où** Amérique du Nord et du Sud, Europe, Afrique, Asie
- **Habitat** Océans chauds
- **Longueur** 20 m

Seules des dents et des vertèbres de *Megalodon* ont été mises au jour. En les comparant à celles des requins modernes, les scientifiques ont estimé que *Megalodon* pesait 100 tonnes : autant que 30 éléphants. Les dents de *Megalodon* abondent sur les sites riches en fossiles de mammifères marins, qui étaient sans doute les proies de ce prédateur.

GRANDES DENTS

Megalodon signifie « grandes dents ». De fait, ce requin posédait plus de 250 dents, qui atteignaient une longueur de 17 cm. Leur bord était crénelé et tranchant, comme des dents de scie. Ces dents étaient faites pour trancher la chair.

▲ AUCUNE MÂCHOIRE *fossile de* Megalodon *n'a été trouvée. Les scientifiques ont fabriqué celle-ci en agrandissant une mâchoire de grand requin blanc (au centre). La morsure de* Megalodon *était cinq fois plus puissante que celle de* Tyrannosaurus *: il pouvait broyer une proie d'un coup.*

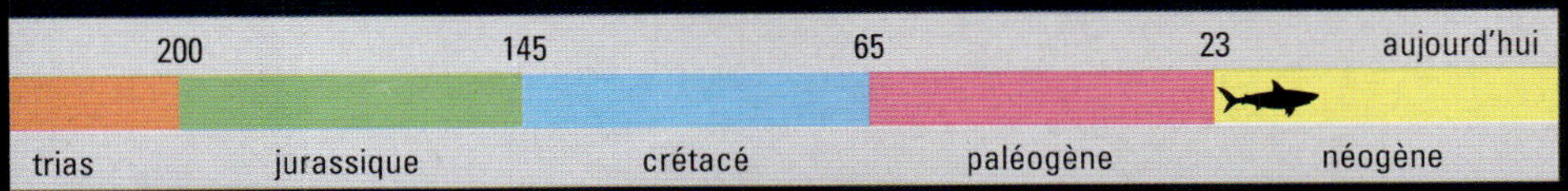

Poissons *osseux*

Il y a environ 400 millions d'années apparurent de nouveaux poissons. À la différence des requins qui avaient dominé ce milieu pendant des millions d'années, ils étaient dotés d'un squelette dur formé d'os. Les poissons osseux se diversifièrent considérablement ; ils représentent plus de 95 % des espèces actuelles.

Leedsichthys

- **Quand** -176 à -161 millions d'années (jurassique)
- **Où** Europe, Chili
- **Habitat** Océans
- **Longueur** 9 m

Leedsichthys, peut-être le plus grand poisson osseux ayant jamais vécu, était plus gros qu'une orque. C'était pourtant un inoffensif filtreur : il prenait dans la bouche d'énormes volumes d'eau que ses branchies filtraient, retenant les crevettes et autres animaux minuscules contenus dans l'eau et rejetant ensuite celle-ci. Les marques de morsure relevées sur un fossile indiquent que *Leedsichthys* était la proie des pliosaures, de gigantesques reptiles marins.

Xiphactinus

- **Quand** -112 à -70 millions d'années (crétacé)
- **Où** Amérique du Nord
- **Habitat** Mers peu profondes
- **Longueur** 6 m

Nageur puissant, *Xiphactinus* avait une énorme bouche, pouvant engloutir une grande proie. On a ainsi mis au jour un fossile contenant les restes d'un poisson de 2 m. Il est possible, toutefois, que la proie ait été trop grosse et qu'elle ait tué *Xiphactinus* en se débattant à l'intérieur de son corps.

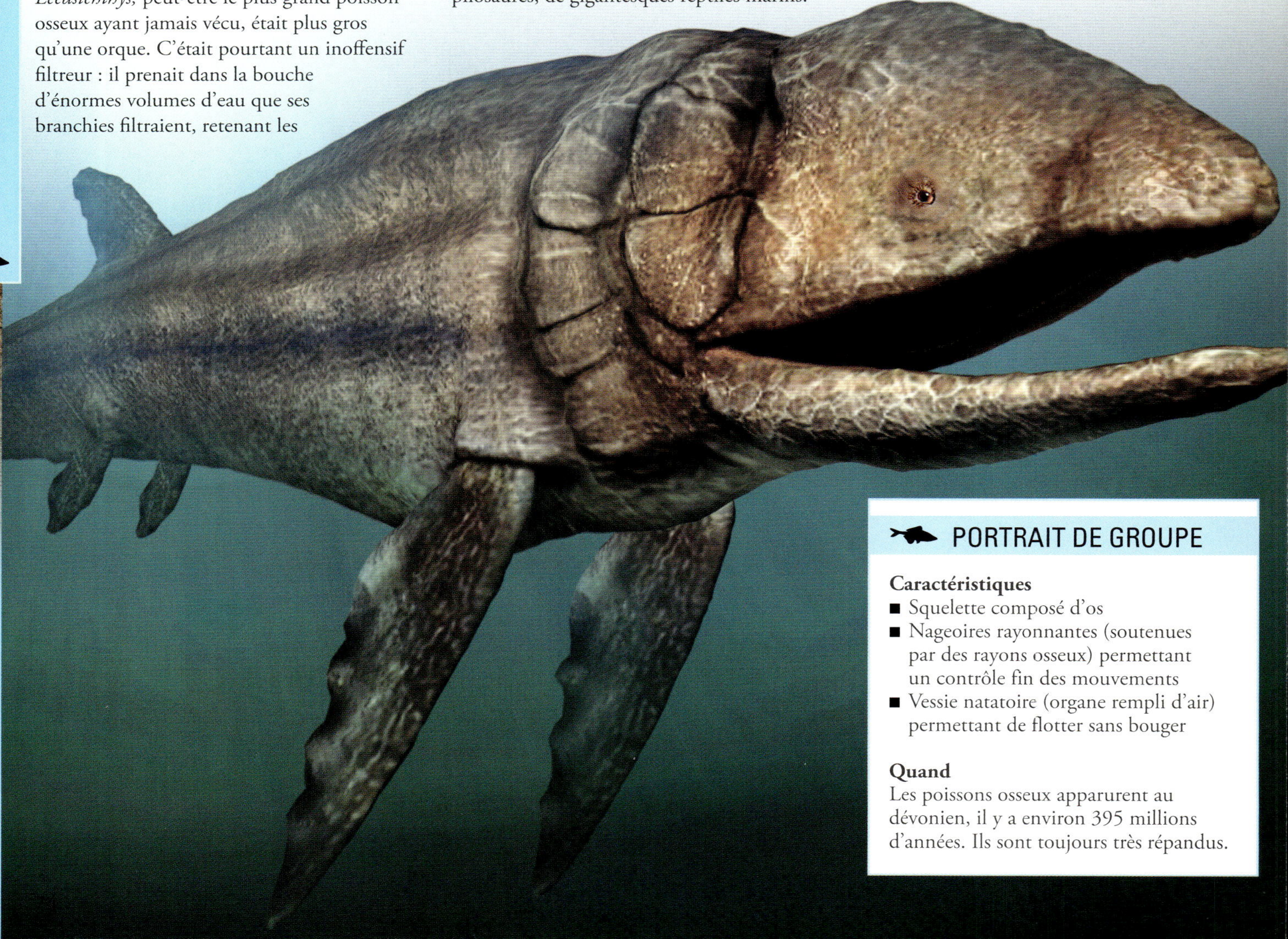

PORTRAIT DE GROUPE

Caractéristiques
- Squelette composé d'os
- Nageoires rayonnantes (soutenues par des rayons osseux) permettant un contrôle fin des mouvements
- Vessie natatoire (organe rempli d'air) permettant de flotter sans bouger

Quand
Les poissons osseux apparurent au dévonien, il y a environ 395 millions d'années. Ils sont toujours très répandus.

Diplomystus

- **Quand** -55 à -34 millions d'années (paléogène)
- **Où** États-Unis, Amérique du Sud, Afrique, Liban, Syrie
- **Habitat** Lacs
- **Longueur** 65 cm

Apparenté aux harengs et aux sardines, *Diplomystus* peuplait les cours d'eau et les lacs. Les fossiles les mieux conservés proviennent en grande partie de la région de la Green River, dans l'État américain du Wyoming. Des restes préservés de petits poissons indiquent clairement que *Diplomystus* était un prédateur : comme sa bouche était tournée vers le haut, il chassait sans doute dans la couche de surface.

Priscacara

- **Quand** -55 à -33 millions d'années (paléogène)
- **Où** Amérique du Nord
- **Habitat** Lacs et cours d'eau
- **Longueur** 15 cm

Priscacara peuplait les lacs profonds de l'Amérique du Nord et les fossiles formés dans la vase du fond ont été magnifiquement conservés. Les épines dures hérissant les nageoires étaient sans doute des armes de défense : tout prédateur tentant d'avaler *Priscacara* aurait eu la bouche transpercée.

Naso

- **Quand** -56 à -49 millions d'années (2e moitié du paléogène)
- **Où** Italie
- **Habitat** Océans
- **Longueur** 8 m

Ce poisson fossile est un très proche parent de l'actuel poisson licorne, qui doit son nom à l'épine ornant son front. *Naso* vivait peut-être en bancs dans les récifs coralliens comme le poisson-licorne.

Knightia

- **Quand** -55 à -34 millions d'années (2e moitié du paléogène)
- **Où** États-Unis
- **Habitat** Lacs et cours d'eau d'Amérique du Nord
- **Longueur** 7,5 cm

Des squelettes de *Knightia* ont été mis au jour dans les estomacs de plus gros poissons. *Knightia* formait sans doute d'énormes bancs, ce qui en faisait une proie facile. Des centaines de fossiles bien conservés ont été découverts dans la région de la Green River, dans le Wyoming (États-Unis). En 1987, *Knightia* est devenu le fossile symbole de cet État.

Perca

- **Quand** -55 à -37 millions d'années (paléogène)
- **Où** États-Unis
- **Habitat** Eaux douces peu profondes
- **Longueur** 30 cm

Ce poisson de la famille des perches ressemblait à ses parents actuels. Son dos bossu portait deux nageoires armées d'épines acérées que *Perca* dressait pour effrayer les prédateurs. Comme celui de nombreuses perches modernes, son corps écailleux était peut-être rayé pour un meilleur camouflage dans les roseaux. *Perca* se déplaçait en bancs et se nourrissait d'insectes, d'œufs de poissons et de petits poissons.

Mioplosus

- **Quand** -55 à -40 millions d'années (paléogène)
- **Où** États-Unis
- **Habitat** Océans
- **Longueur** 25 cm

Cet incroyable fossile est celui d'un *Mioplosus* figé alors qu'il dévorait sa proie. Il est probable que celle-ci l'ait tué en se coinçant dans sa bouche. *Mioplosus* chassait des poissons pouvant atteindre la moitié de sa taille, les retenant à l'aide de ses dents pointues.

Lepidotes

Ce poisson osseux semble avoir fait le régal de *Baryonyx*, un dinosaure piscivore. On a en effet retrouvé un certain nombre d'arêtes et d'écailles de *Lepidotes* dans la région de l'estomac de ce dinosaure. C'était une proie de bonne taille, pouvant atteindre 1,80 m de longueur, et assez répandue ; des fossiles ont été mis au jour dans le monde entier.

▲ DENTS
Les dents fossilisées de Lepidotes *ressemblent à des cailloux. On croyait autrefois qu'elles avaient des vertus magiques.*

Lepidotes

- **Quand** -199 à -70 millions d'années (jurassique et crétacé)
- **Où** Monde entier
- **Habitat** Lacs de l'hémisphère Nord
- **Longueur** 1,80 m

On dispose de fabuleux fossiles de *Lepidotes*. Les empreintes des écailles épaisses, en forme de losange, sont clairement visibles. Ces écailles étaient recouvertes d'une couche dure reflétant la lumière, ce qui rendait le poisson brillant.

-4,6 milliards d'années	542	488	444	416	359
précambrien	cambrien	ordovicien	silurien	dévonien	carbonifère

Bouche suceuse
Lepidotes pouvait projeter ses mâchoires en avant comme le font aujourd'hui les carpes, ce qui lui permettait d'aspirer ses proies, notamment des coquillages. Ses dents dures, pareilles à des tenailles, venaient aisément à bout des coquilles.

La carpe peut projeter ses mâchoires en avant pour se nourrir, tout comme le faisait Lepidotes.

MAIS ENCORE ?

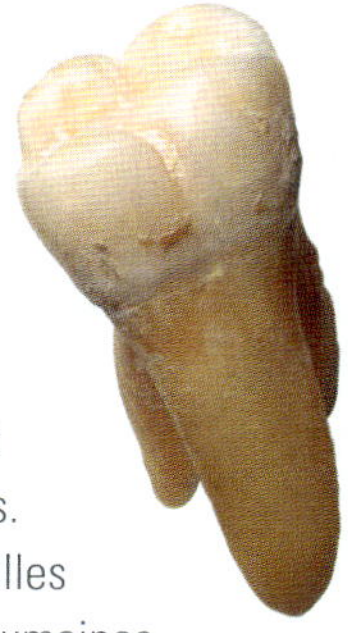

Les dents des vertébrés, dont les nôtres, ont évolué à partir des écailles des poissons préhistoriques. Celles de *Lepidotes* étaient ainsi recouvertes de dentine et d'émail, comme nos dents. Et la structure de ces écailles rappelle celle des dents humaines.

99 251 200 145 65 23 aujourd'hui
permien trias jurassique crétacé paléogène néogène

Poissons *à nageoires charnues*

Les poissons de ce groupe prenaient appui sur leurs nageoires pour se traîner dans les récifs et sur le fond. Avec le temps, ces nageoires commencèrent à se transformer en membres. Les poissons « à nageoires charnues » furent les premiers vertébrés à se hisser hors de l'eau.

PORTRAIT DE GROUPE

Caractéristiques

- Nageoires trapues, arrondies (lobées), soutenues par des os
- Branchies pour respirer dans l'eau
- Chez certains, des cavités semblables à des poumons, pour respirer à l'air libre

Quand

Les poissons à nageoires charnues apparurent il y a 488 à 444 millions d'années (ordovicien). À la fin du crétacé, il y a 65 millions d'années, beaucoup s'éteignirent, mais il en existe encore.

Eusthenopteron

- **Quand** -385 millions d'années (fin du dévonien)
- **Où** Amérique du Nord, Groenland, Écosse, Lettonie, Estonie
- **Habitat** Océans
- **Longueur** 1,50 m

Comme la plupart des poissons, *Eusthenopteron* était couvert d'écailles. Mais les os soutenant ses nageoires étaient semblables à ceux des premiers amphibiens (animaux vivant en partie dans l'eau, en partie sur la terre ferme). Ce prédateur guettait peut-être ses proies dissimulé dans les algues.

Panderichthys

- **Quand** -400 millions d'années (dévonien)
- **Où** Lettonie, Lituanie, Estonie, Russie
- **Habitat** Océans
- **Longueur** 1,50 m

Panderichthys était sans doute capable de se hisser sur la terre ferme, au moins pour un bref moment, en se propulsant à l'aide de ses nageoires antérieures. Il possédait des nageoires paires, comme les poissons actuels, mais celles-ci étaient soutenues par des os semblables à ceux des amphibiens. S'il respirait sous l'eau par des branchies, il pouvait aussi respirer à l'air libre par un orifice situé sur le dessus de sa tête, communiquant probablement avec une cavité remplie d'air faisant fonction de poumon.

▲ POISSON HORS DE L'EAU
Panderichthys *ressemblait par certains aspects à un amphibien. Si son corps était allongé, sa large tête aplatie, avec de gros yeux sur le dessus, évoquait celle d'une grenouille.*

Tiktaalik

- **Quand** -380 millions d'années (fin du dévonien)
- **Où** Canada
- **Habitat** Mers peu profondes
- **Longueur** 1 m

Cet étrange poisson (à droite) pouvait tourner sa tête aplatie, grâce à un cou articulé. Ses yeux étant situés sur le dessus de sa tête, il pouvait sans doute voir au-dessus de la surface de l'eau. Et il pouvait probablement se hisser à terre, en se tortillant et en prenant appui sur ses « nageoires », dont les os formaient un poignet, une épaule et même des doigts rudimentaires.

Dipterus

- **Quand** -370 millions d'années (fin du dévonien)
- **Où** Amérique du Nord, Écosse
- **Habitat** Lacs et cours d'eau
- **Longueur** 35 cm

Dipterus était un proche parent des actuels poissons pulmonés, qui peuvent respirer à l'air libre et s'enterrent pour survivre à la sécheresse. Toutefois, la grande plaque protégeant la cavité branchiale indique qu'il respirait plus par les branchies que par les poumons. Sa tête était cuirassée de plaques osseuses.

Osteolepis

- **Quand** -390 millions d'années (dévonien)
- **Où** Écosse, Lettonie, Lituanie, Estonie
- **Habitat** Lacs peu profonds
- **Longueur** 50 cm

Osteolepis doit son nom, qui signifie « écaille osseuse », aux grandes écailles carrées qui couvraient son corps. Celles-ci, de même que les os du crâne, étaient recouvertes d'une substance brillante semblable à l'émail de nos dents.

Macropoma

- **Quand** -70 millions d'années (fin du crétacé)
- **Où** Angleterre, République tchèque
- **Habitat** Océans
- **Longueur** 55 cm

Macropoma appartenait à la famille des cœlacanthes, des poissons pourvus de nageoires charnues pouvant bouger à la manière de nos membres. Les cœlacanthes furent un temps considérés comme un maillon évolutif entre les poissons et les animaux terrestres. En fait, ils ne seraient pas les ancêtres directs des animaux terrestres.

PARENT VIVANT

En 1938, des pêcheurs trouvèrent dans un filet, jeté au large de l'Afrique du Sud, un étrange poisson qu'ils montrèrent à un scientifique. Il s'avéra que la prise était un cœlacanthe, un type de poisson qu'on pensait éteint depuis la fin de l'ère des dinosaures. Ce « fossile vivant » constitua la découverte zoologique du siècle.

Sur la *terre ferme*

Nous savons que les animaux terrestres d'aujourd'hui ont évolué à partir d'animaux qui vivaient dans l'eau, il y a des millions d'années. Pour conquérir la terre ferme, certains obstacles devaient être surmontés : une nageoire n'est pas très utile hors de l'eau. Voici quelques-unes des transformations qui intervinrent.

▸ *PROTEROGYRINUS Cet amphibien se régalait de poissons mais ne passait pas tout son temps sous l'eau. Car il fut l'un des premiers animaux à respirer grâce à des poumons.*

DES NAGEOIRES AUX PATTES

Les pattes ont évolué à partir des nageoires des poissons. Les tétrapodes furent les premiers à en avoir : ils en comptaient quatre, chacune terminée par des doigts. Les tout premiers avaient jusqu'à huit doigts.

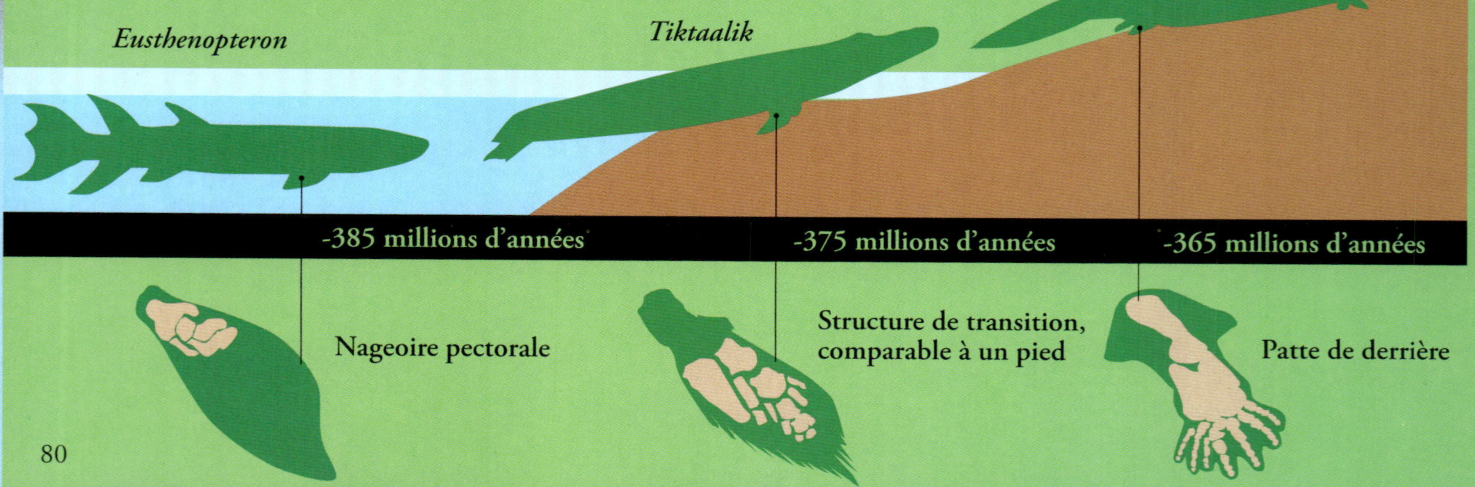

ŒUFS RÉSISTANTS !

Alors que la plupart des amphibiens retournent dans l'eau pour se reproduire, les reptiles pondent à terre. Les premiers reptiles pondaient en effet des œufs protégés par plusieurs membranes, et plus tard par une coquille. Ces œufs pouvaient donc résister dans un milieu sec. Les animaux étaient ainsi libérés de leur dépendance à l'eau.

▲ PAS BESOIN D'EAU *Grâce à leur coquille, les œufs de tortue ne se déshydratent pas.*

▲ À L'ABRI *Les bébés tortues passent six à huit semaines dans l'œuf, qui contient toute l'humidité dont ils ont besoin.*

▼ ANTIQUITÉS *Les tortues sont apparues il y a environ 220 millions d'années.*

Cinq doigts

Chez presque tous les vertébrés terrestres, les membres sont structurés de la même manière et se terminent par cinq doigts. C'est parce tous ont évolué à partir d'un même ancêtre : un des conquérants de la terre ferme, qui se trouvait avoir des pattes pourvues de cinq doigts.

Respiration aérienne

Les animaux terrestres tirent leur oxygène de l'air. Ils n'ont donc pas besoin des branchies qui permettent aux poissons d'extraire l'oxygène de l'eau. Les poumons ont évolué chez certains des premiers poissons pour qu'ils puissent aspirer de l'air à la surface de l'eau. Un groupe conserva ce trait physique, qui se révéla vital quand les poissons commencèrent à se hisser sur la terre ferme, il y a 400 millions d'années.

Les poissons pulmonés furent parmi les premiers à sortir de l'eau. Au dévonien, ils étaient répandus dans le monde entier.

▲ PREMIÈRES EMPREINTES *Ces empreintes fossiles, découvertes en 2010 au Canada, datent d'environ 318 millions d'années. Elles auraient été laissées par certains des plus anciens reptiles.*

Les amphibiens

Les amphibiens se partagent entre l'eau et la terre ferme. Ils évoluèrent à partir de poissons il y a 370 millions d'années environ, leurs nageoires se transformant peu à peu en membres bien formés, grâce auxquels ils purent marcher. Premiers animaux à quatre membres, ou tétrapodes, ils furent les ancêtres de tous les tétrapodes actuels, dont les humains.

Ichthyostega

- **Quand** -370 millions d'années (fin du dévonien)
- **Où** Groenland
- **Habitat** Mers peu profondes
- **Longueur** Environ 1,50 m

Ichthyostega avait une tête, un corps et une queue de poisson, mais des pieds palmés de grenouille. Il respirait par des poumons, mais vivait encore dans l'eau. Il chassait des poissons et d'autres proies dans les flaques peu profondes.

Empreinte de pied fossilisé

Seymouria

- **Quand** -290 millions d'années (début du permien)
- **Où** États-Unis, Allemagne
- **Habitat** Marécages
- **Longueur** Environ 60 cm

On a d'abord considéré *Seymouria* comme l'un des premiers reptiles, parce qu'il avait des pattes robustes et était bien adapté à la vie terrestre. Les scientifiques ont toutefois découvert que les jeunes d'une espèce proche possédaient des branchies. Il est probable que chez *Seymouria* aussi, les jeunes étaient encore complètement aquatiques alors que les adultes vivaient sur terre. Les mâles avaient un crâne épais : peut-être se combattaient-ils à coups de tête, au moment de la reproduction.

Phlegethontia

- **Quand** -300 millions d'années (fin du carbonifère, début du permien)
- **Où** États-Unis, République tchèque
- **Habitat** Marécages
- **Longueur** Environ 90 cm

Phlegethontia faisait partie d'un groupe d'amphibiens ayant perdu leurs pattes et ressemblant donc extérieurement à des serpents. Il avait plusieurs rangées de petites dents pointues, assez semblables à celles de certains serpents non venimeux.

Microbrachis

- **Quand** -300 millions d'années (fin du carbonifère)
- **Où** République tchèque
- **Habitat** Marécages
- **Longueur** Près de 15 cm

Avec ses membres grêles, *Microbrachis* (ci-dessous) ressemblait à une petite salamandre. Mais il respirait dans l'eau par des branchies (comme un têtard) et nageait probablement comme un poisson, en bougeant latéralement sa queue aplatie. Il semble qu'il passait le plus clair de son temps dans les marécages, les rivières, les lacs et les étangs, où il chassait des petits poissons et des crustacés.

Microbrachis

Eryops

- **Quand** -295 millions d'années (début du permien)
- **Où** Amérique du Nord
- **Habitat** Marécages
- **Longueur** Environ 1,80 m

Eryops, l'un des plus grands animaux terrestres de son temps, ressemblait à un crocodile trapu. Il avait un long museau (son nom signifie « face étirée ») et de puissantes mâchoires garnies de dents en forme de crochets acérés. Comme il ne pouvait pas mâcher, il lançait sans doute la tête en arrière pour que sa proie s'enfonce dans sa bouche, comme le font les crocodiles. *Eryops* avait des membres vigoureux mais un peu courts pour son corps massif ; il se déplaçait donc lentement.

Crassigyrinus

- **Quand** -350 millions d'années (début du carbonifère)
- **Où** Écosse, États-Unis
- **Habitat** Eaux peu profondes
- **Longueur** Environ 1,50 m

Ce bizarre animal vivait probablement dans l'eau, car, avec ses membres minuscules, il lui aurait été difficile de se déplacer sur la terre ferme. Redoutable prédateur, *Crassigyrinus* happait ses proies et refermait aussitôt son énorme bouche garnie de deux rangées de dents acérées. Ses grands yeux laissent penser qu'il pouvait chasser dans des eaux boueuses ou même la nuit.

Acanthostega

- **Quand** -365 millions d'années (fin du dévonien)
- **Où** Groenland
- **Habitat** Marécages et cours d'eau
- **Longueur** Environ 60 cm

Acanthostega serait le premier tétrapode à avoir pu se hisser brièvement hors de l'eau. Sans doute vivait-il surtout dans les marécages peu profonds. Ses membres antérieurs étaient palmés et pourvus de huit doigts.

PORTRAIT DE GROUPE

Caractéristiques
- Quatre membres avec poignet et coude
- Doigts et orteils distincts
- Œufs pondus dans l'eau
- Larves (petits) pareilles à des têtards

Quand
Les amphibiens évoluèrent à partir de poissons il y a 370 à 400 milllions d'années, au dévonien.

Amphibamus

Dans les forêts tropicales marécageuses du carbonifère, bourdonnaient des insectes géants que chassaient les amphibiens récemment apparus. Si certains de ces nouveaux venus avaient la taille d'un alligator, *Amphibamus* n'était pas plus grand qu'un triton. Il présentait de nombreux traits des grenouilles et des salamandres modernes.

▲ SQUELETTE
*Ce fossile d'*Amphibamus *est vieux de plus de 350 millions d'années. On voit bien la tête large et les grandes orbites.*

Amphibamus

- **Quand** -300 millions d'années (fin du carbonifère)
- **Où** États-Unis
- **Habitat** Marécages
- **Longueur** 15 cm
- **Alimentation** Probablement des insectes

Amphibamus avait de gros yeux pour mieux repérer les insectes. Il les guettait sans doute, immobile, happant soudainement ceux qui s'approchaient, comme le font les grenouilles. Il devait probablement retourner dans l'eau pour se reproduire et pondre.

UNE PEAU QUI RESPIRE

Les fossiles d'*Amphibamus* proviennent d'un site américain qui, au carbonifère, était le delta d'un fleuve. L'animal vivait peut-être dans les bras d'eau et les marécages proches. Il est probable qu'il respirait en partie par la peau, comme les amphibiens modernes, et devait donc rester dans les lieux humides pour qu'elle ne sèche pas.

-4,6 milliards d'années	542	488	444	416
précambrien	cambrien	ordovicien	silurien	dévonien

PARENTS VIVANTS

Les salamandres sont apparentées aux grenouilles mais s'en distinguent par un corps effilé. Elles habitent des lieux humides et respirent en partie par la peau. Certaines espèces pondent dans l'eau, les œufs donnant naissance à des têtards qui respirent par des branchies.

59	299	251	200	145	65	23	aujourd'hui
carbonifère	permien	trias	jurassique	crétacé	paléogène	néogène	

Les végétaux

Parmi les végétaux terrestres, on distingue ceux qui se reproduisent au moyen de spores, comme les mousses, et ceux qui produisent des graines, comme les plantes à fleurs. On connaît aujourd'hui plus de 400 000 espèces végétales. Mais comment sont-elles apparues ?

Au commencement

Les tout premiers végétaux étaient des algues marines, des organismes simples fabriquant leur nourriture à partir de l'énergie solaire. Les algues se répandirent au fil du temps dans les eaux douces et dans des habitats terrestres humides.

Sur la terre ferme

Il y a plus de 400 millions d'années, les végétaux colonisèrent la terre ferme. Les premières plantes terrestres étaient petites, proches des mousses. Elles n'avaient ni feuilles ni racines.

Des semences abondantes

Les algues, les mousses et les fougères portent des capsules renfermant des spores microscopiques. Moins résistantes que les graines, les spores étaient toutefois un bon moyen de reproduction pour les premiers végétaux, car chaque plante peut en produire des millions.

Les végétaux à spores ont besoin d'humidité pour se reproduire.

Les organismes de type végétal proliférèrent il y a 420 à 370 millions d'années. Bien avant l'ère des dinosaures, Prototaxites *pouvait atteindre une hauteur de 8 m. Il est possible que c'était plutôt un champignon qu'une plante.*

Aglaphyton *captait la lumière par toute sa surface. Les capsules portant les spores, en forme d'œuf, se développaient à son extrémité.*

En se répandant, les végétaux libérèrent de plus en plus d'oxygène dans l'atmosphère. La planète en fut transformée.

Cooksonia, une des premières plantes érigées, apparut il y a 425 millions d'années. Ses tiges arborescentes ne dépassaient pas 10 cm.

La diffusion des plantes terrestres

L'apparition de tiges plus robustes, comme chez *Cooksonia,* permit aux plantes de grandir et de se répandre plus avant sur la terre ferme. Plus tard, certaines portèrent des graines, qui peuvent germer dans des milieux plus secs. Des forêts denses se développèrent.

Premières graines

Cette plante semble porter des fruits. Ce sont en fait des graines, grosses comme un œuf. *Medullosa* avait la taille d'un petit arbre. Elle apparut il y a environ 350 millions d'années.

D'utiles supports

Les forêts prospérant, les plantes commencèrent à rivaliser pour la lumière. Certaines développèrent des tiges ligneuses (constituées de bois), ce qui leur permit de pousser plus haut. Les fougères arborescentes étaient familières aux dinosaures.

Forêts de conifères

À l'ère des dinosaures, de hauts conifères dominaient les forêts. Ces arbres portent de fines feuilles, en aiguilles, bien adaptées aux climats secs. Parmi les conifères de cette époque, certaines espèces, comme l'araucaria du Chili, ont survécu jusqu'à nos jours.

▼ *WILLIAMSONIA Ces arbres massifs étaient familiers aux dinosaures du jurassique et du crétacé. Ils portaient des organes ressemblant à des fleurs. Pour en savoir plus sur l'émergence des plantes à fleurs, reportez-vous aux pages 224-225.*

Postosuchus

Avant que les dinosaures ne se répandent, d'autres grands reptiles régnaient sur les terres émergées. *Postosuchus,* proche cousin des crocodiliens, était un des superprédateurs peuplant l'Amérique du Nord au trias. Il côtoyait les premiers dinosaures et s'en nourrissait probablement.

Une fin désastreuse
Le groupe de reptiles auquel appartenait *Postosuchus* s'éteignit à la fin du trias, peut-être en raison d'un changement climatique causé par des éruptions volcaniques. Les dinosaures purent ainsi imposer leur domination au jurassique.

-4,6 milliards d'années	542	488	444	416	359
précambrien	cambrien	ordovicien	silurien	dévonien	carbonifère

Postosuchus

- **Quand** -230 à -200 millions d'années (trias)
- **Où** États-Unis
- **Habitat** Régions boisées
- **Taille** 4,50 m
- **Alimentation** Petits reptiles

Postosuchus appartenait à l'ordre des rauisuchiens. Au lieu d'avoir des membres s'écartant de chaque côté du corps, comme les lézards, il avait des pattes droites, portant son corps. C'était donc un prédateur actif et vif, comme les dinosaures carnivores géants qui allaient lui succéder. Mais les articulations des hanches étaient très différentes de celles des dinosaures et les chevilles semblables à celles des crocodiles. *Postosuchus* déchirait la chair de ses proies grâce à ses dents incurvées, pareilles à des dagues. On a mis au jour un fossile contenant les restes de quatre animaux différents.

▲ UN NEZ DÉVELOPPÉ
Postosuchus *avait un crâne énorme et de larges narines. Il avait peut-être un odorat très développé, lui permettant de flairer ses proies.*

Sur deux ou quatre pattes ?
Les membres antérieurs de *Postosuchus* étaient plus courts que les postérieurs, ce qui suggère qu'il marchait sur deux pattes. Certains pensent pourtant qu'il marchait à quatre pattes, d'autres qu'il ne se redressait que pour courir.

299	251	200	145	65	23	aujourd'hui
permien	trias	jurassique	crétacé	paléogène	néogène	

Effigia

Effigia ressemblait à un dinosaure, courait comme un dinosaure et se nourrissait probablement comme un dinosaure, mais n'en était pas un. Sur l'arbre de la vie, il se place sur la même branche que les crocodiles. Pourtant, la forme de son corps était très similaire à celle des ornithomimidés, les dinosaures autruches, qui n'apparurent que 80 millions d'années plus tard.

Effigia

- **Quand** -210 millions d'années (fin du trias)
- **Où** Ouest des États-Unis
- **Habitat** Régions boisées
- **Longueur** 1,50-3 m
- **Alimentation** Peut-être omnivore

Effigia se déplaçait sur ses pattes de derrière, en relevant la queue pour garder l'équilibre. Il avait de tout petits bras, de grands yeux et un petit crâne d'oiseau. Ce type de reptile était répandu à la fin du trias mais semble s'être éteint en raison d'un changement climatique.

Pommes de pin actuel

▲ À QUOI BON DES DENTS ? Effigia *était pourvu d'un bec édenté. Peut-être s'en servait-il pour croquer les pignons de pin ou casser les œufs. Il se peut qu'il chassât aussi des petits animaux.*

-4,6 milliards d'années	542	488	444	416	359
précambrien	cambrien	ordovicien	silurien	dévonien	carbonifère

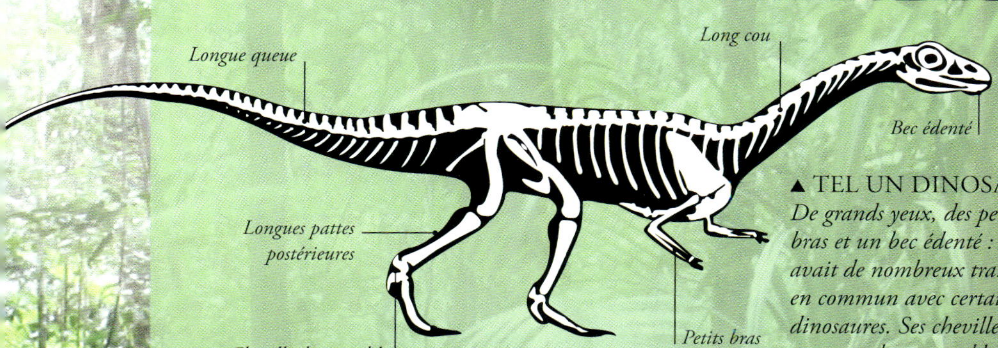

▲ TEL UN DINOSAURE
De grands yeux, des petits bras et un bec édenté : Effigia *avait de nombreux traits en commun avec certains dinosaures. Ses chevilles, en revanche, ressemblaient plutôt à celles d'un crocodile.*

MAIS ENCORE ?

Effigia tire son nom, qui signifie « fantôme » en grec, du site américain où son fossile fut mis au jour, en 1947 : Ghost Ranch Quarry (« la carrière du ranch du fantôme »).
Il méritait bien ce nom : en fait, ce fossile resta caché pendant près de soixante ans à l'intérieur d'un bloc rocheux conservé dans un musée américain. En 2006, la roche fut enfin fendue et *Effigia* apparut.

99	251	200	145	65	23	aujourd'hui
permien	trias	jurassique	crétacé	paléogène	néogène	

Les crocodilomorphes

Les crocodilomorphes (« ayant la forme d'un crocodile ») faisaient partie du grand groupe des archosaures (« reptiles dominants »), englobant les dinosaures et les ptérosaures. Petits ou gigantesques, ils peuplaient à la fois les terres émergées et les océans. Comme leurs parents modernes, les crocodiliens, la plupart étaient des chasseurs, toujours à l'affût.

Sphenosuchus

- **Quand** -200 millions d'années (début du jurassique)
- **Où** Afrique du Sud
- **Habitat** Terre ferme
- **Longueur** 1-1,50 m
- **Alimentation** Petits animaux terrestres

Sphenosuchus fut l'un des premiers crocodilomorphes. On ne possède de lui qu'un crâne et quelques os des pattes postérieures. Celles-ci étaient longues et minces, signe qu'il courait vite, pour poursuivre ses proies ou fuir ses prédateurs. Le crâne présentait des cavités remplies d'air, un indice d'un lien évolutif entre crocodilomorphes et oiseaux.

Geosaurus

- **Quand** -165 à -140 millions d'années (fin du jurassique, début du crétacé)
- **Où** Amérique du Nord, Antilles, Europe
- **Habitat** Océans
- **Longueur** 3 m
- **Alimentation** Poissons

Geosaurus, « lézard terrestre », doit son nom à une erreur des scientifiques qui en découvrirent les premiers fossiles. En fait, cet animal passait son temps sous l'eau. Il avait un museau beaucoup plus long et étroit que la plupart des crocodilomorphes. Peut-être celui-ci renfermait-il une glande lui permettant d'extraire le sel de l'eau qu'il buvait, comme c'est le cas chez les crocodiles et les gavials.

PORTRAIT DE GROUPE

Caractéristiques
- Corps long
- Membres courts et robustes
- Mâchoires puissantes
- Dents coupantes

Quand
Les crocodilomorphes apparurent il y a 225 millions d'années, à la fin du trias. Ce sont les ancêtres des crocodiliens modernes.

Dakosaurus

- **Quand** -165 à -140 millions d'années (fin du jurassique, début du crétacé)
- **Où** Monde entier
- **Habitat** Mers peu profondes
- **Longueur** 4-5 m
- **Alimentation** Poissons, calmars et reptiles marins

Pourvu d'un crâne semblable à celui d'un dinosaure carnivore et de grandes dents crénelées, *Dakosaurus* pouvait trancher dans la chair des autres reptiles marins et broyer les coquilles des ammonites. Ses pattes s'étaient transformées en palettes natatoires, grâce auxquelles il se dirigeait ; il se propulsait à l'aide de sa queue de poisson. Il venait à bout d'animaux bien plus grands que lui.

Simosuchus

- **Quand** -70 millions d'années (fin du crétacé)
- **Où** Madagascar
- **Habitat** Forêts
- **Longueur** 1,20 m
- **Alimentation** Végétaux, certains insectes peut-être

Simosuchus avait un crâne et un museau bien plus courts que les autres crocodilomorphes. Son nom veut d'ailleurs dire « crocodile à nez plat ». Chose encore plus inhabituelle, ses dents indiquent que c'était probablement un végétarien, mangeant à l'occasion des insectes. Une étude récente suggère que sa queue était bien plus courte que sur cette illustration.

Deinosuchus

- **Quand** -70 à -65 millions d'années (fin du crétacé)
- **Où** États-Unis, Mexique
- **Habitat** Marécages
- **Longueur** 10 m
- **Alimentation** Poissons, dinosaures de bonne taille

Deinosuchus était un des plus grands alligators préhistoriques : il était près de cinq fois plus grand et plus lourd que ses parents modernes. Il se nourrissait sans doute de poissons, de reptiles marins et de dinosaures aussi grands que lui : des fossiles de tyrannosaures portent des morsures de *Deinosuchus.* Il chassait peut-être à l'affût, se tenant immobile à la surface de l'eau, pour se précipiter sur ses proies. Il avalait tout rond les plus petites. Les grandes étaient déchiquetées.

Steneosaurus

- **Quand** -200 à -145 millions d'années (jurassique)
- **Où** Europe, Afrique
- **Habitat** Estuaires et eaux côtières
- **Longueur** 1-4 m
- **Alimentation** Poissons

Steneosaurus peuplait probablement les estuaires et venait pondre à terre. Bien que son long corps fût adapté à la nage, ses membres ne s'étaient pas transformés en nageoires. Il avait un museau fin, garni de nombreuses dents tranchantes, et son corps était lourdement cuirassé, pour une meilleure protection contre les prédateurs.

▲ TERREUR DES MARAIS
Deinosuchus *tuait ses proies comme le font les alligators modernes : en les tirant dans l'eau pour les noyer.*

Les ptérosaures

À l'ère des dinosaures, des reptiles volants, les ptérosaures, étaient maîtres du ciel. Sans être eux-mêmes des dinosaures, ils leur étaient étroitement apparentés. Un des plus grands était *Quetzalcoatlus* : il atteignait largement la taille d'une girafe adulte, et ses ailes se déployaient sur la largeur d'un court de tennis.

Quetzalcoatlus

- **Quand** -70 à -65 millions d'années (crétacé)
- **Où** États-Unis
- **Habitat** Plaines et zones boisées
- **Longueur** 1-1,50 m
- **Taille** 10-11 m d'envergure

L'envergure de ce ptérosaure dépassait celle d'un petit avion, mais comme ses os étaient légers, il ne pesait que 250 kg. Il s'élevait très haut, en quête de jeunes dinosaures ou d'espèces de petite taille, qu'il emportait dans ses énormes mâchoires sans dents. C'était l'un des plus grands animaux volants de l'époque.

PORTRAIT DE GROUPE

Caractéristiques
- Ailes formées de peau s'étirant entre un doigt très long et la patte
- Certains ptérosaures avaient une crête.
- Grands yeux
- Mâchoires allongées et étroites
- Os creux
- Vol battu

Quand
Les ptérosaures apparurent à la fin du trias, il y a 215 millions d'années, et s'éteignirent à la fin du crétacé, il y a 65 millions d'années.

Pterodactylus

- **Quand** -150 à -144 millions d'années (jurassique)
- **Où** Allemagne
- **Habitat** Côtes
- **Longueur** 30 cm

Pterodactylus est l'un des ptérosaures les mieux connus grâce à la découverte de nombreux squelettes complets. Il avait une queue très courte et un cou plus long que les ptérosaures qui le précédèrent, et volait donc mieux.

▲ *PTERODACTYLUS Ce fossile exhumé en Allemagne est l'un des fossiles de ptérosaures les plus complets et les mieux conservés.*

Pterodactylus

Pteranodon

- **Quand** -88 à -80 millions d'années (crétacé)
- **Où** Amérique du Nord
- **Habitat** Côtes
- **Envergure** 7-9 m

Pteranodon signifie « avec des ailes et sans dents ». C'était l'un des plus grands ptérosaures. Il survolait l'océan en grandes troupes, en quête de poissons qu'il pêchait à l'aide de son bec effilé. Sa longue crête avait peut-être une fonction dans les parades nuptiales.

▶ *PTERANODON s'élevait sans doute en déployant ses ailes et n'en battait qu'occasionnellement, comme un albatros.*

Dimorphodon

- **Quand** -200 à -180 millions d'années (jurassique)
- **Où** Îles Britanniques
- **Habitat** Côtes boisées
- **Longueur** 60 cm

La tête de *Dimorphodon* mesurait presque autant que le tiers du corps. Son bec était garni de deux types de dents, ce qui était inhabituel chez les ptérosaures. Il chassait probablement des petits vertébrés, dont des petits reptiles, refermant très vite ses mâchoires sur ses proies.

Rhamphorhynchus

- **Quand** -150 millions d'années (jurassique)
- **Où** Europe, Afrique
- **Habitat** Côtes et berges des cours d'eau
- **Longueur** 40 cm

Avec ses fines dents en pointes, son bec pourvu d'une poche extensible, et ses longues mâchoires étroites, *Rhamphorhynchus* était parfaitement adapté à son habitat côtier. Sa longue queue, terminée par une membrane de peau en forme de losange, servait peut-être de gouvernail.

▼ LES AILES *des ptérosaures étaient faites d'une membrane de peau tendue entre un doigt extrêmement long et la patte.*

Eudimorphodon

Eudimorphodon fut l'un des premiers ptérosaures à s'envoler : il planait, en déployant ses ailes parcheminées. Formées d'une membrane de peau parcourue de muscles, celles-ci étaient tendues entre les membres antérieurs et les quatrièmes doigts, qui s'étaient démesurément allongés, et les pattes. Elles étaient mues par les muscles puissants de la poitrine et des membres antérieurs.

PISCIVORE À DENTS

Pas plus longues qu'un doigt humain, les mâchoires d'*Eudimorphodon* étaient garnies de plus d'une centaine de dents. Celles de devant, en crochets, pointaient vers l'extérieur, pour mieux retenir les poissons glissants. Les dents du fond, surmontées de plusieurs pointes comme nos molaires, servaient à mâcher.

-4,6 milliards d'années	542	488	444	416	359
précambrien	cambrien	ordovicien	silurien	dévonien	carbonifère

Eudimorphodon

- **Quand** -210 millions d'années (fin du trias)
- **Où** Groenland, Italie
- **Habitat** Côtes
- **Longueur** 1 m
- **Alimentation** Poissons

Ce petit reptile était l'un des tout premiers ptérosaures. Il avait une longue queue mais un cou court, des traits disparus chez les ptérosaures plus tardifs. *Eudimorphodon* planait, capturant les poissons dans la couche de surface, et sans doute aussi des insectes. La membrane de peau terminant sa queue osseuse l'aidait probablement à se diriger en vol.

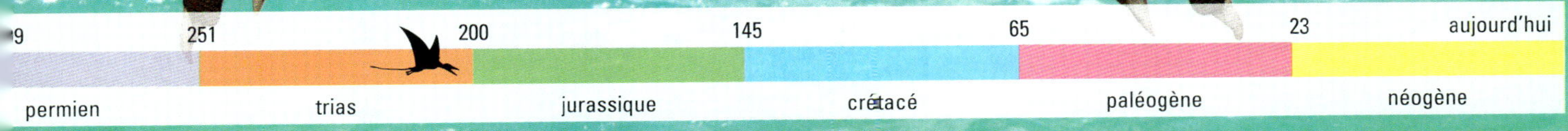

Les nothosaures

Au milieu du trias, alors que les dinosaures faisaient leurs premiers pas, les nothosaures dominaient les mers. Tout comme les actuels phoques et otaries, ces reptiles piscivores avaient évolué à partir d'animaux terrestres. Ils n'étaient toutefois pas complètement adaptés à la vie aquatique. Certains avaient des doigts griffus, signe qu'ils pouvaient marcher à terre.

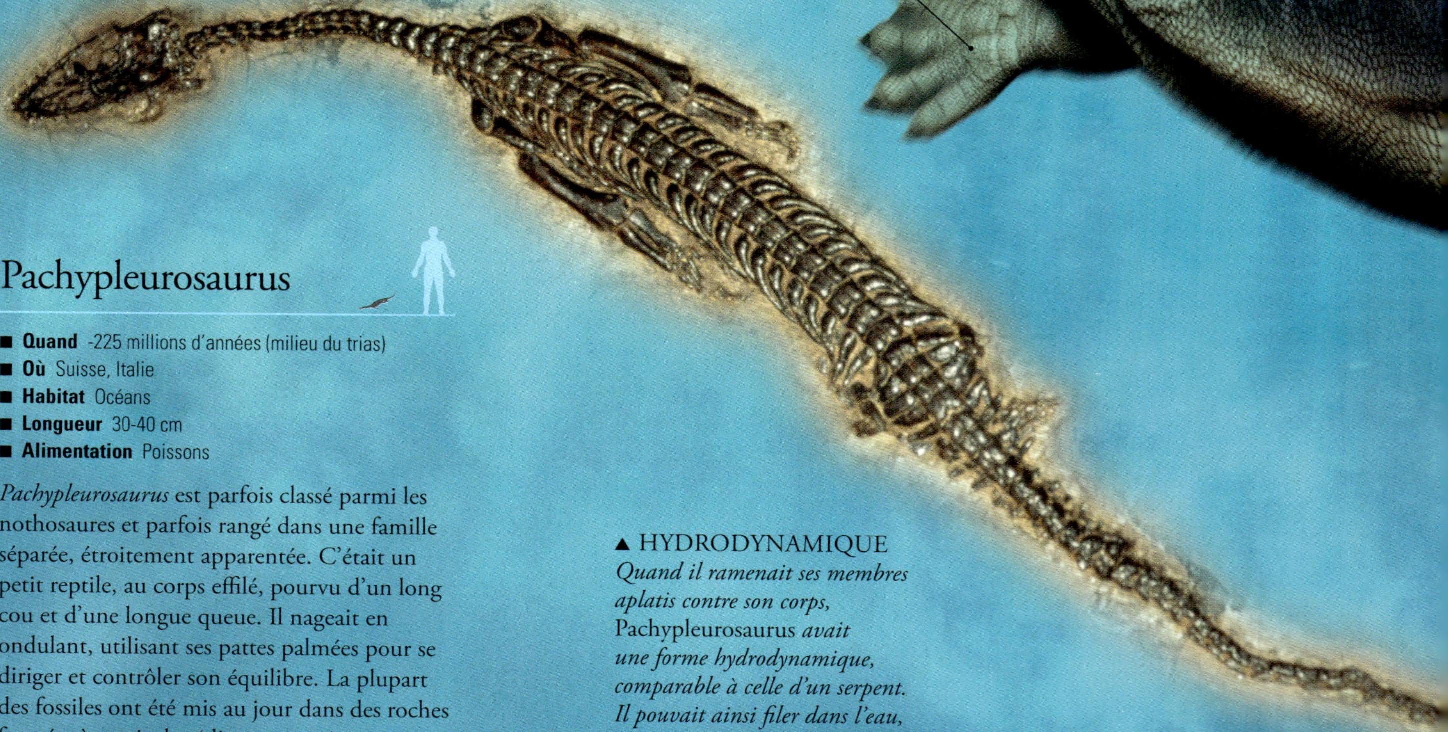

Pachypleurosaurus

- **Quand** -225 millions d'années (milieu du trias)
- **Où** Suisse, Italie
- **Habitat** Océans
- **Longueur** 30-40 cm
- **Alimentation** Poissons

Pachypleurosaurus est parfois classé parmi les nothosaures et parfois rangé dans une famille séparée, étroitement apparentée. C'était un petit reptile, au corps effilé, pourvu d'un long cou et d'une longue queue. Il nageait en ondulant, utilisant ses pattes palmées pour se diriger et contrôler son équilibre. La plupart des fossiles ont été mis au jour dans des roches formées à partir de sédiments marins.

▲ HYDRODYNAMIQUE
Quand il ramenait ses membres aplatis contre son corps, Pachypleurosaurus *avait une forme hydrodynamique, comparable à celle d'un serpent. Il pouvait ainsi filer dans l'eau, propulsé par sa queue musclée.*

-542 millions d'années	488	444	416	359	299
cambrien	ordovicien	silurien	dévonien	carbonifère	permie

◀ NAGE Nothosaurus *nageait probablement à la façon d'une loutre, en ondulant de la queue. Ses pieds palmés étaient mieux faits pour marcher que pour nager mais ils aidaient peut-être* Nothosaurus *à changer rapidement de direction lorsqu'il poursuivait une proie.*

Nothosaurus

- **Quand** -240 à -210 millions d'années (trias)
- **Où** Europe, Afrique du Nord, Russie, Chine
- **Habitat** Océans
- **Longueur** 1,20-4 m
- **Alimentation** Poissons

Nothosaurus chassait dans l'eau mais venait sans doute se reposer à terre, comme les phoques. Il saisissait ses proies avec ses dents pointues, exceptionnellement longues, qui se refermaient à la manière d'une cage. Doté d'un long cou musclé, *Nothosaurus* pouvait peut-être secouer la tête d'un côté puis de l'autre pour avaler ses victimes, à la manière des crocodiles.

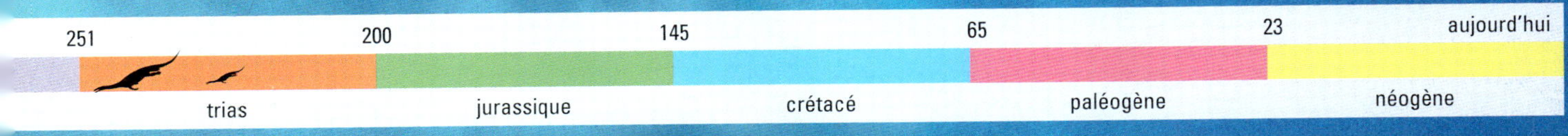

Les plésiosaures

Au jurassique et au crétacé, tandis que les dinosaures régnaient sur les terres émergées, les plésiosaures avaient pris possession des océans. Ces reptiles géants se divisaient en plésiosaures à cou long, et à petite tête, et en plésiosaures à cou court, aussi appelés pliosaures. Ceux-là avaient d'énormes têtes et d'imposantes mâchoires, garnies de crochets.

Elasmosaurus

- **Quand** -99 à -65 millions d'années (fin du crétacé)
- **Où** États-Unis
- **Habitat** Océans
- **Longueur** 14 m
- **Alimentation** Poissons, calmars, coquillages

Le cou d'*Elasmosaurus* était aussi long que son corps. Les premiers scientifiques qui étudièrent cet animal, découvert en 1868, crurent qu'il s'agissait en fait de sa queue, et placèrent la tête à la mauvaise extrémité. Tandis qu'*Elasmosaurus* nageait lentement en pleine eau, il pouvait aisément aller chercher des proies sur le fond.

▲ LES SPÉCIALISTES *ne s'accordent pas sur la souplesse du cou d'*Elasmosaurus. *Pour les uns, il pouvait s'enrouler ou se dresser au-dessus de la surface. Pour d'autres, il était plus rigide mais pouvait tout de même se courber vers le bas et se plier d'un côté ou de l'autre, pour balayer une large zone.*

PORTRAIT DE GROUPE

Caractéristiques
- Les plésiosaures avaient un long cou et un petit crâne ; le cou des pliosaures était court et leur crâne énorme.
- Quatre grandes palettes natatoires
- De nombreuses dents pointues

Quand
Les plésiosaures apparurent au début du jurassique, il y a 200 millions d'années. Ils s'éteignirent à la fin du crétacé, il y a 65 millions d'années.

Plesiosaurus

- **Quand** -200 millions d'années (début du jurassique)
- **Où** Îles Britanniques, Allemagne
- **Habitat** Océans
- **Longueur** 3-5 m
- **Alimentation** Poissons, mollusques de type calmar

Plesiosaurus avait un long cou et un corps large, évoquant celui d'une tortue. Comme les tortues, il se propulsait à l'aide de ses nageoires, sa queue étant trop courte pour lui être vraiment utile. Quand il chassait, il pénétrait dans un banc de poissons, balançant son cou d'un côté et de l'autre et ouvrant grand les mâchoires : ses dents coniques, imbriquées, piégeaient les proies capturées.

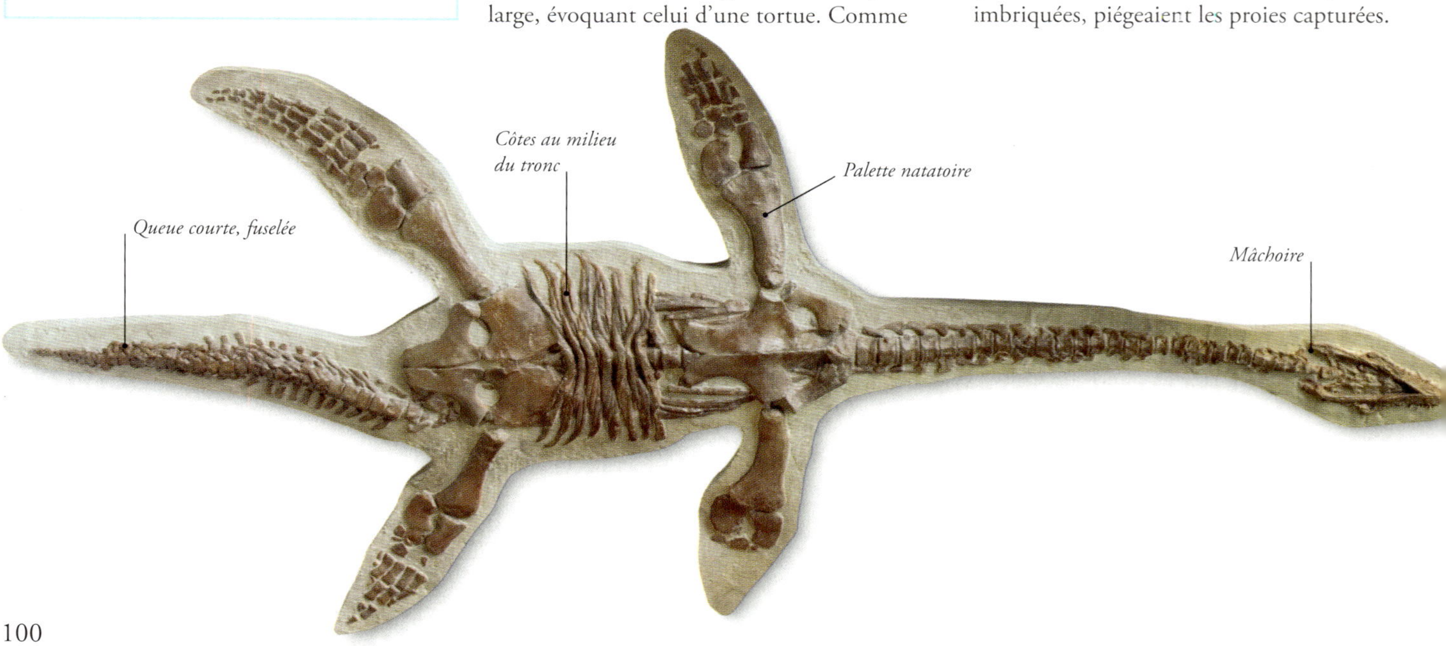

Liopleurodon

Les vertèbres de Liopleurodon *avaient la taille d'une assiette plate.*

- **Quand** -165 à -150 millions d'années (fin du jurassique)
- **Où** Îles Britanniques, France, Allemagne, Russie
- **Habitat** Océans
- **Longueur** 5-7 m
- **Alimentation** Grands calmars, ichtyosaures

Liopleurodon, l'un des plus puissants carnivores ayant jamais existé, était pourvu de vigoureuses mâchoires et avait probablement une morsure plus puissante que *Tyrannosaurus.* Il aurait pu aisément tenir dans la bouche une voiture de taille moyenne et la couper en deux. Les scientifiques pensent qu'il avait un odorat bien développé, ce qui lui était utile pour repérer les proies en eaux profondes.

Kronosaurus

- **Quand** -65 millions d'années (fin du crétacé)
- **Où** Colombie, Australie
- **Habitat** Océans
- **Longueur** 10 m
- **Alimentation** Reptiles marins, poissons, mollusques

La seule tête de *Kronosaurus* était longue de 3 m. Il pouvait ouvrir grand les mâchoires pour se saisir de ses proies avec des dents de la taille d'une banane. Des restes fossilisés dans la région de l'estomac indiquent qu'il mangeait d'autres reptiles marins, y compris des plésiosaures. Comme tous ses semblables, il devait revenir en surface pour respirer.

Le *monstre* du loch Ness

Un plésiosaure aurait-il survécu jusqu'à notre époque ? On évoque depuis bien longtemps la présence d'un mystérieux monstre préhistorique dans le loch Ness, un vaste lac situé en Écosse. On ne dispose d'aucune preuve scientifique de l'existence de « Nessie », comme on le surnomme, mais beaucoup de gens croient l'avoir vu et quelques-uns affirment même l'avoir photographié. Cette légende pourrait-elle contenir une part de vérité ?

UN SCOOP INCROYABLE !
Cette photo fut publiée par un journal anglais en 1934. Présentée comme la première image du monstre du loch Ness, elle fit grande impression. L'imposture fut révélée en 1994 : le monstre avait été fabriqué à partir d'un modèle réduit de sous-marin auquel étaient fixés un cou et une tête sculptés dans du mastic.

▲ LE FAMEUX CLICHÉ *de « Nessie » était censé avoir été pris par un chirurgien londonien, Robert K. Wilson.*

▲ LE LOCH NESS *est long de 37 km. Malgré son étendue, ce lac écossais n'abriterait pas assez de poissons, d'après les scientifiques, pour nourrir un prédateur de la taille de « Nessie ».*

Reconstitution par ordinateur du monstre du loch Ness

UN SURVIVANT ?

Les prétendues photographies du monstre évoquent un plésiosaure. Elles ont inspiré une théorie selon laquelle les profondeurs du loch Ness abriteraient des animaux ayant survécu depuis l'ère des dinosaures. Mais l'eau y est sans doute trop froide pour des reptiles géants et, pendant la dernière glaciation, le loch Ness était gelé.

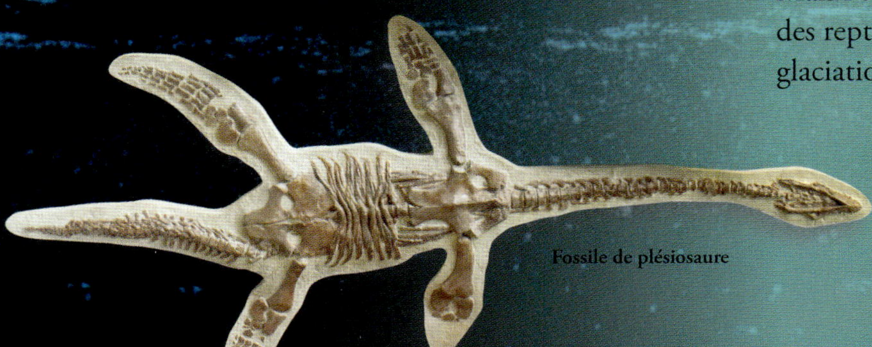

Fossile de plésiosaure

◄ SQUELETTE FOSSILE *Tout comme « Nessie » sur les images, les plésiosaures avaient une petite tête et un long cou. Mais ce dernier était probablement trop faible pour qu'ils puissent dresser la tête hors de l'eau.*

Rhomaleosaurus

En 1848, des ouvriers travaillant dans une carrière du Yorkshire, en Angleterre, découvrirent à leur grande surprise le squelette d'un animal énorme, enfoui dans la roche. Il s'agissait de celui de *Rhomaleosaurus,* l'un des prédateurs marins les plus redoutables du jurassique. *Rhomaleosaurus* était un plésiosaure, l'un des deux types de reptiles qui dominaient les océans à cette période, avec les ichthyosaures, à allure de dauphin.

-4,6 milliards d'années	542	488	444	416	359	299	25
précambrien	cambrien	ordovicien	silurien	dévonien	carbonifère	permien	

PRISE MORTELLE

Armé de redoutables dents côniques, *Rhomaleosaurus* pouvait saisir de grosses proies. Il les secouait sans doute violemment pour les déchiqueter et les avaler plus facilement, à la manière des crocodiles.

CAMOUFLAGE

Comme beaucoup d'animaux marins actuels, *Rhomaleosaurus* avait peut-être le ventre clair et le dos foncé. Ce motif en « ombre inversée » est en fait un camouflage : celui qui en est pourvu est plus difficile à repérer, du dessus comme du dessous.

200 145 65 23 aujourd'hui

rias jurassique crétacé paléogène néogène

Rhomaleosaurus

- **Quand** -200 à -195 millions d'années (jurassique)
- **Où** Angleterre, Allemagne
- **Habitat** Eaux côtières
- **Longueur** 5-7 m
- **Alimentation** Poissons, calmars et reptiles marins

Rhomaleosaurus était un pliosaure : un plésiosaure à cou court. Il chassait à la vue et à l'odorat, détectant peut-être l'odeur de ses proies en laissant l'eau pénétrer dans sa bouche pour la rejeter par les narines. Les restes fossilisés retrouvés dans la région de l'estomac de plusieurs pliosaures révèlent que leur régime alimentaire comprenait d'autres plésiosaures.

▶ PALETTE NATATOIRE
Rhomaleosaurus *nageait activement : il agitait ses quatre puissantes nageoires comme le font les oiseaux pour voler, et les manchots pour fendre l'eau.*

Les ichthyosaures

Les ichthyosaures, les plus grands reptiles marins de tous les temps, évoluèrent à partir de reptiles terrestres si bien adaptés à la vie marine qu'ils en vinrent à ressembler à des dauphins. Comme ces derniers, les ichthyosaures se nourrissaient et se reproduisaient dans l'eau, mais revenaient respirer en surface.

PORTRAIT DE GROUPE

Caractéristiques
- Grands yeux et bonne vision sous l'eau
- Palettes pour la direction et l'équilibre
- Nageoire caudale verticale
- Donnaient naissance à des petits vivants, plutôt que de pondre des œufs
- Respiraient par des poumons

Quand
Apparus il y a 245 millions d'années (trias), les ichthyosaures disparurent il y a 90 millions d'années (crétacé).

Shonisaurus

- **Quand** -225 à -208 millions d'années (fin du trias)
- **Où** Amérique du Nord
- **Habitat** Océans
- **Longueur** Jusqu'à 20 m
- **Alimentation** Poissons, calmars

Shonisaurus avait un corps énorme et un long museau effilé. Les gros yeux et la bouche édentée des adultes suggèrent qu'il chassait les calmars dans les grandes profondeurs, comme les cachalots actuels. Un spécimen de 20 m de long a été mis au jour au Canada : c'est le plus grand reptile marin connu.

Ophthalmosaurus

- **Quand** -165 à -150 millions d'années (fin du jurassique)
- **Où** Amérique du Nord, Argentine, Europe
- **Habitat** Océans
- **Longueur** 5 m
- **Alimentation** Poissons, calmars, mollusques

De tous les animaux préhistoriques, *Ophthalmosaurus,* dont le nom signifie « lézard œil », avait les plus grands yeux, par rapport à la taille du corps. Gros comme des pamplemousses, ses yeux remplissaient presque tout le crâne. L'animal voyait probablement très bien dans le noir, ce qui lui permettait sans doute de chasser dans les grandes profondeurs. Dans ce cas, il était certainement capable de retenir très longtemps sa respiration.

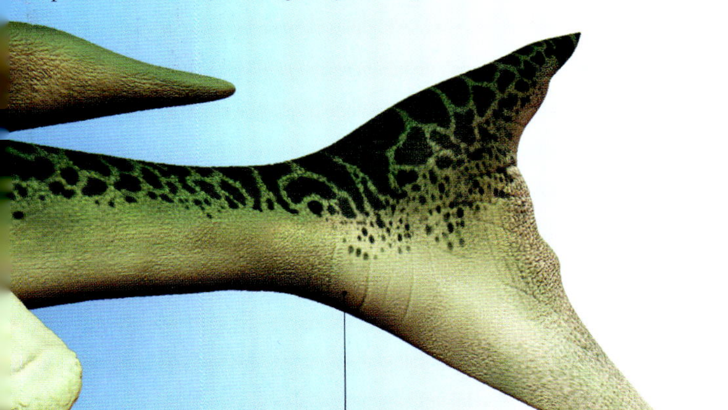

Mixosaurus

- **Quand** -230 millions d'années (milieu du trias)
- **Où** Amérique du Nord, Europe, Asie
- **Habitat** Océans
- **Longueur** Jusqu'à 1 m
- **Alimentation** Poissons

Mixosaurus, l'un des plus petits ichthyosaures, nageait en remuant la queue d'un côté puis de l'autre, poussant peut-être des pointes de vitesse pour surgir par surprise dans un banc de poissons. Il saisissait ses proies entre ses mâchoires longues et étroites, garnies de dents aiguisées. L'espèce était largement dispersée dans les océans, comme l'atteste la répartition des fossiles.

Ichthyosaurus

- **Quand** -190 millions d'années (début du jurassique)
- **Où** Îles Britanniques, Belgique, Allemagne
- **Habitat** Océans
- **Longueur** 1,80 m
- **Alimentation** Poissons

Le mince museau d'*Ichthyosaurus* contenait des dizaines de dents fines comme des aiguilles mais aiguisées. Il s'en servait pour capturer des calmars et d'autres mollusques. L'étude des os de ses oreilles indique qu'il n'avait pas une ouïe aussi développée que celle des dauphins et ne pouvait donc pas, comme ces derniers, détecter ses proies par écholocation.

Stenopterygius

Les ichthyosaures qui peuplaient les océans du jurassique avaient un corps et un mode de vie remarquablement semblables à ceux des dauphins, apparus bien plus tard. L'un de ces reptiles, *Stenopterygius,* vivait en pleine mer, où il chassait des poissons, des céphalopodes et autres animaux marins.

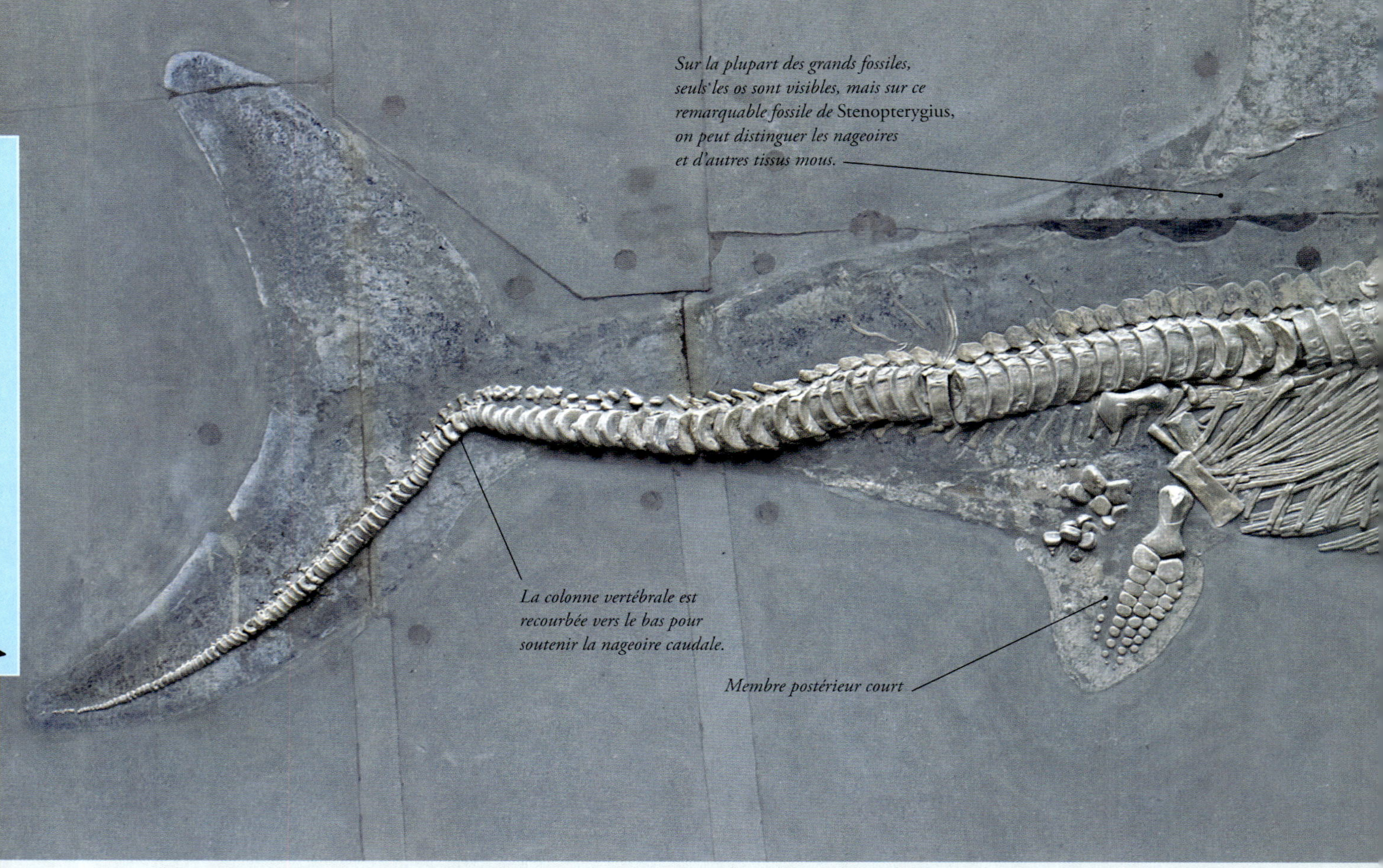

Stenopterygius

- **Quand** Première moitié du jurassique
- **Où** Argentine, îles Britanniques, France, Allemagne
- **Habitat** Océans
- **Longueur** 4 m

La forme fuselée de *Stenopterygius* et ses nageoires musclées laissent penser qu'il pouvait atteindre une vitesse de 100 km/h, ce qui lui permettait de traverser les bancs de poissons comme une torpille et de profiter de la confusion causée pour capturer ses proies, dans son long et fin museau garni de dents.

L'étude de *Stenopterygius*

révèle qu'il nageait au moins aussi vite que les poissons les plus rapides peuplant les océans actuels.

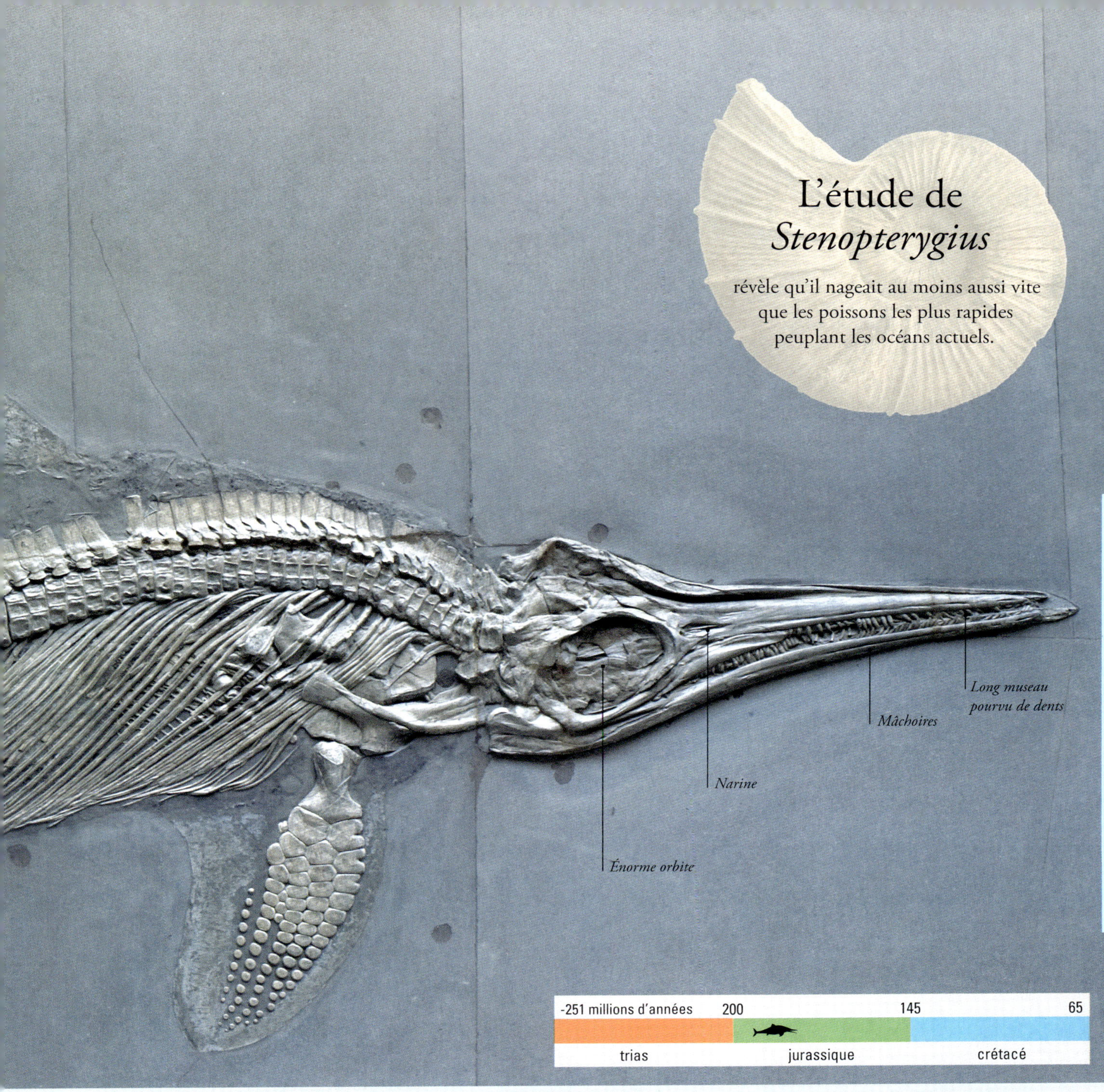

-251 millions d'années	200	145	65
trias	jurassique	crétacé	

Reproduction

Nous savons que les ichthyosaures donnaient naissance à des petits vivants plutôt que de pondre des œufs comme les autres reptiles. Certains fossiles mis au jour sont en effet ceux de femelles mettant bas ; les petits sortaient la queue la première. Il est en revanche peu probable que la mère s'occupât de ses petits après leur naissance.

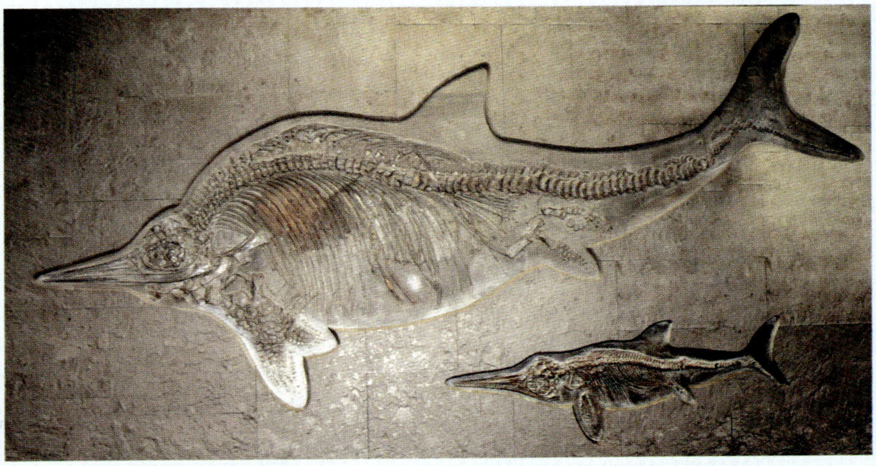

▶ LES JEUNES ICHTHYOSAURES, *comme ce* Stenopterygius, *étaient sans doute autonomes très vite après la naissance.*

Chasseuse de fossiles

En 1830, le géologue anglais Henry De La Beche peignit une aquarelle, dont il voulait vendre des reproductions afin de collecter de l'argent pour son amie Mary Anning. C'était la première fois qu'on tentait de représenter de façon réaliste la vie préhistorique. Et tous les animaux peints avaient été découverts par Mary Anning.

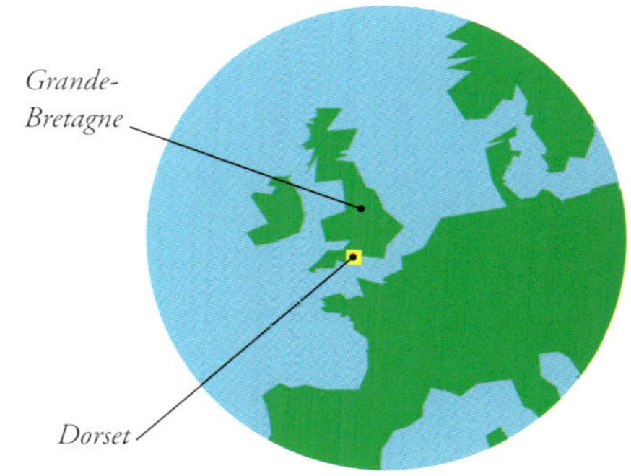

Regard sur le passé
Baptisée *Duria Antiquior,* « le Dorset d'autrefois », l'aquarelle de De La Beche contenait tous les animaux dont Mary avait découvert des fossiles sur la côte de cette région anglaise. De nombreuses reproductions circulèrent au XIXe siècle dans les cercles scientifiques, influençant la manière dont on envisageait alors la vie préhistorique.

MARY ANNING

Mary Anning (1799-1847) avait onze ans quand son frère découvrit un crâne fossilisé sur une plage. Elle allait devenir l'un des plus célèbres chasseurs de fossiles, mais il fallut du temps pour qu'on la prenne au sérieux : c'était une femme venant d'une famille pauvre, alors que la plupart des scientifiques de l'époque étaient des hommes, issus de riches familles.

QUEL EST CET ANIMAL ?

Mary Anning passa plusieurs mois à dégager le corps de son premier fossile. Il fut nommé plus tard *Ichthyosaurus,* « lézard poisson ». Ce reptile marin vivait au temps des dinosaures.

▲ DE GRANDS YEUX
Les orbites énormes des ichthyosaures suggèrent qu'ils chassaient à vue. Peut-être même pouvaient-ils chasser de nuit ou dans les profondeurs obscures.

◄ TRÉSORS ENFOUIS
Les falaises de la baie de Lyme Regis, où Anning prospectait, sont toujours prisées des chasseurs de fossiles.

Des trouvailles encore plus étonnantes
Les falaises près desquelles Anning vivait étaient riches en fossiles du jurassique. Elle y découvrit le premier plésiosaure en 1823 et le premier ptérosaure en 1828. Elle notait et détaillait chacune de ses trouvailles, avant de les vendre.

Un précieux carnet
Mary Anning vécut longtemps dans une grande pauvreté. Son frère et elle étaient les seuls des dix enfants de la famille à avoir survécu, et elle n'alla jamais à l'école. En autodidacte, elle acquit toute seule ses connaissances sur les fossiles. Elle prenait des notes détaillées sur toutes ses trouvailles et en dessinait des croquis minutieux. Au fil des années, ses découvertes lui apportèrent la reconnaissance.

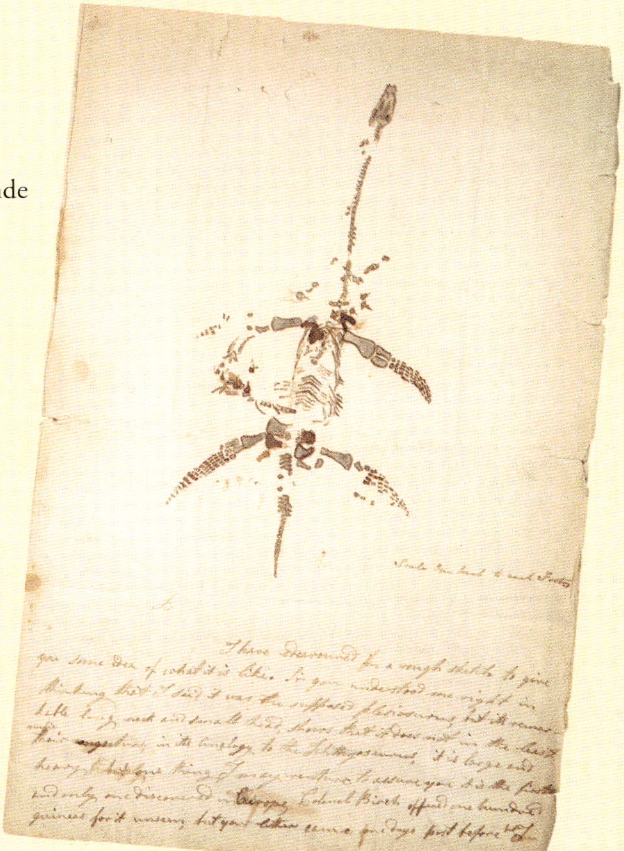

Croquis de plésiosaure par Mary Anning

Les mosasaures

Peu avant la fin du crétacé, de gigantesques reptiles peuplaient les mers. Ces mosasaures étaient étroitement apparentés aux lézards et serpents actuels. Ils évoluèrent à partir de petits lézards terrestres, qui s'étaient mis à chercher leur nourriture dans l'eau et s'étaient peu à peu adaptés au milieu marin : leurs pattes se transformèrent en nageoires et leur corps, plus facilement soutenu par l'eau, devint énorme.

Mosasaurus

- **Quand** -70 à -65 millions d'années (fin du crétacé)
- **Où** États-Unis, Belgique, Pays-Bas, Turquie, Maroc, Japon, Nouvelle-Zélande
- **Habitat** Océans
- **Longueur** Environ 15 m
- **Alimentation** Poissons, calmars et coquillages

Mosasaurus était l'un des plus grands mosasaures. Bien que pourvu de palettes natatoires, il nageait en ondulant lentement de son long corps. Il était peut-être tout de même capable de pousser de courtes pointes de vitesse. Les scientifiques pensent qu'il peuplait les eaux de surface bien éclairées et y chassait des proies lentes. On a retrouvé des marques laissées par ses énormes dents en forme de poignard sur des carapaces de tortues et des coquilles d'ammonites. *Mosasaurus* s'éteignit à la fin du crétacé, en même temps que les dinosaures.

Platecarpus

- **Quand** -85 à -80 millions d'années (fin du crétacé)
- **Où** Monde entier
- **Habitat** Océans
- **Longueur** 4,20 m

Platecarpus était l'un des mosasaures les plus répandus. Bien que particulièrement abondants dans les craies du Niobrara, en Amérique du Nord, des fossiles ont été mis au jour dans le monde entier. *Platecarpus* se propulsait à l'aide d'une longue queue musclée, ondulant à la manière d'un serpent. Il avait des dents plus petites, et moins nombreuses, que les autres mosasaures, et se nourrissait sans doute de proies plus tendres telles que poissons et calmars. La région abdominale d'un spécimen contenait des écailles et des arêtes de poissons : les restes d'un de ses derniers repas.

PORTRAIT DE GROUPE

Caractéristiques

- Corps de lézard avec palettes natatoires
- Mâchoires puissantes et dents aiguisées
- Respiraient de l'air, en surface

Quand

Les mosasaures vécurent au crétacé, il y a 85 à 65 millions d'années. Ils disparurent avec les dinosaures et la plupart des autres grands reptiles lors de l'extinction de masse survenue à la fin du crétacé.

Au crétacé, un océan coupait en deux l'Amérique du Nord. Son fond vaseux s'est changé en roche solide, pour former les craies du Niobrara. Celles-ci sont riches en fossiles et ont notamment livré des mosasaures et des plésiosaures.

DINOSAURES ET OISEAUX

▲ DÉCOUVERTE EN CARRIÈRE
Les carrières livrent parfois de fantastiques découvertes, comme ces empreintes de pas d'un dinosaure qui courait sur des rochers dans cette carrière, à Sucre, en Bolivie.

Les **dinosaures** ont dominé la Terre pendant une durée incroyable de 160 millions d’années. Ils n’ont cependant pas vraiment disparu puisque les **oiseaux** descendent de certains d’entre eux.

UNE MÂCHOIRE D'ACIER

Avec sa mâchoire aux muscles imposants, *Tyrannosaurus rex* possédait l'une des morsures les plus puissantes de tout le règne animal depuis la nuit des temps. Véritables pointes d'émail dures comme un roc, ses dents étaient capables de perforer les os, la peau et les muscles, infligeant de terribles blessures à ses proies, lorsqu'elles n'étaient pas instantanément broyées à mort.

Les dinosaures

Les dinosaures ont peuplé la Terre pendant une durée record de 160 millions d'années (les hommes ne sont sur Terre que depuis moins de 1 million d'années). Ces reptiles, grands comme des pigeons pour certains, lourds et gigantesques comme des camions pour d'autres, étaient bien différents de nos espèces modernes.

◂ TOUJOURS LÀ ! *La plupart des scientifiques considèrent que les oiseaux sont les descendants de petits dinosaures carnivores.*

PORTRAIT DE GROUPE

Caractéristiques
- Terrestre
- Construisait un nid et pondait des œufs
- Écailles (plumes parfois)
- Longue queue, au-dessus du sol
- Pattes droites, en pilier sous le corps
- Crâne ajouré (de « fenêtres ») chez les plus grandes espèces, allégeant le poids (crâne plein chez les seuls dinosaures à armure)
- Marchait sur les orteils
- Doigts et orteils armés de griffes

La façon de se tenir sur les pattes différencie les dinosaures et les reptiles actuels : les pattes des dinosaures étaient droites, sous le corps, comme chez les mammifères. Des espèces étaient bipèdes, d'autres quadrupèdes, et parfois un peu des deux.

▲ DINOSAURES *Pattes droites comme des piliers*

▲ CROCODILES *Articulations du genou et du coude fléchies*

▲ LÉZARDS *Pattes fixées à angle droit avec le corps*

ARBRE DES DINOSAURES

Les scientifiques répartissent les dinosaures en deux groupes : les saurischiens (ou dinosaures à bassin de lézard) et les ornithischiens (ou dinosaures à bassin d'oiseau), catégories elles-mêmes subdivisées selon le schéma ci-dessous.

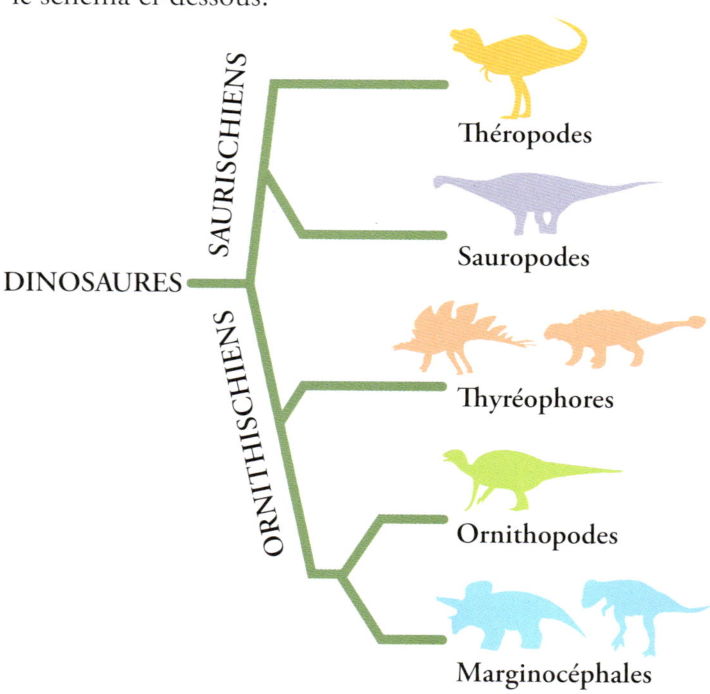

LES THYRÉOPHORES

Également appelées dinosaures à armure, les espèces de ce group d'herbivores étaient corpulentes, quadrupèdes et arboraient des plaques et des pointes, parfois même sur les paupières, qui les protégeaient des assaillants.

◂ *KENTROSAURUS Une double rangée de plaques osseuses ornait sa colonne vertébrale.*

LES THÉROPODES

Les dinosaures carnivores appartiennent tous à un sous-groupe des saurischiens, les théropodes, duquel les oiseaux sont les descendants. Ces espèces étaient de tailles très diverses, pas plus grandes qu'un poulet ou géantes comme le redoutable *Spinosaurus*.

◀ *SPINOSAURUS Une imposante voile dorsale en peau ornait son dos.*

LES SAUROPODOMORPHES

Les animaux appartenant à ce groupe étaient les plus lourds et les plus longs de tous les temps. C'étaient des herbivores obligés de brouter continuellement afin d'accumuler suffisamment d'énergie.

▲ *BRACHIOSAURUS La tête des sauropodes était minuscule par rapport au volume de leur corps.*

LES ORNITHOPODES

Ces herbivores qui étaient très répandus, pouvaient se dresser sur les pattes postérieures pour attraper des feuillages avec les antérieures. Des fossiles de ce groupe sont présents sur toute la planète.

▲ *IGUANODON Cet ornithopode est le deuxième dinosaure à avoir été nommé.*

LES MARGINOCÉPHALES

Une collerette osseuse ornait la tête des membres de ce groupe d'herbivores (marginocéphale signifie « tête à collerette »). Certains étaient bipèdes, d'autres quadrupèdes. Ces espèces, dont le célèbre *Triceratops,* étaient répandues au crétacé.

▲ *EINIOSAURUS Sa corne nasale était recourbée vers l'avant.*

Les *petits* ornithischiens

L'arbre des dinosaures se compose de deux branches : les saurischiens et les ornithischiens. Ces derniers étaient des herbivores pourvus d'un bec grâce auquel ils arrachaient le feuillage et d'une volumineuse panse capable de les digérer. Quelques-uns étaient de gigantesques quadrupèdes, mais beaucoup étaient de petits bipèdes qui furetaient frénétiquement dans les forêts et les landes à la recherche de nourriture, en évitant les prédateurs.

PORTRAIT DE GROUPE

Caractéristiques
- Herbivore
- Bec
- Os du pubis vers l'arrière
- Abdomen imposant pour bien digérer

Quand
Les ornithischiens sont apparus au début du jurassique, il y 200 millions d'années, et ont disparu vers la fin du crétacé, il y a 65 millions d'années.

Heterodontosaurus

- **Quand** -200 à -190 millions d'années (début du jurassique)
- **Où** Afrique australe
- **Habitat** Broussailles
- **Longueur** 1 m
- **Alimentation** Plantes, tubercules, sans doute des insectes

À la différence de la plupart des dinosaures qui n'ont qu'un seul type de dents, *Heterodontosaurus* («lézard à dents différenciées») en possédait de trois sortes : de petites dents tranchantes devant pour sectionner la végétation coriace ; à l'arrière, des dents pour la mastication qui transformaient les aliments en bouillie ; et au milieu, des dents pointues idéales pour se défendre contre ses ennemis. Le bec corné à l'extrémité de la mâchoire servait sans doute à arracher les feuilles.

◄ FOSSILE *En 1976, un squelette complet d'*Heterodontosaurus *a été trouvé, tous les os bien en place.*

Hypsilophodon

- **Quand** -125 à -120 millions d'années (début du crétacé)
- **Où** Angleterre, Espagne
- **Habitat** Forêts
- **Longueur** 2 m
- **Alimentation** Plantes

Hypsilophodon, un peu comme un cerf actuel, se nourrissait de plantes tendres grâce à ses petites dents taillées en ciseau. D'après des empreintes de pas fossiles formant des pistes, il semblerait qu'il vivait en hardes, comme les cerfs. Sa queue rigide et ses longues pattes le caractérisent comme un rapide coursier, fuyant prestement ses prédateurs sur ses pattes arrière en s'équilibrant avec la queue.

Leaellynasaura

- **Quand** -105 millions d'années (début du crétacé)
- **Où** Australie
- **Habitat** Forêts
- **Longueur** 2 m
- **Alimentation** Plantes

Leaellynasaura vivait à proximité du pôle Sud. Il y faisait moins froid au crétacé qu'aujourd'hui, mais cet animal disposait de peu de soleil pendant les mois de l'hiver austral. Capable de voir dans l'obscurité grâce à ses grands yeux, il parvenait à éviter les prédateurs. C'était sans doute un animal endotherme.

Lesothosaurus

- **Quand** -200 à -190 millions d'années (début du jurassique)
- **Où** Afrique australe
- **Habitat** Plaines désertiques
- **Longueur** 1 m
- **Alimentation** Feuilles, peut-être des animaux morts et des insectes

Lesothosaurus doit son nom au Lesotho, le pays d'Afrique australe où ont été découverts ses premiers fossiles, en 1978. D'après les scientifiques, il est semblable à une gazelle moderne, se nourrissant de végétation basse, s'enfuyant au moindre signe d'un prédateur. Ses dents du haut et du bas sont comme de petites pointes de flèches.

Othnielosaurus

- **Quand** -155 à -145 millions d'années (fin du jurassique)
- **Où** États-Unis
- **Habitat** Plaines
- **Longueur** 2 m
- **Alimentation** Plantes

Bâti pour la course, *Othnielosaurus* se déplaçait rapidement sur ses pattes postérieures. Ses petites pattes antérieures, munies de petits doigts, étaient grêles. À en juger par les fossiles, ses dents bien découpées étaient idéales pour arracher les feuilles. D'après ses vertèbres, il avait le cou court.

Pachycephalosaurus

Le sommet du crâne de cet herbivore était surmonté d'un étrange dôme d'os plein. À quoi donc pouvait-il bien servir ? Selon une théorie ancienne, les mâles luttaient à coups de tête, à la façon des cerfs, mais leur cou courbé n'était peut-être pas assez fort pour cela. Une autre théorie prétend qu'ils balançaient la tête latéralement comme des girafes. À moins que cette coiffe originale n'ait été destinée qu'à impressionner partenaires et rivaux.

Le dernier des dinosaures

Pachycephalosaurus vivait à la fin du crétacé et fut anéanti, comme de nombreuses autres espèces, lors de l'extinction des dinosaures.

MAIS ENCORE ?

On ne connaît *Pachycephalosaurus* que par un unique crâne complet (ci-dessous) plus quelques fragments d'os fossilisés de crâne. Le dôme en os épais était bordé de nodules et de pointes osseuses, peut-être destinés à la parade. Il avait des dents minuscules et de gros yeux.

Pachycephalosaurus

- **Quand** -65 millions d'années (fin du crétacé)
- **Où** Amérique du Nord
- **Habitat** Forêts
- **Longueur** 5 m
- **Alimentation** Plantes, baies, graines

La comparaison de fossiles de *Pachycephalosaurus* avec quelques-uns de ses cousins laisse à penser qu'il atteignait la taille d'une voiture familiale et qu'il était trapu avec de longues pattes postérieures de coursier rapide. D'après ses petites dents, on lui prête une alimentation composée de plantes faciles à digérer ou, peut-être, d'un mélange de plantes et de produits animaux, comme des œufs.

Les cératopsiens

Les cératopsiens étaient des herbivores de tailles variables, allant de la stature d'un mouton jusqu'à dépasser celle d'un éléphant. Ils paissaient, peut-être en troupeaux, dans les forêts et les plaines nord-américaines et asiatiques. Ils avaient un bec énorme, semblable à celui des perroquets, avec lequel ils se saisissaient des végétaux et les déchiraient. Avec leurs longues cornes et leur imposante collerette osseuse, ils devaient être spectaculaires à voir.

PORTRAIT DE GROUPE

Caractéristiques

- Bec massif et crochu pour se saisir des végétaux
- Des centaines de dents acérées comme des ciseaux pour trancher les feuilles
- Longues cornes et imposante collerette osseuse, pour parader
- Petites pattes courtes
- Doigts et orteils en forme de sabots osseux

Quand

Ces dinosaures vivaient au crétacé, il y a environ 80 millions d'années. Les derniers disparurent lors de l'extinction de la fin du crétacé, il y a 65 millions d'années.

Einiosaurus

- **Quand** -74 à -65 millions d'années (fin du crétacé)
- **Où** États-Unis
- **Habitat** Forêts
- **Longueur** 6 m
- **Alimentation** Plantes

En 1985, des scientifiques mirent au jour 15 spécimens d'*Einiosaurus* sur un même site. Peut-être faisaient-ils partie d'un même troupeau qui fut emporté par une inondation ou un glissement de terrain. *Einiosaurus* arborait une impressionnante collerette aux bords ondulés avec deux cornes dressées destinées sans doute à la parade et aux combats.

Chasmosaurus

- **Quand** -74 à -65 millions d'années (fin du crétacé)
- **Où** Amérique du Nord
- **Habitat** Zones boisées
- **Longueur** 5 m
- **Alimentation** Palmiers et cycadées

La collerette de *Chasmosaurus* était sans doute constituée d'une membrane de peau tendue sur une armature creuse. Il brandissait cet attribut, sans doute vivement coloré, pour attirer l'attention ou pour effrayer un ennemi.

Styracosaurus

- **Quand** -74 à -65 millions d'années (fin du crétacé)
- **Où** Amérique du Nord
- **Habitat** Zones boisées
- **Longueur** 5,20 m
- **Alimentation** Fougères et cycadées

La magnifique collerette de *Styracosaurus* comportait six pointes de 60 cm de long, sans doute une décoration pour attirer un partenaire. Sa face imposante était dotée d'énormes narines et d'une courte corne au bout arrondi. Ses dents acérées, capables de trancher la végétation coriace, se renouvelaient sans cesse.

Pentaceratops

- **Quand** -74 à -65 millions d'années (fin du crétacé)
- **Où** États-Unis
- **Habitat** Plaines boisées
- **Longueur** 5-8 m
- **Alimentation** Plantes

Le caractère le plus remarquable de *Pentaceratops* était son énorme tête. Un des crânes reconstitués à partir de fragments fossiles dépasse les 3 m de long, ce qui en fait le plus long de tous les temps. Son nom signifie « face à cinq cornes » : il en avait une sur le museau, deux incurvées au-dessus des yeux et une toute petite sur chaque joue.

Protoceratops

- **Quand** -74 à -65 millions d'années (fin du crétacé)
- **Où** Mongolie
- **Habitat** Désert
- **Longueur** 1,80 m
- **Alimentation** Plantes du désert

De nombreux spécimens fossilisés bien conservés de ce petit cératopsien ont été découverts en Mongolie, dans le désert de Gobi. Une vaste collerette (plus grande chez le mâle), qui croissait avec l'âge, ornait l'arrière de sa tête. Les grosses griffes dont il était armé lui servaient peut-être à se creuser un terrier.

Triceratops

Lourd comme un camion de 10 tonnes, *Triceratops* était bâti comme un gigantesque rhinocéros. Il doit son nom, « face à trois cornes », à la courte corne sur son nez et aux deux plus longues au-dessus des yeux. Ces différents attributs lui servaient à attirer un partenaire, à la façon des cerfs avec leurs bois.

Cicatrices de combat

Certains crânes portent des traces de morsures attribuées au féroce *Tyrannosaurus rex,* qui suggèrent des affrontements violents entre ces deux espèces. L'un des fossiles de *Triceratops* semble même s'être fait arracher une corne.

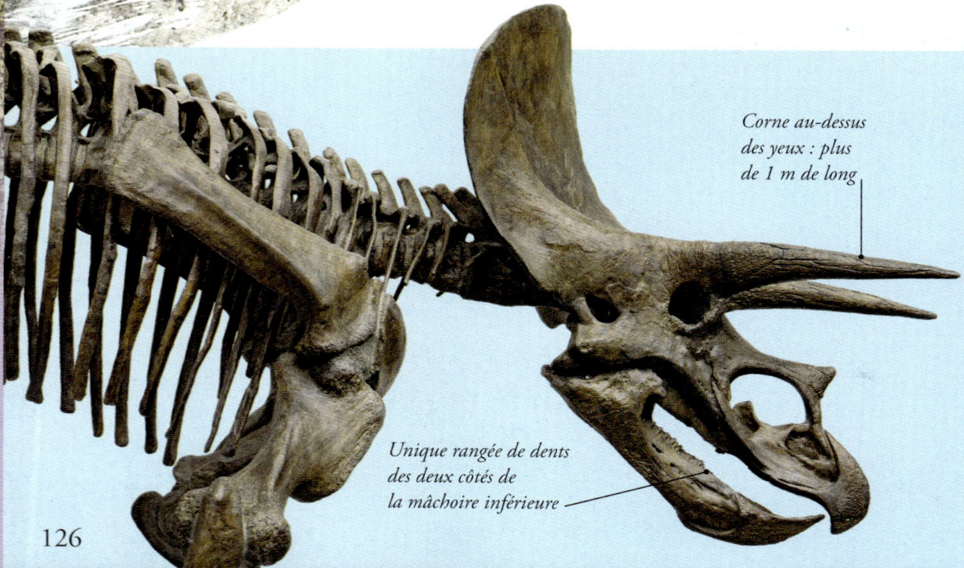

Triceratops

- **Quand** -70 à -65 millions d'années (fin du crétacé)
- **Où** Amérique du Nord
- **Habitat** Zones boisées
- **Longueur** 9 m
- **Alimentation** Plantes de forêt

Triceratops devait être polyvalent, se nourrissant de feuilles d'arbre, mais aussi de plantes basses. Avec son puissant bec de perroquet, il arrachait la végétation coriace de la forêt, comme les palmes, les fougères et les cycadées. Ses dents en forme de ciseau tranchaient et déchiquetaient la végétation.

▸ COLLERETTE
Une énorme collerette osseuse entourait le crâne de Triceratops. *Il fut un temps où l'on pensait que les cornes et la collerette servaient de défense, mais de nombreux spécialistes pensent aujourd'hui que ces attributs servaient à attirer les femelles lors de la période de reproduction.*

▸ *TOROSAURUS*
Ce dinosaure ressemblait beaucoup à Triceratops, *mais sa collerette était bien plus grande et ajourée. Certains scientifiques doutent qu'il s'agisse vraiment d'une espèce différente. Ils se demandent même s'il ne s'agirait pas d'un très vieux* Triceratops *dont la collerette serait exceptionnellement ajourée.*

Les iguanodontes

Les iguanodontes figuraient parmi les dinosaures les plus répandus de la fin du jurassique et du crétacé. Très divers, ils étaient aussi bien petits et insignifiants que gigantesques avec des cornes sur le museau et le dos orné d'une imposante voile. Toutes ces espèces étaient armées d'un bec capable de déchirer les végétaux. Les grands dinosaures à bec de canard (voir page suivante) appartiennent aussi à ce groupe.

PORTRAIT DE GROUPE

Caractéristiques

- Bec sans dents pour saisir les plantes
- Griffes semblables à des sabots
- Mâchoires mobiles idéales pour mâcher des végétaux
- Queue raide

Quand

Les iguanodontes ont vécu de la fin du jurassique, il y a 156 millions d'années, à la fin du crétacé, il y a 65 millions d'années.

Iguanodon

- **Quand** -135 à -125 millions d'années (début du crétacé)
- **Où** Belgique, Allemagne, France, Espagne, Angleterre
- **Habitat** Zones boisées
- **Longueur** 9 m
- **Alimentation** Plantes

Découvert dans les années 1820, *Iguanodon* est le deuxième animal préhistorique à avoir été identifié comme dinosaure. Il doit son nom « dents d'iguane » à la ressemblance de ses dents avec celles de l'iguane, mais en 20 fois plus grandes. Essentiellement quadrupède, *Iguanodon* était de la taille d'un éléphant. Avec ses pattes postérieures plus grandes et plus puissantes que celles de devant, il se dressait, et peut-être même courait, sur deux pattes.

Petit doigt
Pointe du pouce

▶ MAIN
Chez Iguanodon, *les trois doigts du milieu étaient reliés en sabot. L'animal était capable de replier le petit doigt sur la paume pour attraper des objets, et son pouce était armé d'une redoutable pointe défensive.*

Dryosaurus

- **Quand** -155 à -145 millions d'années (fin du jurassique)
- **Où** États-Unis
- **Habitat** Zones boisées
- **Longueur** 3 m
- **Alimentation** Feuilles et pousses

Ce petit herbivore léger avait de longues pattes puissantes, caractéristiques d'un coureur rapide. Il s'équilibrait dans la course grâce à sa queue rigide qui lui servait peut-être aussi, en la balançant de côté, à tourner brusquement, à prendre un virage serré ou bien à esquiver un obstacle ou un poursuivant.

Camptosaurus

- **Quand** -155 à -145 millions d'années (fin du jurassique)
- **Où** États-Unis
- **Habitat** Zones boisées ouvertes
- **Longueur** 5 m
- **Alimentation** Végétation et broussailles basses

Semblable à un modèle réduit d'*Iguanodon*, avec son long museau chevalin terminé par un bec, *Comptosaurus* était un des iguanodontes les plus répandus. Comme chez *Iguanodon* également, il avait les doigts du milieu regroupés en sabots et une pointe sur le pouce.

Muttaburrasaurus

- **Quand** -100 à -98 millions d'années (début du crétacé)
- **Où** Australie
- **Habitat** Zones boisées
- **Longueur** 7 m
- **Alimentation** Plantes

L'os sur le museau de *Muttaburrasaurus* formait une proéminence engendrant un nez busqué. Peut-être produisait-il des sons à l'aide de ses grandes fosses nasales ou bien s'en servait-il pour réchauffer l'air qu'il inspirait. La taille et la forme du museau différaient selon les individus et sans doute aussi selon le sexe et l'âge.

Tenontosaurus

- **Quand** -115 à -108 millions d'années (début du crétacé)
- **Où** États-Unis
- **Habitat** Zones boisées
- **Longueur** 7 m
- **Alimentation** Plantes

Certains dinosaures sont connus pour être la proie des autres. *Tenontosaurus* faisait partie de ces infortunées victimes. Des dents de *Deinonychus*, petit carnivore féroce, ont souvent été retrouvées mêlées aux fossiles de cet herbivore que *Deinonychus* chassait en meutes. Les os mélangés de ces deux espèces semblent indiquer que *Deinonychus* ne survivait pas toujours aux combats.

Les hadrosaures

Les hadrosaures étaient de grands herbivores, dotés d'un bec de canard caractéristique, avec lequel ils arrachaient les feuilles des plantes, ce qui leur vaut le nom de dinosaures « à bec de canard ». Ils vivaient en grandes hardes, certaines espèces formant sans doute des colonies de nidification où les parents s'occupaient de leurs petits après l'éclosion.

Maiasaura

- **Quand** -80 à -74 millions d'années (fin du crétacé)
- **Où** États-Unis
- **Habitat** Plaines côtières
- **Longueur** 9 m
- **Alimentation** Feuilles

Maiasaura signifie « bonne mère lézard ». Des scientifiques ont découvert dans le Montana divers nids fossiles en forme de bol et regroupés, attribués à *Maiasaura*. Il s'agissait peut-être d'une colonie où les parents s'occupaient des petits, tels des oiseaux marins.

▲ VIE DE FAMILLE *Dans le Montana (É.-U.), des fragments de coquille d'œuf et des jeunes* Maiasaura *ont été découverts dans leur nid. Cele laisse à penser que les jeunes restaient dans le nid après l'éclosion, sous la surveillance des parents, à la différence des tortues et des crocodiles qui partent à peine éclos.*

PORTRAIT DE GROUPE

Caractéristiques
- Bec de canard
- Dents au fond de la gueule permettant de broyer les feuilles
- Pattes antérieures de la moitié de la taille des pattes postérieures
- Crête étrange sur la tête

Quand
Les hadrosaures vivaient au crétacé, entre -100 et -65 millions d'années.

Hadrosaurus

- **Quand** -80 à -74 millions d'années (fin du crétacé)
- **Où** Amérique du Nord
- **Habitat** Zones boisées
- **Longueur** 9 m
- **Alimentation** Feuilles et brindilles

Hadrosaurus est l'un des premiers dinosaures découvert en Amérique du Nord. Grâce à son bec dépourvu de dents, il arrachait les feuilles et les brindilles, avant de les broyer et de les réduire en bouillie avec les milliers de petites dents au fond de sa gueule.

Brachylophosaurus

- **Quand** -75 à -65 millions d'années (début du crétacé)
- **Où** Amérique du Nord
- **Habitat** Zones boisées
- **Longueur** 9 m
- **Alimentation** Fougères, magnolia et conifères

Brachylophosaurus avait un museau long et un crâne rectangulaire, coiffé d'une crête en forme de palme. Chez le mâle, globalement plus massif que la femelle, la crête était plus grande. En 2000, dans le Montana, on a découvert un squelette fossile quasi parfait, avec l'impression de sa peau écailleuse visible sur de vastes zones.

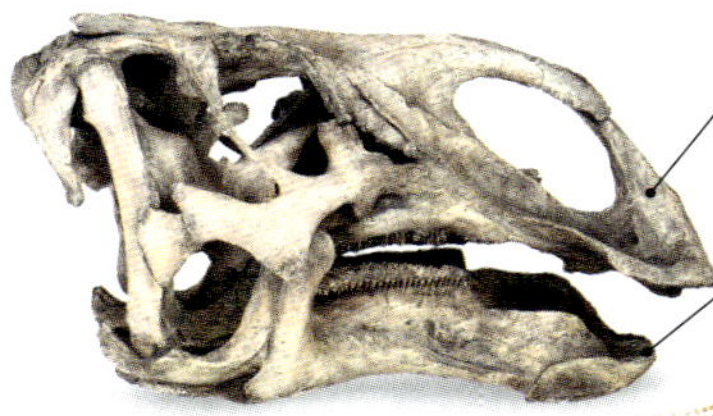

Parasaurolophus

- **Quand** -76 à -74 millions d'années (fin du crétacé)
- **Où** Amérique du Nord
- **Habitat** Zones boisées
- **Longueur** 9 m
- **Alimentation** Feuilles, graines et aiguilles de pin

Parasaurolophus était coiffé d'une longue crête tubulaire. Peut-être soufflait-il de l'air dans les tubes creux, produisant ainsi des sons servant à communiquer avec les autres membres de son troupeau. Sa stature imposante et ses larges épaules devaient lui permettre de se frayer un chemin dans la dense végétation.

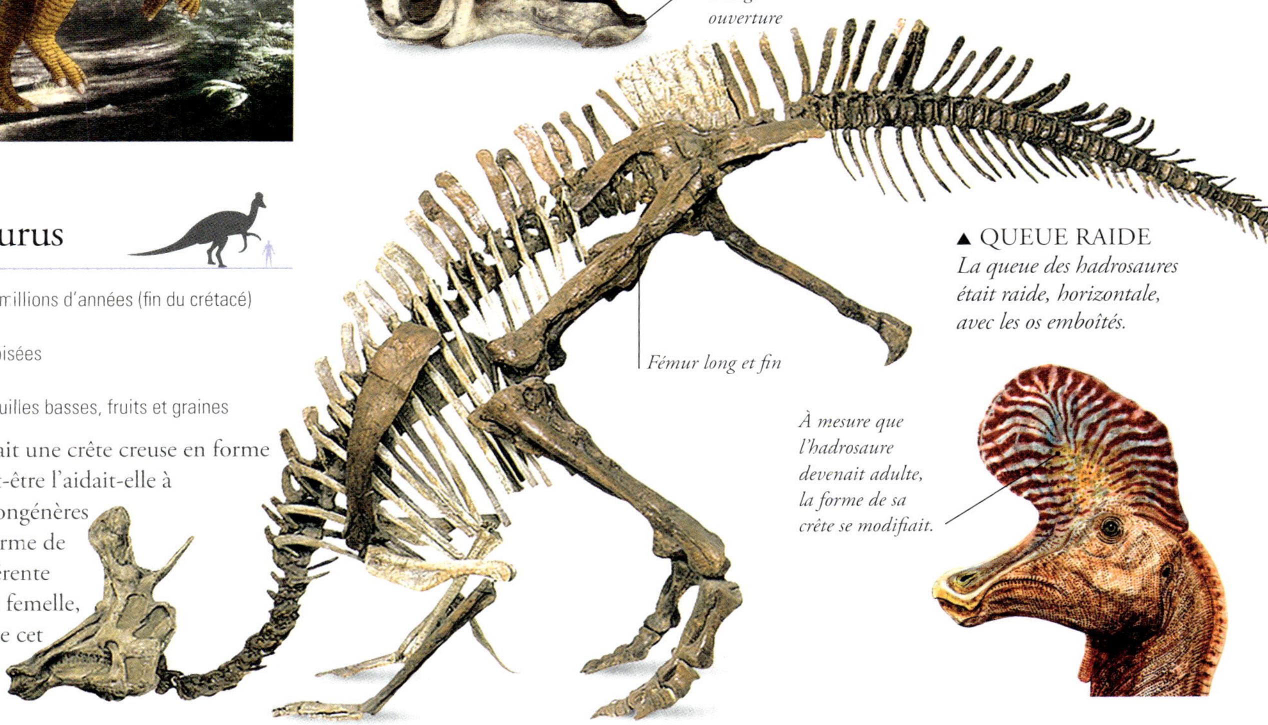

▲ QUEUE RAIDE
La queue des hadrosaures était raide, horizontale, avec les os emboîtés.

Lambeosaurus

- **Quand** -76 à -74 millions d'années (fin du crétacé)
- **Où** Canada
- **Habitat** Zones boisées
- **Longueur** 9 m
- **Alimentation** Feuilles basses, fruits et graines

Lambeosaurus avait une crête creuse en forme de hachette. Peut-être l'aidait-elle à reconnaître ses congénères facilement. La forme de la crête était différente chez le mâle et la femelle, et on suppose que cet attribut servait à impressionner les femelles.

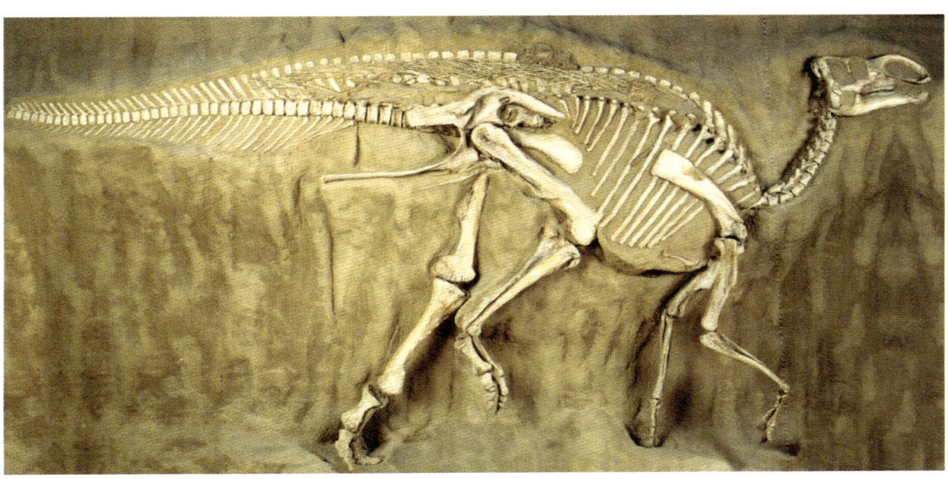

Gryposaurus

- **Quand** -85 à -65 millions d'années (fin du crétacé)
- **Où** Amérique du Nord
- **Habitat** Zones boisées
- **Longueur** 9 m
- **Alimentation** Végétaux

Avec son museau crochu semblable à un bec arrondi, *Gryposaurus* devait livrer des combats à ses rivaux. Il avait de longues pattes antérieures pour un hadrosaure, ce qui lui permettait sans doute d'atteindre les feuilles en hauteur. Les impressions de la peau sur le fossile suggèrent qu'il avait des écailles en pyramide sur le dos.

Les coprolithes

Les fossiles les plus étonnants sont sans doute les coprolithes : des déjections fossilisées. Depuis leur première identification, en 1830, on en a retrouvé dans tous les coins de la planète. Ces restes fossilisés sont très riches en informations sur les dinosaures, notamment sur leur alimentation.

UNE COLLECTION INSOLITE

Spécialiste mondiale des excréments de dinosaures, Karen Chin possède une vaste collection de coprolithes. Elle observe des lamelles finement tranchées au microscope afin de découvrir ce qu'ils contiennent, petits os, graines ou feuilles.

Rien ne se perd !

Au XIXe siècle, les Britanniques exploitaient les coprolithes et s'en servaient comme engrais. Riches en phosphate, ces restes fossiles étaient voués au développement des cultures destinées à nourrir une population croissant rapidement.

INFOS +

Karen Chin a décelé de petits terriers fossilisés dans les coprolithes d'herbivores. Cet indice lui a permis de démontrer que, déjà au temps des dinosaures, les coléoptères bousiers éliminaient les excréments.

▲ BOUSIER *et sa pelote d'excrément*

DINOSAURES ET OISEAUX

L'un des plus grands

L'énorme coprolithe ci-dessous contenait des fragments mâchés d'os d'un dinosaure carnivore de la taille d'une vache. Appartenant sans doute à *Tyrannosaurus rex,* il mesurait 38 cm, bien qu'à en croire les fragments environnants, il devait être encore plus gros. Peu de coprolithes ayant conservé leur forme d'origine, il est difficile de les attribuer à une espèce en particulier.

▲ À EN CROIRE *les fragments d'os retrouvés dans ce coprolithe de* Tyrannosaurus rex, *ce prédateur avalait les os en même temps que la chair.*

Mais c'est une crotte !

Découvrant des pierres au niveau du ventre de spécimens de dinosaures qu'elle avait exhumés, Mary Anning (voir p. 110-111) révéla qu'elles contenaient des os de poissons. S'appuyant sur ces découvertes, le scientifique William Buckland leur donna le nom de coprolithe, ce qui signifie en grec « pierre de crotte ».

Corythosaurus

Grâce aux quelques squelettes complets découverts en Amérique du nord, *Corythosaurus* est l'un des membres de la famille des hadrosaures les mieux connus. Ce dinosaure à bec de canard, coiffé d'une crête, sillonnait les marais et les bois de la région il y a 75 millions d'années, sans doute en troupeaux. Peut-être émettait-il des sons grâce à sa crête pour rester en contact avec ses congénères.

UN HABITAT BOISÉ

Corythosaurus vivait dans les bois des plaines chaudes aux abords des montagnes Rocheuses, en Amérique du Nord. Son museau, plus petit et plus délicat que celui des autres hadrosaures, suggère une alimentation à base de feuilles tendres et de fruits juteux.

Attention à la tête !

Corythosaurus veut dire « lézard casqué ». Les scientifiques lui ont donné ce nom à cause de sa crête qui rappelle le casque des soldats de la Grèce antique.

Corythosaurus

- **Quand** -76 à -74 millions d'années (fin du crétacé)
- **Où** Amérique du Nord
- **Habitat** Forêts et marécages
- **Longueur** 9 m
- **Alimentation** Feuilles, graines et aiguilles de pin

Corythosaurus était l'un des plus grands hadrosaures. Une sorte de crête, formée d'une membrane de peau tendue sur de hautes et fines pointes, courait le long de sa colonne vertébrale. Elle était très saillante au niveau du crâne.

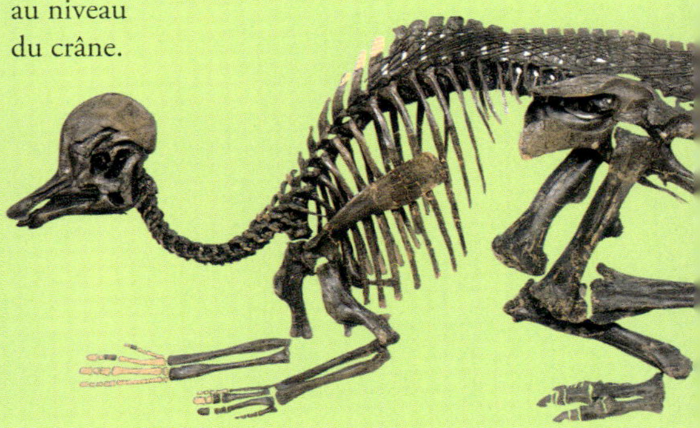

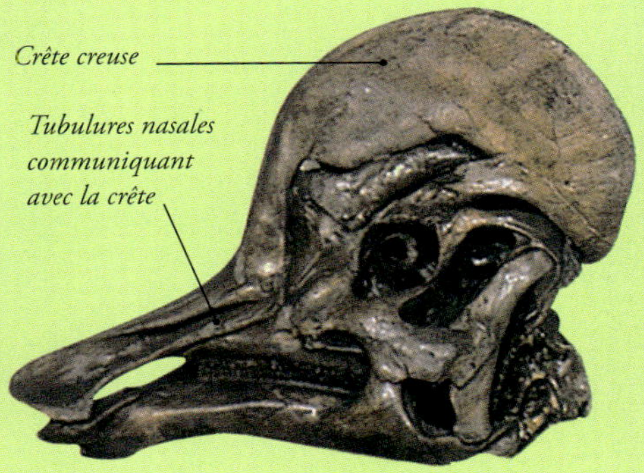

▲ CRÂNE
La crête de *Corythosaurus* fonctionnait peut-être comme un trombone, amplifiant les sons pour produire des appels sonores portant très loin. Peut-être servaient-ils à avertir les membres du troupeau en cas de présence de prédateurs.

▲ PEAU FOSSILISÉE
Quelques spécimens de dinosaures ont conservé des impressions de peau. D'après ces indices, le ventre de Corythosaurus *était parsemé d'étranges nodules semblables à des verrues.*

Edmontosaurus

Grand comme deux camions de pompiers, *Edmontosaurus* était l'un des plus gros hadrosaures. Il était contemporain d'autres géants comme *Triceratops* et *Tyrannosaurus rex*, il y a 66 millions d'années. Il avait un bec de canard pour trancher les feuilles, comme tous les hadrosaures, mais pas de crête.

▲ GUEULE *Avec son large bec,* Edmontosaurus *tranchait les feuilles. Et il les mâchait grâce aux centaines de petites dents qui tapissaient le fond de sa gueule. À mesure qu'il les perdait, elles étaient remplacées, mettant peut-être un an pour être totalement formées.*

▶ HAUT SUR PATTES *Quadrupède,* Edmontosaurus *s'inclinait très bas pour manger les plantes au sol. Il était aussi capable de se dresser sur les pattes postérieures et atteindre les hautes branches, sans pouvoir pour autant courir sur ses seules pattes postérieures.*

Edmontosaurus

- **Quand** -75 à -65 millions d'années (fin du crétacé)
- **Où** Amérique du Nord
- **Habitat** Marécages
- **Longueur** 13 m
- **Alimentation** Plantes

Edmontosaurus doit son nom à Edmonton dans l'Alberta, au Canada, où furent retrouvés les premiers fossiles de l'espèce en 1917. Pesant jusqu'à 4 tonnes, c'était l'un des plus gros hadrosaures. Des parties creuses dans les os autour des narines abritaient peut-être des poches gonflables comme des ballons, capables d'émettre des sons.

***Edmontosaurus* momifié**

« Momies » de dinosaures

Il existe quelques fossiles extrêmement bien conservés d'*Edmontosaurus,* dont des spécimens momifiés avec la peau et autres parties molles. Ces animaux sont probablement morts dans un endroit très chaud et sec, où leur corps s'est desséché rapidement avant d'avoir eu le temps de se décomposer. Plus tard, de la boue ou du sable auront enseveli ces momies, favorisant la conservation de l'impression de la peau.

▲ IMPRESSION DE PEAU *L'impression fossilisée de peau d'*Edmontosaurus *révèle un cuir écailleux et bosselé.*

Scelidosaurus

L'armure était l'aspect le plus caractéristique de *Scelidosaurus.* Des rangées de crampons et de pointes osseuses, parfois grands comme un poing, couraient le long de la colonne vertébrale, du crâne au bout de la queue, de cet herbivore du début du jurassique. Cet accoutrement le ralentissait sans doute et le contraignait à marcher sur ses quatre pattes plutôt que sur deux… Mais la vitesse n'était pas sa principale défense.

MAIS ENCORE ?

Aperçu en 1858 par un ouvrier anglais travaillant dans une carrière, *Scelidosaurus* est l'un des premiers dinosaures découverts. Enchâssée dans du calcaire dur, difficile à dégager, une grande partie du squelette est restée dissimulée pendant plus d'un siècle. Grâce à une technique des années 1960 pour dissoudre le calcaire avec de l'acide, le squelette complet est aujourd'hui dégagé.

Scelidosaurus

- **Quand** -208 à -195 millions d'années (début du jurassique)
- **Où** Angleterre, États-Unis
- **Habitat** Zones boisées
- **Longueur** 4 m
- **Alimentation** Plantes

Tous les fossiles de *Scelidosaurus* ont été exhumés dans des roches formées sur un fond marin ; pour autant, ce n'était pas un animal marin. Peut-être vivait-il sur les côtes. Ou bien une inondation a-t-elle emporté de nombreux individus vers la mer. Herbivore, *Scelidosaurus* s'attaquait probablement à la végétation basse, arrachant les feuilles de ses dents pointues. Animal du début du jurassique, c'était l'une des premières espèces du groupe des thyréophores (dénommés « porteurs de bouclier » en raison de leur armure).

Les stégosaures

Les forêts du jurassique fourmillaient de ces herbivores quadrupèdes massifs qu'étaient les stégosaures. Les membres de cette famille étaient souvent hérissés de grandes pointes défensives sur la queue et les épaules, et de rangées de plaques osseuses le long du dos. Parade ? Défense ? Régulation thermique ? La fonction de ces attributs reste un mystère.

▼ HERSE *Une longue pointe se dressait sur l'épaule de l'animal. La queue était hérissée de chaque côté de rangées de pointes plus petites. Elles servaient sans doute à tenir les assaillants à l'écart.*

PORTRAIT DE GROUPE

Caractéristiques

- Double rangée de plaques ou pointes le long du cou, du dos et de la queue
- Tête étroite
- Bouche en forme de bec
- Orteils en forme de sabot
- Quadrupède

Quand

Les stégosaures vivaient entre -176 (milieu du jurassique) et -100 millions d'années (début du crétacé).

Stegosaurus

- **Quand** -150 à -145 millions d'années (fin du jurassique)
- **Où** États-Unis, Portugal
- **Habitat** Zones boisées
- **Longueur** 9 m
- **Alimentation** Plantes

Ce célèbre dinosaure portait de grandes plaques en losange le long de son dos. Elles lui conféraient une apparence plus grande et plus redoutable, mais étaient inefficaces comme armure. Leur fonction était plus probablement sociale, ou bien servaient-elles à la parade. *Stegosaurus* avait un bec corné et des rangées de dents au fond de la gueule pour broyer les feuilles, les mâcher et les transformer en bouillie.

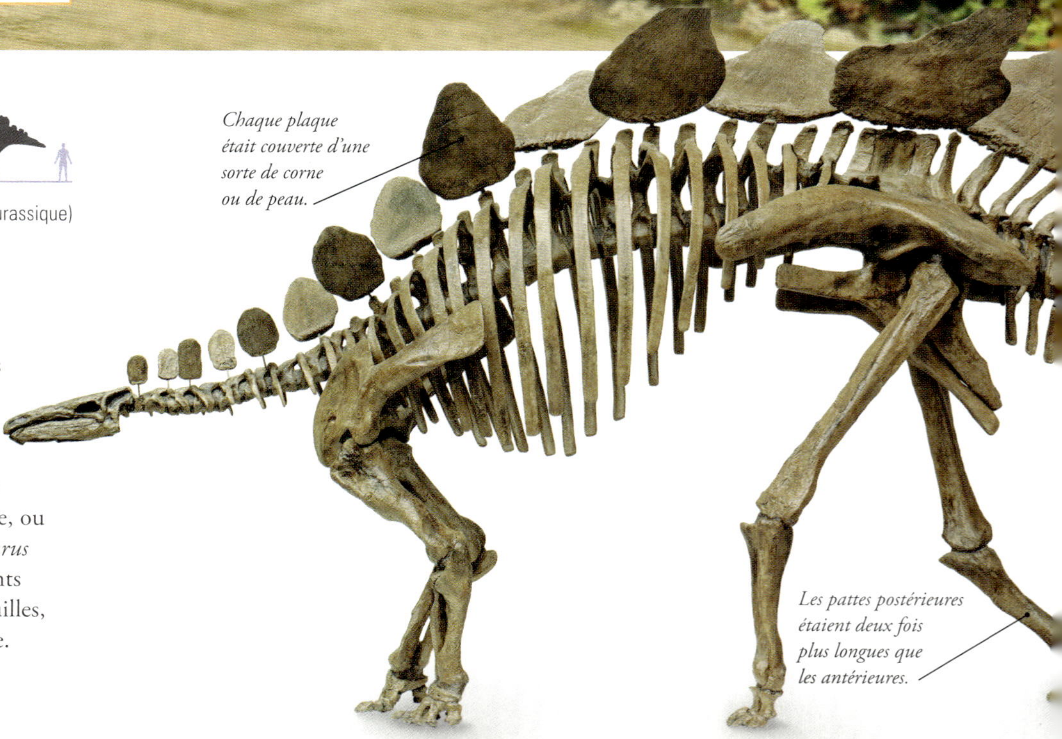

Chaque plaque était couverte d'une sorte de corne ou de peau.

Les pattes postérieures étaient deux fois plus longues que les antérieures.

Huayangosaurus

- **Quand** -165 millions d'années (début du jurassique)
- **Où** Chine
- **Habitat** Vallées fluviales
- **Longueur** 4 m
- **Alimentation** Fougères, feuilles et fruits de cycadées

Huayangosaurus, l'un des plus anciens stégosaures, différait des espèces plus tardives par son museau plus court et plus large, muni de dents à l'avant de la mâchoire supérieure. Ses pattes étaient de même longueur alors que chez d'autres espèces, elles étaient plus longues derrière.

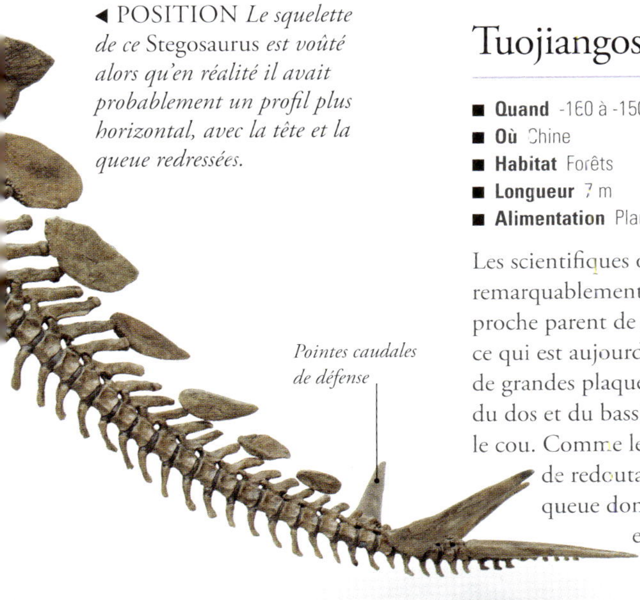

◀ POSITION *Le squelette de ce* Stegosaurus *est voûté alors qu'en réalité il avait probablement un profil plus horizontal, avec la tête et la queue redressées.*

Tuojiangosaurus

- **Quand** -160 à -150 millions d'années (fin du jurassique)
- **Où** Chine
- **Habitat** Forêts
- **Longueur** 7 m
- **Alimentation** Plantes

Les scientifiques ont découvert des spécimens remarquablement complets de *Tuojiangosaurus,* proche parent de *Stegosaurus,* qui vivait dans ce qui est aujourd'hui la Chine. L'animal avait de grandes plaques osseuses triangulaires le long du dos et du bassin, et de bien plus petites sur le cou. Comme les autres stégosaures, il possédait de redoutables pointes à l'extrémité de la queue dont il se servait pour transpercer ses ennemis d'un grand coup de queue.

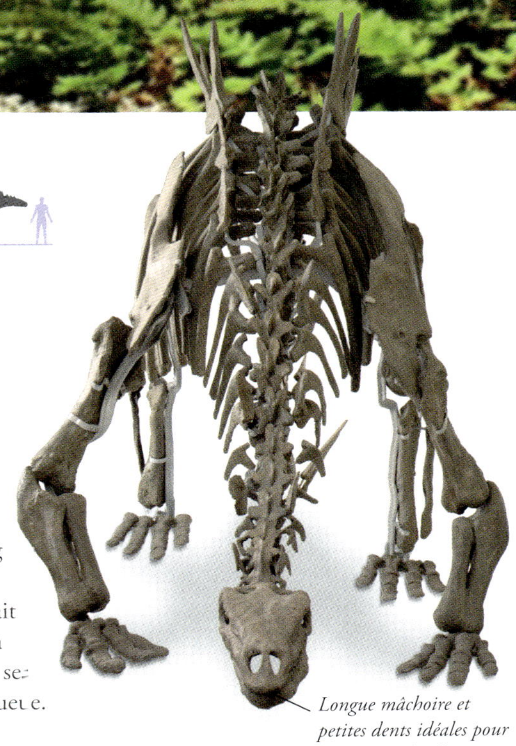

Kentrosaurus

Kentrosaurus appartenait à la famille des stégosaures originaires de l'actuelle Afrique centrale. Il doit son nom de « lézard à pointe acérée » aux redoutables picots qui ornaient son dos, ses épaules et sa queue, autant d'obstacles pour les prédateurs.

Saga Africa

Tendaguru est un célèbre site fossilifère de dinosaures, situé dans les zones boisées sèches de Tanzanie. Deux squelettes complets de *Kentrosaurus* ont été reconstitués à partir de 900 fragments issus du site.

▲ SQUELETTE
D'après de récentes recherches, la position donnée aux spécimens de Kentrosaurus *dans de nombreux musées est incorrecte. Il tenait probablement sa queue au-dessus du sol et ses pattes n'étaient pas sur le côté.*

Le cerveau de Kentrosaurus *n'était pas plus gros qu'une noix !*

-251 millions d'années — 200 — 145 — 65

trias — jurassique — crétacé

▼ QUEUE ÉPINEUSE
Les carnivores qui se jetaient sur Kentrosaurus *ou qui recevaient un coup de queue risquaient d'être transpercés par les pointes et d'être gravement blessés.*

Les plaques osseuses le long de son dos servaient peut-être à la parade.

Longues pointes caudales

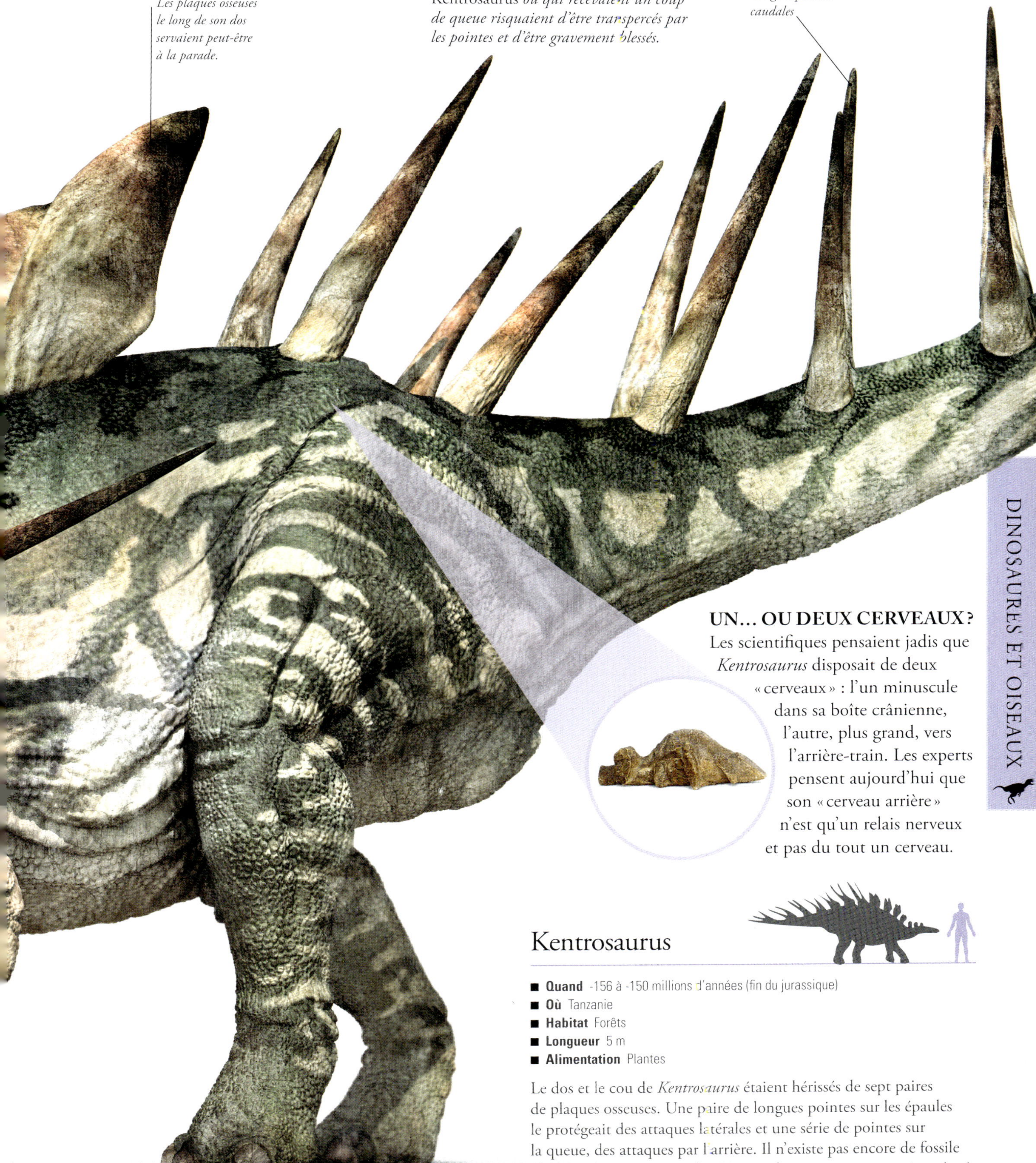

UN… OU DEUX CERVEAUX?

Les scientifiques pensaient jadis que *Kentrosaurus* disposait de deux « cerveaux » : l'un minuscule dans sa boîte crânienne, l'autre, plus grand, vers l'arrière-train. Les experts pensent aujourd'hui que son « cerveau arrière » n'est qu'un relais nerveux et pas du tout un cerveau.

Kentrosaurus

- **Quand** -156 à -150 millions d'années (fin du jurassique)
- **Où** Tanzanie
- **Habitat** Forêts
- **Longueur** 5 m
- **Alimentation** Plantes

Le dos et le cou de *Kentrosaurus* étaient hérissés de sept paires de plaques osseuses. Une paire de longues pointes sur les épaules le protégeait des attaques latérales et une série de pointes sur la queue, des attaques par l'arrière. Il n'existe pas encore de fossile complet de sa tête, mais il avait sans doute un museau petit et étroit avec de minuscules dents, comme les autres stégosaures.

Les ankylosaures

Également appelés « dinosaures à armures », les membres de cette famille étaient bâtis comme des tanks. Leur corps trapu était couvert d'une armure défensive, faite de plaques et de pointes formées d'excroissances osseuses sur la peau. Sans cette protection, ces herbivores auraient été une proie facile pour les carnivores bien plus rapides et parfois plus grands.

PORTRAIT DE GROUPE

Caractéristiques
- Lourdement cuirassé
- Quadrupède
- Bec corné, dents généralement sur la mâchoire inférieure
- Certains étaient armés d'une massue caudale et de cornes derrière la tête
- D'autres (les nodosaures) avaient des pointes bien plus grandes sur les épaules.

Quand
Les ankylosaures étaient des dinosaures du jurassique et du crétacé.

Edmontonia

- **Quand** -75 à -65 millions d'années (fin du crétacé)
- **Où** Amérique du Nord
- **Habitat** Zones boisées
- **Longueur** 7 m
- **Alimentation** Plantes basses

Les épaules d'*Edmontonia* étaient armées de très grandes et redoutables pointes. Il s'en servait sans doute pour repousser ses assaillants, en les chargeant et se jetant dessus, pointes en avant, telles des lances. D'après certains scientifiques, il combattait aussi ses rivaux pour leur disputer territoires et partenaires.

Ankylosaurus

- **Quand** -70 à -65 millions d'années (fin du crétacé)
- **Où** Amérique du Nord
- **Habitat** Zones boisées
- **Longueur** 6 m
- **Alimentation** Plantes basses

Ankylosaurus était l'un des plus gros ankylosaures de tous les temps. Sa peau épaisse, y compris ses paupières, était constellée de centaines de plaques osseuses.

Son armure comportait des ostéodermes, des plaques enchâssées à même la peau, un peu comme la peau des crocodiles. Il était également armé d'une massue caudale qu'il balançait contre ses adversaires avec une force capable de leur briser les os.

Minmi

- **Quand** -120 à -115 millions d'années (début du crétacé)
- **Où** Australie
- **Habitat** Plaines boisées et broussailleuses
- **Longueur** 3 m
- **Alimentation** Feuilles, graines et petits fruits

Minmi était l'un des plus petits ankylosaures. Tout le corps, y compris son ventre, était recouvert de petites plaques rondes. Peut-être était-il pourvu d'os supplémentaires pour soutenir les muscles du dos. Il avait un bec tranchant équipé de petites dents en triangle bien acérées. D'après des restes de repas fossilisés à l'emplacement de son estomac, on sait que ce dinosaure mangeait des feuilles, des graines et de petits fruits.

Gastonia

- **Quand** -125 millions d'années (début du crétacé)
- **Où** États-Unis
- **Habitat** Zones boisées
- **Longueur** 4 m
- **Alimentation** Plantes

Seul un prédateur très intrépide ou totalement désespéré se serait risqué à attaquer *Gastonia*. Véritable forteresse sur pattes, il était recouvert, de la tête au bout de la queue, de rangées de gigantesques pointes osseuses en forme de lame. Dépourvu de massue caudale, il infligeait cependant de sévères blessures en balançant sa queue bardée de pointes. L'os en forme de dôme et très épais au sommet de son crâne servait peut-être aux joutes des mâles qui se disputaient les territoires ou les partenaires.

Gargoyleosaurus

- **Quand** -155 à -145 millions d'années (fin du jurassique)
- **Où** États-Unis
- **Habitat** Zones boisées
- **Longueur** 4 m
- **Alimentation** Végétation basse

Gargoyleosaurus était un ankylosaure aux caractéristiques atypiques. Contrairement aux autres membres de sa famille, il avait des dents à l'avant de la mâchoire supérieure et ses plaques étaient creuses. Au lieu des habituelles narines rondes et curieuses de ses congénères, il disposait de fentes rectilignes.

Sauropelta

- **Quand** -120 à -110 millions d'années (début du crétacé)
- **Où** États-Unis
- **Habitat** Zones boisées
- **Longueur** 5 m
- **Alimentation** Plantes

Les prédateurs qui tentaient de mordre ce dinosaure au cou risquaient d'être mortellement blessés par les redoutables pointes dont il était hérissé. Une épaisse armure de plaques osseuses protégeait le dos et la queue de *Sauropelta*, d'où son nom de « lézard bouclier ». L'armure était composée d'un puzzle de petites plaques osseuses imbriquées comme des tuiles.

Euoplocephalus

Euoplocephalus, l'un des plus gros dinosaures à armure (ankylosaures), était deux fois plus grand qu'un rhinocéros et protégé par une lourde cuirasse. Malgré sa corpulence trapue et son poids, ses puissantes pattes lui concédaient probablement une certaine agilité. Sa redoutable massue caudale représentait sans doute une alternative en cas de défaillance de ses pattes ou de son armure.

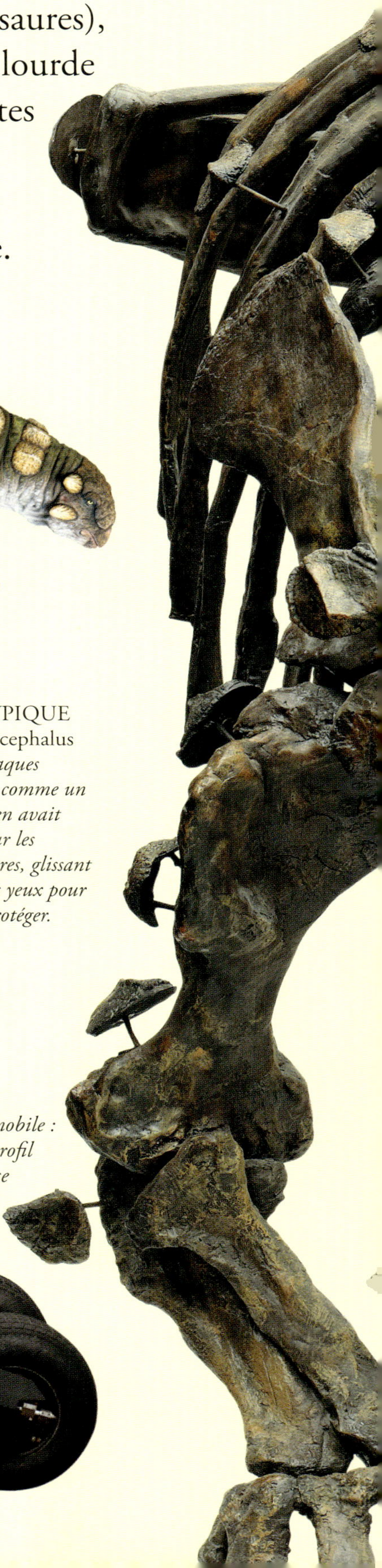

Euoplocephalus

- **Quand** -70 à -65 millions d'années (fin du crétacé)
- **Où** Amérique du Nord
- **Habitat** Zones boisées
- **Longueur** 6 m

▲ DÉFENSE CAUDALE
Euoplocephalus *projetait son imposante massue caudale sur ses assaillants avec une force capable de leur broyer les os. Son ventre non protégé représentait cependant un point faible.*

Depuis la découverte d'*Euoplocephalus* au Canada en 1902, plus de 40 spécimens ont été mis au jour. Grâce à des squelettes quasi complets, c'est l'un des ankylosaures les plus connus. Son armure était composée de plaques osseuses enchâssées directement dans sa peau. De son vivant, les plaques étaient couvertes d'une matière semblable à de la corne. Certaines plaques, ornées d'une crête, lui donnaient un aspect épineux.

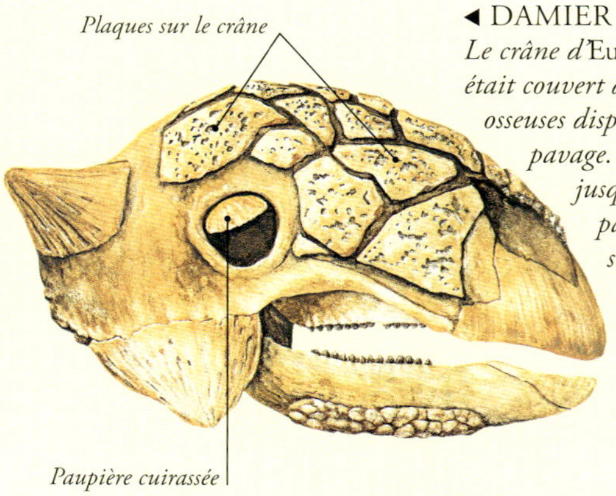

◀ DAMIER ATYPIQUE
*Le crâne d'*Euoplocephalus *était couvert de plaques osseuses disposées comme un pavage. Il y en avait jusque sur les paupières, glissant sur les yeux pour les protéger.*

▼ BAT… DINO
Euoplocephalus *était comparable à une Batmobile : un corps puissant, un profil bas et une solide cuirasse de plaques.*

Plaque osseuse ornée d'une crête
Os du bassin
Os de la patte trapus et robustes soutenant le corps massif
Plaque sur la tête
Large bec doté de petites dents
Griffes semblables à un sabot
-251 millions d'années
200
145
65
trias
jurassique
crétacé

Les prosauropodes

Au début du trias, tous les dinosaures étaient petits et courts sur pattes. Au fil du temps, un groupe d'herbivores, les prosauropodes, grandirent et s'alourdirent. Ils finirent par avoir un long cou et une longue queue et de puissantes pattes postérieures grâce auxquelles ils purent se dresser et atteindre les branches en hauteur.

Longue griffe incurvée sur le pouce destinée à se défendre et pour attraper les branches

▲ MÂCHOIRES EN CISEAUX
Dents tranchantes capables de sectionner de coriaces tiges de feuilles.

Plateosaurus

- **Quand** -220 à -210 millions d'années (fin du trias)
- **Où** Allemagne, France, Suisse, Norvège, Groenland
- **Habitat** Plaines
- **Longueur** 8 m
- **Alimentation** Plantes

Plateosaurus était l'un des plus grands prosauropodes. Il était bipède, se nourrissant essentiellement de plantes basses au niveau du sol. Il pouvait sans doute aussi, comme un kangourou, se dresser sur les pattes arrière et étirer son long cou pour manger les feuilles sur les arbres. Plus de 50 squelettes complets ont été découverts.

PORTRAIT DE GROUPE

Caractéristiques
- Petite tête
- Cou long et souple
- Très longue griffe incurvée sur le pouce
- Pattes postérieures plus longues que les antérieures

Quand
Les prosauropodes sont apparus à la fin du trias. Ils ont disparu au milieu du jurassique, il y a 184 millions d'années.

Massospondylus

- **Quand** -200 à -183 millions d'années (début du jurassique)
- **Où** Afrique australe
- **Habitat** Zones boisées
- **Longueur** 4-6 m
- **Alimentation** Plantes

Avec ses pattes antérieures à cinq doigts, *Massospondylus* était capable de saisir et d'abattre des branches. Sa griffe lui servait peut-être à déchirer des plantes, et ses petites dents robustes semblent adaptées à la consommation de viande et de végétaux. Les gastrolithes retrouvés parmi les fossiles indiquent qu'il avalait de petits cailloux qui rendaient sa digestion plus facile. Plusieurs crânes et squelettes complets ont été mis au jour dans le sud de l'Afrique, ainsi que des œufs renfermant des embryons.

◄ CORPS PUISSANT
Massospondylus *se dressait sur ses robustes pattes postérieures pour atteindre les hautes feuilles.*

Thecodontosaurus

- **Quand** -225 à -208 millions d'années (fin du trias)
- **Où** Îles Britanniques
- **Habitat** Îles boisées
- **Longueur** 2 m
- **Alimentation** Plantes

Thecodontosaurus est le premier prosauropode découvert. Il doit son nom de « dents à écrin » à ses dents peu communes, en dents de scie. À la différence des lézards, dont les dents sont soudées à la mâchoire, les siennes étaient logées dans des alvéoles séparées. Sa petite taille par rapport à ses congénères fait dire aux scientifiques qu'il vivait sur des îles, les espèces insulaires étant généralement plus petites. De nombreux fossiles de *Thecodontosaurus* ont été retrouvés dans des grottes, où ils furent peut-être emportés par la hausse du niveau de la mer.

MAIS ENCORE ?

Pendant la Seconde Guerre mondiale, une bombe encendia le musée de Bristol, en Grande-Bretagne, détruisant un précieux fossile, celui d'un *Thecodontosaurus,* le plus vieux dinosaure jamais trouvé en Grande-Bretagne. Heureusement, quelques os ont été sauvés et sont encore visibles.

Lufengosaurus

- **Quand** -200 à -180 millions d'années (début du jurassique)
- **Où** Chine
- **Habitat** Zones boisées
- **Longueur** 6 m
- **Alimentation** Plantes (cycadées et feuilles de conifères)

Lufengosaurus était un dinosaure massif, aux membres trapus. Il avait une longue tête étroite avec le museau et les mâchoires entourés de nodules osseux.
Il mangeait des plantes coriaces et arrachait des feuilles sur les arbres grâce à ses dents tranchantes comme des lames et bien espacées. Peut-être se nourrissait-il aussi de petits animaux. Il était sans doute bipède la plupart du temps, capable de se dresser sur ses pattes pour atteindre les hautes branches. Il avait de longs doigts à ses grandes mains, et des pouces armés d'une grosse griffe.

Sauropodes et *alliés*

Avec leur cou étonnamment long, ces géants au pas lourd pouvaient atteindre une bien plus grande hauteur que les autres herbivores et se nourrir des feuilles en haut des arbres, à la façon des girafes. Mais il leur fallait des membres robustes pour porter leur poids énorme et, à la différence de beaucoup de dinosaures, ils étaient quadrupèdes.

▲ *BRACHIOSAURUS sectionnait le feuillage en haut des conifères, des fougères arborescentes et autres arbres avec ses dents en cuillère. Il avalait environ 200 kg de feuilles et de brindilles par jour.*

Brachiosaurus

- **Quand** -150 à -145 millions d'années (fin du jurassique)
- **Où** États-Unis
- **Habitat** Plaines
- **Longueur** 23 m
- **Alimentation** Feuilles et brindilles de conifères

Brachiosaurus, un des plus grands sauropodes, atteignait le poids incroyable de 30 à 50 tonnes, près de 12 fois plus qu'un éléphant d'Afrique. Son long cou lui permettait de se nourrir à 15 m du sol, deux fois plus haut qu'une girafe.

PORTRAIT DE GROUPE

Caractéristiques

- Petite tête, grand corps
- Long cou flexible
- Longue queue en fouet

Quand

Les sauropodes sont apparus à la fin du trias, il y a près de 227 millions d'années, et ils ont disparu à la fin du crétacé, il y a 65 millions d'années.

Barapasaurus

- **Quand** -189 à -176 millions d'années (début du jurassique)
- **Où** Inde
- **Habitat** Zones boisées ouvertes
- **Longueur** 18 m
- **Alimentation** Végétaux

Barapasaurus avait probablement une tête courte et un long cou sans doute soutenu par de longs os. Ses pattes étaient relativement fines. D'après les fossiles, ses dents étaient tranchantes et crénelées, à la différence de celles des autres sauropodes.

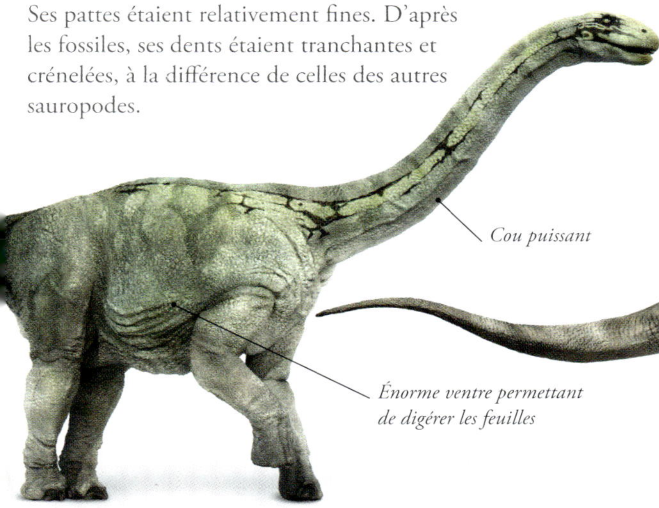

Camarasaurus

- **Quand** -150 à -145 millions d'années (jurassique)
- **Où** États-Unis
- **Habitat** Zones boisées ouvertes
- **Longueur** 18 m
- **Alimentation** Feuilles coriaces des arbres

Grâce aux nombreux fossiles de *Camarasaurus* découverts aux États-Unis, ce dinosaure est le plus connu des sauropodes. Son cou épais et trapu lui permettait de se nourrir de végétaux plus bas que les plus grands de ses congénères. Certains de ses os étaient creux et occupés par des poches d'air reliées aux poumons. Ces espaces vides réduisaient le poids de l'animal et lui ont valu son nom qui signifie « lézard à poches ».

▲ GROSSE TÊTE
Camarasaurus *avait une tête carrée avec un museau plat et d'énormes narines.*

Mamenchisaurus

- **Quand** -155 à -145 millions d'années (fin du jurassique)
- **Où** Chine
- **Habitat** Deltas et plaines forestières
- **Longueur** 26 m
- **Alimentation** Végétaux

Mamenchisaurus doit son nom au village chinois où ont été découverts ses fossiles. Son cou est l'un des plus longs du règne animal. Il avait un crâne moins pointu que celui de *Brachiosaurus* et des épaules plus basses et plus petites.

▲ LONG COU
Le cou de Mamenchisaurus *était soutenu par 19 longues vertèbres. Il pouvait le déplacer aisément de gauche à droite.*

Vulcanodon

- **Quand** Début du jurassique
- **Où** Zimbabwe
- **Habitat** Plaines forestières
- **Longueur** 7 m
- **Alimentation** Végétaux

Vulcanodon a été découvert dans des roches proches de volcans, ce qui lui a valu son nom. Comme les autres sauropodes, il se déplaçait lentement sur terre. Destinées à soutenir le poids élevé de l'animal, ses pattes robustes n'étaient pas conçues pour la course.

Anchisaurus

- **Quand** -190 millions d'années (début du jurassique)
- **Où** États-Unis
- **Habitat** Zones boisées
- **Longueur** 2 m
- **Alimentation** Feuilles

Anchisaurus était un lointain cousin des sauropodes. Comme la plupart des dinosaures, il était bipède. Avec son museau étroit, il se nourrissait de plantes, mais occasionnellement ne dédaignait pas les petits animaux.

Vu de l'*intérieur*

À quoi ressemble l'anatomie d'un dinosaure ? Le système digestif des carnivores et celui des herbivores était-il différent ? Grâce aux fossiles, il est possible d'avoir une idée de l'anatomie de quelques espèces, comme en témoignent ces illustrations.

HERBIVORE !

Euoplocephalus se nourrissait de plantes coriaces et avait besoin d'un système digestif capable de les dissoudre. Incapable de mâcher, il écrasait ses aliments à l'aide de ses petites dents latérales en forme de feuilles, avant de les avaler. Sa bouchée atterrissait sans doute dans le gésier, sorte d'estomac musculeux, qui terminait de la broyer. Les oiseaux et reptiles modernes sont souvent équipés d'un gésier.

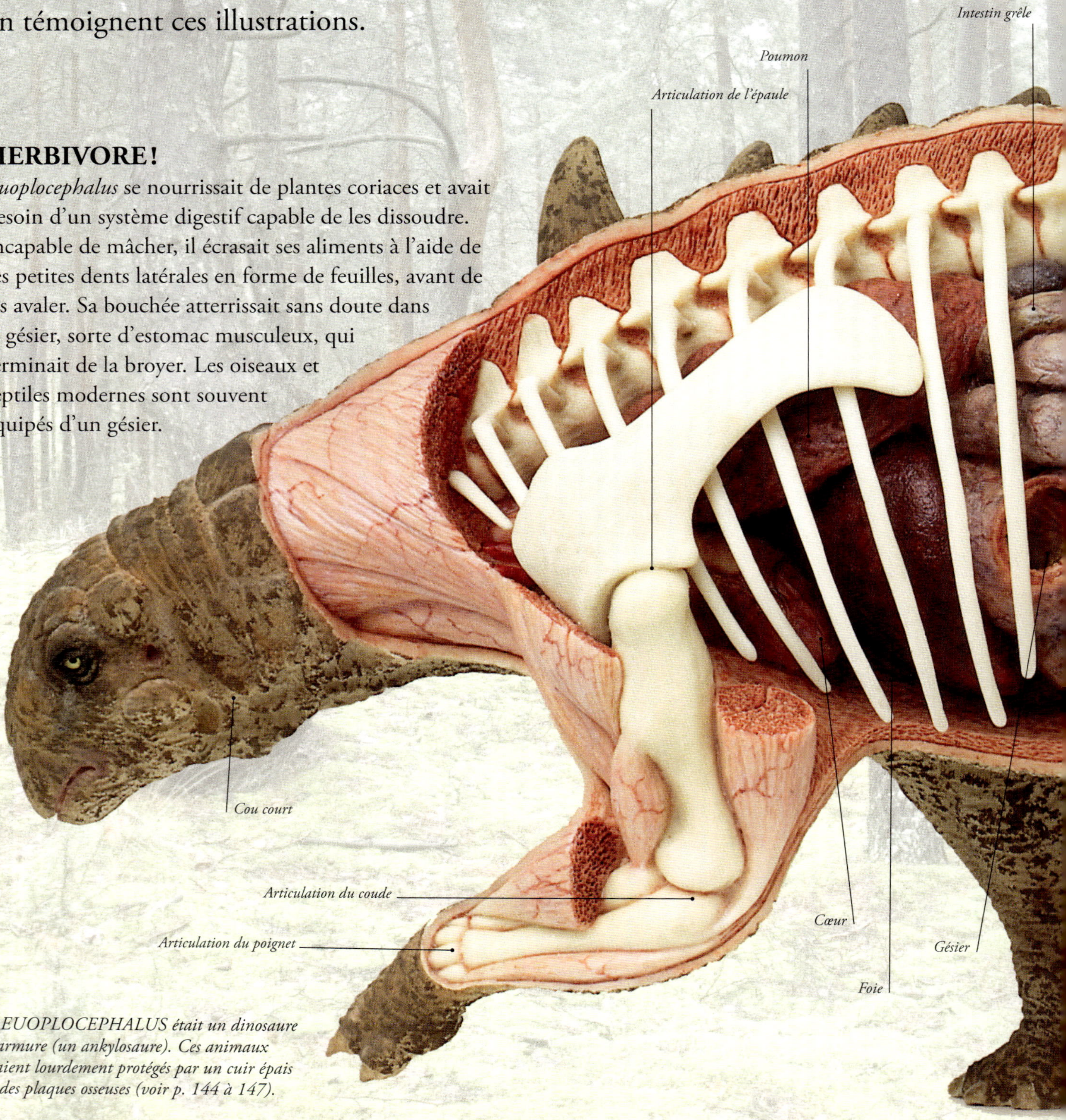

▲ *EUOPLOCEPHALUS était un dinosaure à armure (un ankylosaure). Ces animaux étaient lourdement protégés par un cuir épais et des plaques osseuses* *(voir p. 144 à 147)*.

CARNIVORE!

Le système digestif du carnivore, comme en témoigne celui de *Carnotaurus* ci-contre, ressemblait à celui des reptiles modernes, comme les crocodiles. Les intestins étaient petits comparés à celui d'un herbivore, tandis que le foie était gros. Le cœur et les poumons aussi étaient gros, une nécessité imposée par le grand besoin d'oxygène lorsqu'il poursuivait une proie.

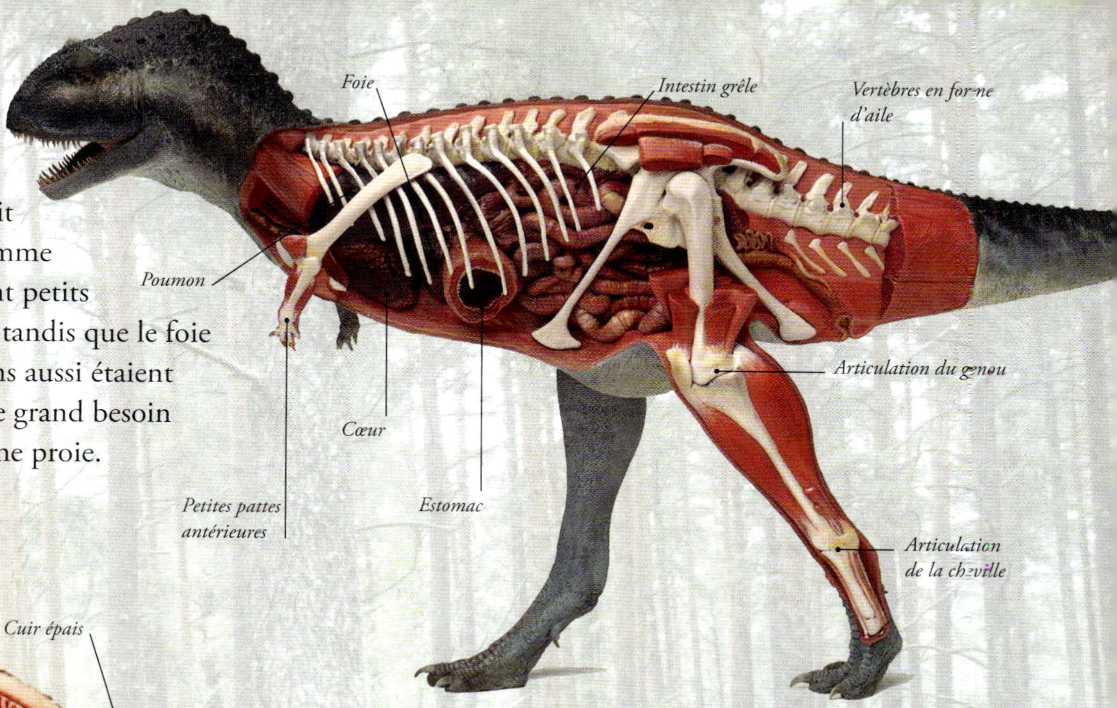

▲ *CARNOTAURUS D'après les fossiles, les os de nombreux carnivores étaient partiellement creux et sans doute remplis d'air. Un dispositif qui permettait peut-être d'avoir un surplus d'oxygène vers les poumons et qui donnait davantage d'énergie à l'animal.*

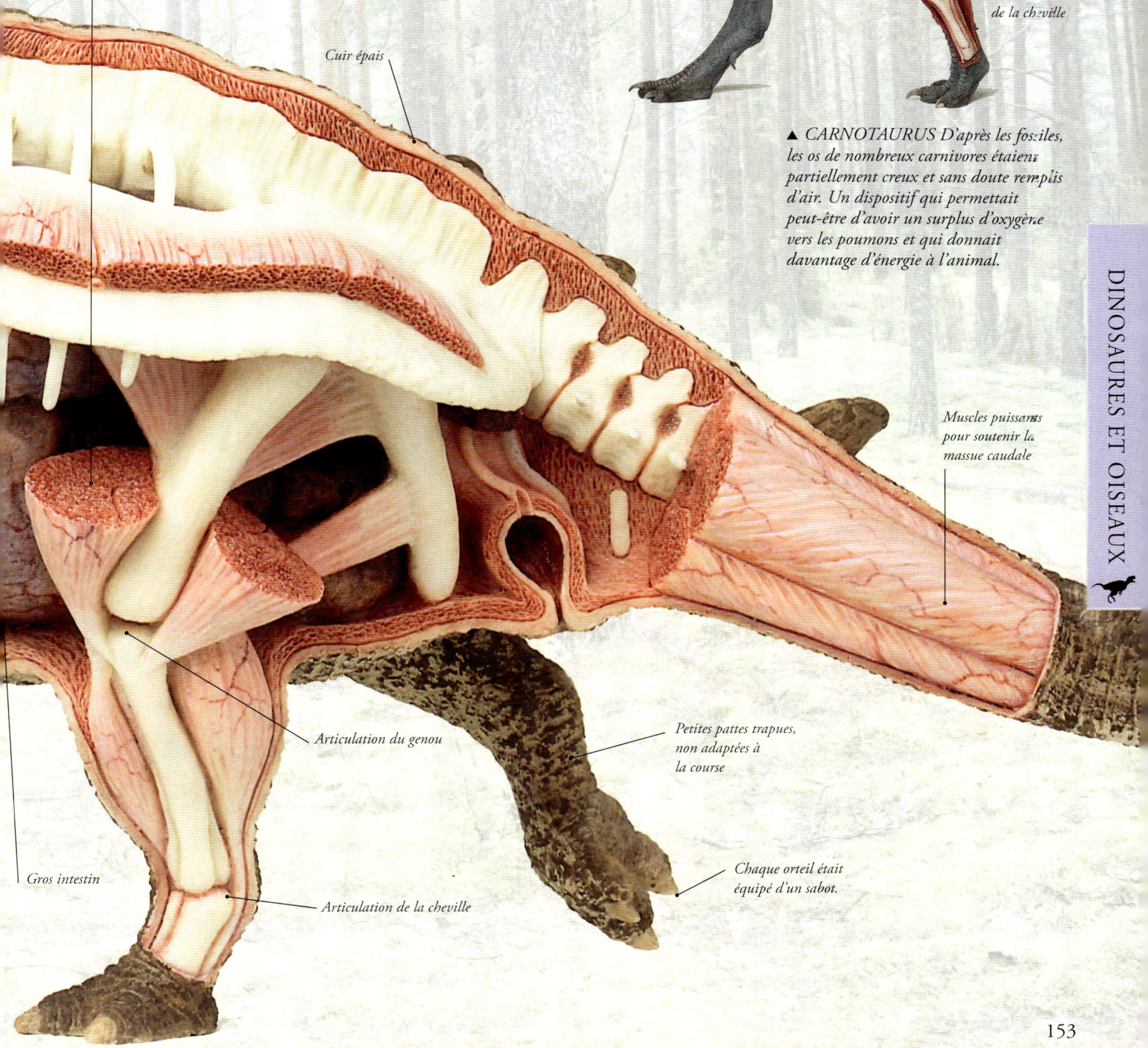

-251 millions d'années
200
145
65
trias
jurassique
crétacé

Isanosaurus

Les sauropodes sont les animaux terrestres les plus gros de tous les temps. Certains dépassaient la taille de la baleine bleue et le plus lourd pesait autant que douze éléphants. *Isanosaurus* était l'un des plus petits membres de la famille. Comme les autres sauropodes, dont les empreintes de pas fossilisées témoignent de leur grégarité, il est fort probable qu'*Isanosaurus* vivait à l'abri de groupes familiaux ou de troupeaux. C'était un animal de la fin du trias, l'un des plus anciens sauropodes connus.

Isanosaurus

- **Quand** -216 à -199 millions d'années (fin du trias)
- **Où** Thaïlande
- **Habitat** Forêts et marécages
- **Longueur** 12 m
- **Alimentation** Plantes

Les squelettes fort incomplets d'*Isanosaurus* comptent quelques vertèbres et côtes ainsi qu'un fémur de 65 cm. Mais même ainsi, les scientifiques parviennent à brosser un portrait en les comparant avec ceux de parents proches. *Isanosaurus* marchait à quatre pattes pour supporter son poids mais pouvait sans doute se dresser sur ses membres postérieures pour atteindre les hautes branches. Il devait avoir une petite tête et des dents en forme de cuillère pour trancher les feuilles.

Les diplodocoïdés

Les diplodocoïdés constituaient une superfamille d'herbivores géants. Ces quadrupèdes avaient un cou incroyablement long et, en contrepoids, une queue en fouet encore plus longue avec laquelle ils cinglaient leurs ennemis. Les pattes postérieures plus courtes que les antérieures leur permettaient peut-être de se dresser, avec la queue comme support. Grand comme un terrain de football et lourd comme une baleine bleue, *Amphicoelias* était l'une des plus grandes espèces.

PORTRAIT DE GROUPE

Caractéristiques
- Long cou flexible
- Longue queue fine
- Petite tête, grand corps

Quand
Les diplodocoïdés sont apparus au milieu du jurassique, il y a 170 millions d'années. Ils ont disparu au début du crétacé, il y a 99 millions d'années.

Dicraeosaurus

- **Quand** -150 millions d'années (fin du jurassique)
- **Où** Tanzanie
- **Habitat** Zones boisées
- **Longueur** 12 m
- **Alimentation** Plantes

Dicraeosaurus avait le cou plus court que les autres diplodocoïdés et devait se nourrir sur les buissons plutôt que sur les arbres. Sa queue était également plus courte et ne lui servait sans doute pas de fouet. Il avait une rangée de petites pointes osseuses le long du dos et du cou, certainement reliées par une membrane de peau. Cette espèce de voile pouvait servir de régulateur thermique ou bien de système de défense ou de communication avec d'autres membres de l'espèce.

Diplodocus

- **Quand** -150 à -145 millions d'années (fin du jurassique)
- **Où** États-Unis
- **Habitat** Plaines
- **Longueur** 25 m
- **Alimentation** Feuilles

Diplodocus est le plus long des dinosaures complets découverts à ce jour. Sa queue était incroyablement longue, autant que le reste du corps, et fouettait l'air à une vitesse étonnante avec des craquements sonores. Son cou, qu'il tenait sans doute assez haut, était trois fois plus long que celui de la girafe. Il avait une colonne vertébrale suffisamment solide pour soutenir son énorme poids, mais ses os étaient évidés. D'après certaines scientifiques, il se nourrissait sur les arbres, arrachant les feuilles des branches avec ses petites dents pointues à l'avant des mâchoires. D'autres pensent qu'il était incapable de soulever suffisamment la tête et qu'il la balançait de côté pour se nourrir sur les buissons. *Diplodocus* grandissait vite, devenant adulte en dix ans.

▲ UN PONT OSSEUX *Pour soutenir le long cou et la longue queue, la colonne vertébrale réagissait comme les câbles d'un pont suspendu. Les câbles soutiennent le poids de la route (cou et queue) et le transmettent aux piliers (les pattes) qui amarrent l'ensemble fermement au sol.*

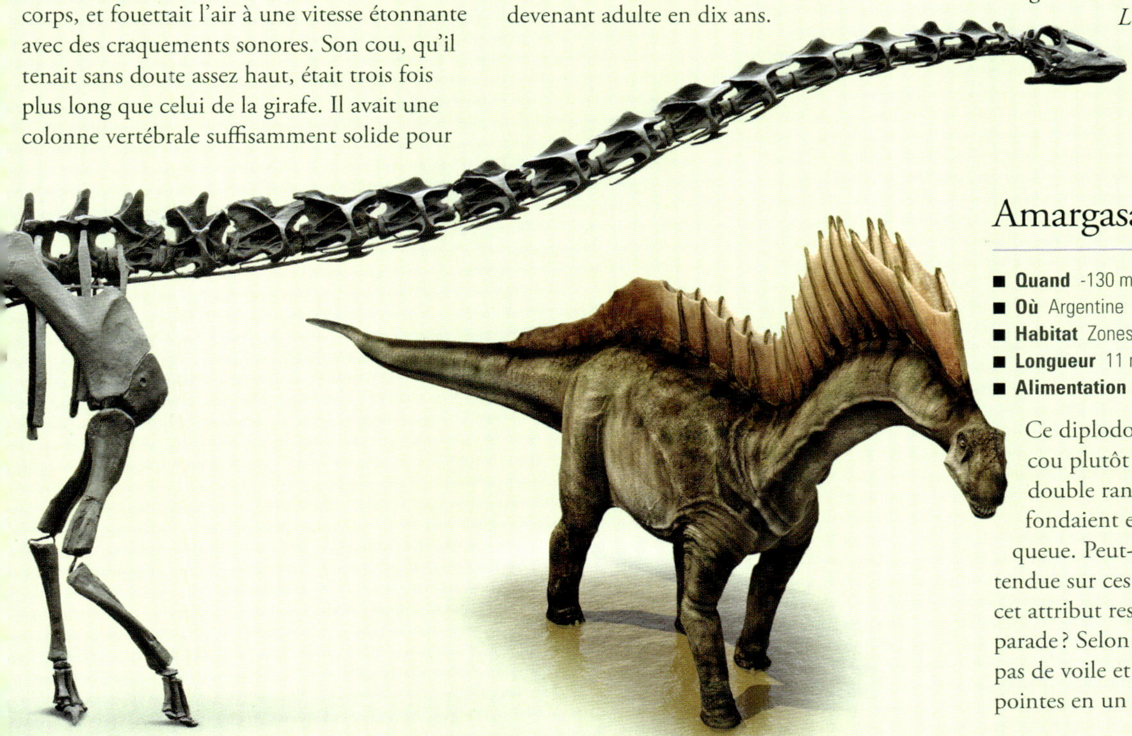

Amargasaurus

- **Quand** -130 millions d'années (début du crétacé)
- **Où** Argentine
- **Habitat** Zones boisées
- **Longueur** 11 m
- **Alimentation** Plantes

Ce diplodocoïdé, relativement petit et au cou plutôt court, était étrange avec sa double rangée de pointes sur le cou qui se fondaient en une seule sur le dos et la queue. Peut-être y avait-il une double voile tendue sur ces pointes. Mais le pourquoi de cet attribut reste un mystère : servait-elle à la parade ? Selon certains scientifiques, il n'y avait pas de voile et *Amargasaurus* remuait ses pointes en un concert bruyant.

▼ EMPREINTES DE PAS GÉANTES *La formation de Morrison, aux États-unis, a livré un mélange d'os et d'empreintes de pas de diplodocoïdés, comme* Apatosaurus *et* Diplodocus, *et de restes des arbres et des plantes dont ils se nourrissaient.*

Apatosaurus

- **Quand** -150 millions d'années (fin du jurassique)
- **Où** États-Unis
- **Habitat** Zones boisées
- **Longueur** 23 m
- **Alimentation** Plantes

Lourd comme quatre éléphants, *Apatosaurus* (ou *Brontosaurus*) était plus petit et plus lourd que ses congénères, et ses pattes étaient plus grosses. Certains scientifiques pensent qu'il comptait sur ses robustes pattes et sur son poids pour faire tomber des arbres, à la façon des éléphants, plutôt que de se dresser pour atteindre la végétation, qu'il mangeait à l'aide de petites dents alignées à l'avant de son museau.

Barosaurus

- **Quand** 155 à -145 millions d'années (fin du jurassique)
- **Où** États-Unis
- **Habitat** Plaines
- **Longueur** 28 m
- **Alimentation** Plantes

Les premiers restes de *Barosaurus* ont été découverts à la fin des années 1800, au cours de la « guerre des os » que se livraient quelques chasseurs de fossiles, en compétition pour présenter de nouvelles découvertes fossiles de dinosaures. En 1922, trois squelettes de *Barosaurus* furent mis au jour dans la carrière de Carnegie, dans l'Utah, aux États-Unis, ce qui suggère un animal grégaire.

Des pierres au menu

Les dents triangulaires de *Barosaurus* étaient parfaitement adaptées pour arracher le feuillage, mais pas pour mâcher. Certains scientifiques pensent qu'il avalait des pierres qui l'aidaient à broyer les aliments dans l'estomac mais de récentes recherches ont permis de trouver des bactéries dans ses intestins qui se chargeaient de la digestion.

Un cou dressé ?

En 1993, un spécimen de *Barosaurus* fut exposé dressé sur ses pattes postérieures. Cette position semblait irréaliste : le cœur n'était pas assez puissant pour pomper le sang à la verticale jusqu'au cerveau. Selon de nouvelles recherches, si la taille du cœur était adaptée, ce serait possible.

Dos hérissé

Personne ne connaît exactement la fonction de la rangée de pointes le long de la colonne vertébrale de *Barosaurus* : instrument de défense ou simple ornementation ? Il s'agissait en fait de plaques osseuses insérées dans la peau, et ne faisant pas partie du squelette. La peau rugueuse et écailleuse de l'animal offrait une protection adéquate contre les éraflures et les morsures, tout en réduisant la déperdition d'humidité du corps lors des périodes de sécheresse.

Barosaurus

Voir un *Barosaurus* dans les forêts du jurassique devait être un spectacle impressionnant. Ce dinosaure possédait toutes les caractéristiques du sauropode : un corps volumineux, une tête minuscule et des pattes relativement courtes. Il pesait plus lourd que trois éléphants et était plus long qu'un court de tennis. Mais ce qui l'avantageait par rapport aux autres herbivores, c'était son cou long de 9,50 m qui lui permettait d'atteindre les feuilles au sommet des arbres.

De *vrais* faux

Cette scène du muséum d'Histoire naturelle de New York représente une mère *Barosaurus* dressée sur ses pattes postérieures pour écarter un prédateur, *Allosaurus,* de son petit. On croirait de véritables fossiles, mais ce sont des moulages légers. La reproduction de spécimens à exposer dans les musées est un travail délicat, mais passionnant, faisant appel à de nombreuses techniques et nécessitant une préparation importante et minutieuse.

ASSEMBLAGE DE DINOSAURES

▲ *Avant même de commencer, chaque os est méticuleusement répertorié et inscrit sur un plan pour indiquer son emplacement.*

▲ *Les côtes de* Barosaurus *sont ici reliées à la colonne vertébrale, elle-même maintenue par un cadre métallique.*

▲ *Les pattes postérieures et le bassin sont mis en place, dans le musée, à l'aide d'une petite grue.*

▲ *Le squelette d'*Allosaurus *en posture d'attaque est lui aussi assemblé. Il fera face à* Barosaurus *dans la scène.*

RÉALISER UNE REPRODUCTION

Voici les différentes méthodes de fabrication d'une copie de squelette fossile de dinosaure. Une technique consiste à faire un moule de chaque os pour en faire un moulage.

▲ ÉTAPE 1 *Le fossile est à moitié enfoncé dans un socle de glaise, puis enduit de gomme liquide (en bleu), en même temps que le socle. Lorsque cela sèche, on obtient une coque souple.*

▲ ÉTAPE 2 *Une fois sec, le moule en gomme est recouvert de bandelettes de fibre de verre. Cela le rigidifie suffisamment pour qu'il conserve sa forme, une fois libéré.*

▲ ÉTAPE 3 *Une fois solidifié, le moule en gomme est retiré. L'autre face du fossile subit la même opération.*

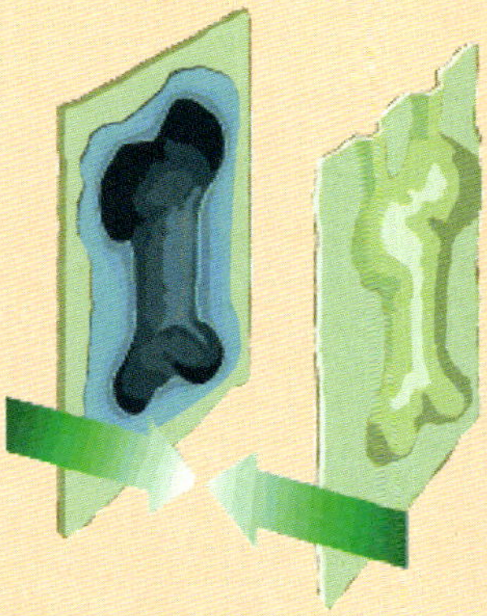

▲ ÉTAPE 4 *Les deux moules sont assemblés et soudés.*

▲ ÉTAPE 5 *Le moule complet est alors rempli de polyester liquide ou d'un produit équivalent. On obtient ainsi un moulage.*

▲ ÉTAPE 6 *Pour finir, le moule est délicatement ouvert et, si les techniciens ont été adroits, il en sort un moulage parfait.*

▲ *Un soudeur relie tous les éléments de* Barosaurus *au cadre métallique inséré dans le squelette.*

▲ *La dernière étape assemble le haut du cou et la tête du dinosaure au bas du cou.*

Les titanosaures

Les titanosaures, espèces parmi les plus lourdes de la planète, doivent leur nom aux Titans, peuple de géants de la mythologie grecque. Ces herbivores figuraient parmi les derniers dinosaures et vivaient en hardes pour se protéger des prédateurs. La découverte de milliers d'œufs, dispersés sur un vaste terrain en Argentine, laisse à penser qu'ils nidifiaient en colonies.

PORTRAIT DE GROUPE

Caractéristiques
- Petite tête carrée et cou flexible
- Petites dents
- Longue queue, plus courte que chez les diplodocoïdés
- Quadrupède
- Nombreuses plaques osseuses rugueuses

Quand
Les titanosaures sont apparus au milieu du jurassique, il y a 168 millions d'années. Ils ont disparu à la fin du crétacé, il y a 65 millions d'années. On a d'abord pensé qu'ils étaient cantonnés à l'hémisphère Sud, mais on sait maitenant que leur aire de répartition était plus vaste.

Nemegtosaurus

- **Quand** -80 à -65 millions d'années (fin du crétacé)
- **Où** Mongolie
- **Habitat** Zones boisées
- **Longueur** 15 m
- **Alimentation** Plantes

Nemegtosaurus doit son nom au bassin de Nemeng, dans le désert de Gobi, en Mongolie, où il a été découvert. On n'en connaît que le crâne, duquel on déduit qu'il avait la tête inclinée et de petites dents pointues à l'avant de la mâchoire. Comme celui de la plupart des autres titanosaures, son cou, long et flexible, lui permettait de se nourrir sur les hautes branches.

Argentinosaurus

- **Quand** -112 à -95 millions d'années (milieu du crétacé)
- **Où** Argentine
- **Habitat** Forêts
- **Longueur** 30 m
- **Alimentation** Conifères

Argentinosaurus était l'un des animaux les plus grands et les plus lourds de tous les temps. Seuls quelques os ont été mis au jour, dont une gigantesque vertèbre de 1,80 m. En les comparant aux os d'autres sauropodes, les scientifiques ont calculé qu'il était plus grand qu'un court de tennis et environ 20 fois plus lourd qu'un éléphant. Ses œufs étaient gros comme un ballon de rugby, et l'individu devait mettre 40 ans pour atteindre sa taille adulte. Malgré sa taille, il était victime de *Mapusaurus,* un gigantesque dinosaure carnivore.

Titanosaurus

- **Quand** -80 à -65 millions d'années (fin du crétacé)
- **Où** Asie, Europe, Afrique
- **Habitat** Zones boisées
- **Alimentation** Plantes

Titanosaurus reste un mystère. Bien que la découverte d'un os de la queue ait donné lieu à l'identification de toute une famille de dinosaures, il est sans doute au cœur d'une méprise sur son identité. Les caractéristiques qui l'identifiaient comme espèce unique ont depuis été retrouvées chez d'autres titanosaures. Sans squelette complet, difficile de dire si le genre a réellement existé.

Saltasaurus

- **Quand** -80 à -65 millions d'années (fin du crétacé)
- **Où** Argentine
- **Habitat** Zones boisées
- **Longueur** 12 m
- **Alimentation** Plantes

Ce titanosaure relativement petit était bien protégé contre les assauts. Les gros prédateurs ne pouvaient transpercer sa peau épaisse et cuirassée, composée de plaques et de nodules osseux. À en croire ses hanches puissantes et les os du haut de la queue, il pouvait se dresser sur les pattes postérieures, en s'aidant de la queue comme appui. Ses pattes antérieures étaient dépourvues d'orteils et de griffes.

Isisaurus

- **Quand** -70 à -65 millions d'années (fin du crétacé)
- **Où** Asie
- **Habitat** Zones boisées
- **Longueur** 18 m
- **Alimentation** Plantes

Avec ses longues pattes antérieures et son cou plus court, *Isisaurus* se distinguait des autres titanosaures par sa posture de hyène. Ses déjections fossilisées contenaient des champignons présents sur de nombreux types de feuilles. Ce qui suggère qu'il appréciait des feuillages de diverses provenances.

Empreintes de pas

Il y a environ 190 millions d'années, un grand dinosaure prédateur marchait le long de la berge d'une rivière, lorsqu'il s'arrêta brusquement. Il se tourna et se mit à courir, peut-être à la poursuite d'une proie. Comment savons-nous tout cela ? Grâce à ses empreintes de pas fossilisées. Ces traces nous donnent un aperçu extraordinaire du comportement des espèces qui les ont laissées.

▲ CETTE EMPREINTE *est l'une des 2 000 retrouvées à Dinosaur State Park, dans le Connecticut, aux États-Unis. Aucun autre fossile de dinosaure n'y a été mis au jour, mais les scientifiques pensent qu'il s'agit de traces de* Dilophosaurus *ou d'un animal similaire. Il semble que ces animaux traversaient un banc de boue.*

Cette suite de pas provient d'Espagne. Espacées de près de 1 m, ces empreintes ont sans doute été laissées par un grand animal. La forme du pied trahit un théropode, un carnivore.

EMPREINTE OU CONTRE-EMPREINTE ?

Les empreintes de pas peuvent être en creux ou en relief. Une empreinte est une simple impression dans la roche, semblable à une trace de pas ordinaire. Une contre-empreinte ressemble au pied du dinosaure vu de dessous et se forme lorsque l'empreinte se remplit de sable et se transforme en moulage. Des millions d'années plus tard, seul le moulage subsiste, le pied apparaissant en relief.

◂ EMPREINTE
Ces empreintes ressemblent à des traces ordinaires de pas.

▸ CONTRE-EMPREINTE
Ces traces ressemblent au dessous du pied du dinosaure.

▲ EMPREINTES DE SAUROPODE
Ces traces semblent être le fait d'un groupe de cinq sauropodes. L'espacement étroit suggère que leurs pattes étaient bien sous le corps et non, comme chez le crocodile, sur les côtés.

MAIS ENCORE ?

Les empreintes ci-dessous, anciennes de 100 millions d'années, ont été découvertes sur une plage du Portugal. Elles appartiennent à un iguanodonte, un herbivore. Ses traces croisent celles de deux dinosaures carnivores.

▲ À OLHOS DE AGUA, *au Portugal, fut découverte cette gigantesque trace de pas.*

LA TRAQUE AUX DINOSAURES

Les séries d'empreintes de pas sont rares, mais elles apportent des indices passionnants sur le mode de vie des dinosaures. La plupart ne s'accompagnent pas de traces de la queue, ce qui indique que l'animal la maintenait au-dessus du sol. Des pas côte à côte nous disent que l'espèce se déplaçait en groupes.

◂ LONGUE SÉRIE
La plus longue série de pas de dinosaure se trouve sur une falaise de Bolivie et appartient à un titanosaure.

Pourquoi sur une falaise ?
Les dinosaures qui ont laissé ces empreintes marchaient le long d'une rive boueuse. Leurs traces ont ensuite été ensevelies par de la boue qui s'est transformée en pierre. Les mouvements de la croûte terrestre ont peu à peu fait basculer la falaise, les empreintes passant à la verticale.

Les théropodes

Durant la plus grande partie du règne des dinosaures, les théropodes ont été les prédateurs principaux. Cette branche de l'arbre généalogique des dinosaures a produit quelques carnivores véritablement gigantesques (bien que tous ne soient pas carnivores). Une sélection de ces animaux immenses est présentée ci-dessous. Fait notable, un groupe de théropodes est à l'origine des oiseaux avec lesquels nous partageons notre monde moderne.

PORTRAIT DE GROUPE

Caractéristiques
- Long crâne, grandes cavités oculaires, souvent des cornes ou une crête
- Os remplis d'air
- Ils étaient parfois dotés d'un bréchet, comme les oiseaux modernes.
- Énormes mâchoires aux dents incurvées
- Trois orteils aux pattes postérieures

Quand
Les théropodes se sont épanouis de la fin du trias à la fin du crétacé, entre -230 et -65 millions d'années.

▲ LES THÉROPODES *marchaient sur leurs grandes pattes postérieures et équilibraient leur lourde tête et leur massive mâchoire équipée de crocs, à l'aide de la queue musculeuse.*

Giganotosaurus

- **Quand** Fin du crétacé
- **Où** Argentine
- **Habitat** Zones boisées
- **Longueur** 12 m

Giganotosaurus était un redoutable prédateur, pesant l'équivalent de 125 personnes. Il n'avait aucun mal à s'attaquer aux gigantesques sauropodes qui peuplaient l'Amérique du Sud à la fin du crétacé.

Monolophosaurus

- **Quand** Milieu du jurassique
- **Où** Chine
- **Habitat** Zones boisées
- **Longueur** 6 m

Monolophosaurus était coiffé d'une crête épaisse et bosselée. Elle était creuse et permettait probablement d'émettre des sons retentissants peut-être pour attirer des partenaires ou dissuader les rivaux. Sa mâchoire inférieure était particulièrement étroite mais ses narines étaient exceptionnellement grandes.

▶ CE DINOSAURE *était sans doute relativement agile.*

Sinraptor

- **Quand** Fin du jurassique
- **Où** Chine
- **Habitat** Zones boisées
- **Longueur** 7,50 m

Sinraptor signifie « chasseur chinois ». Les scientifiques ont découvert des traces de dents sur un crâne lui appartenant, faites semble-t-il par un autre *Sinraptor,* ce qui suggère que ces animaux se livraient de féroces combats.

▲ SINRAPTOR *était un parent proche d'*Allosaurus *(voir p. 178-179).*

Carcharodontosaurus

- **Quand** Fin du crétacé
- **Où** Afrique du Nord
- **Habitat** Plaines inondables et mangroves
- **Longueur** 12-13 m

Carcharodontosaurus était l'un des plus grands dinosaures carnivores. Ce monstre pesait le poids de deux éléphants et son impressionnante mâchoire était équipée de dents longues de 20 cm. Son nom signifie « lézard à dents de requin », à cause de la ressemblance approximative avec les dents de *Carcharodon,* le grand requin blanc.

Gasosaurus

- **Quand** Milieu du jurassique
- **Où** Chine
- **Habitat** Zones boisées
- **Longueur** 3,50 m

Seuls quelques os de ce dinosaure ont été découverts, accidentellement, en 1985, lors d'un dynamitage par une compagnie gazière chinoise pour dégager des roches. Ce procédé de mise au jour peu ordinaire lui a valu son nom qui signifie « lézard gazier ». Ne disposant d'aucun crâne à ce jour, on lui imagine une tête semblable à celle d'espèces proches.

Eoraptor

Eoraptor est l'un des plus anciens dinosaures. Son nom veut dire « voleur de l'aube », eu égard à sa place chronologique à l'aube de l'ère des dinosaures. De la taille d'un renard, c'était un bipède rapide, qui tuait ses proies avec ses griffes et les déchiquetait à l'aide de ses dents.

Reptile lunaire

Les premiers fossiles d'*Eoraptor* furent découverts en 1991, dans la vallée de la Lune, au nord-ouest de l'Argentine, paysage rocheux et aride à l'aspect lunaire. À l'époque de ce dinosaure, à la fin du trias, c'était une vallée luxuriante.

Eoraptor

- **Quand** -230 à -225 millions d'années (milieu du trias)
- **Où** Argentine
- **Habitat** Vallées fluviales
- **Longueur** 1 m
- **Alimentation** Lézards, petits animaux, plantes parfois

Un seul squelette complet a été trouvé à ce jour, mais il est riche en informations sur les premiers dinosaures. *Eoraptor* avait des caractères primitifs, parmi lesquels des pattes antérieures à cinq doigts griffus et un bassin de lézard. Les scientifiques n'ont pas déterminé s'il était couvert de plumes ou d'écailles, mais estiment qu'il s'agissait d'un chasseur rapide et redoutable.

Eoraptor *se tenait debout grâce à ses puissants fémurs et muscles de la cuisse.*

▶ AVEC SES YEUX *sur le côté,* Eoraptor *n'avait pas une bonne vision binoculaire. Il avait par contre un large champ visuel.*

Ses nombreuses dents crénelées étaient parfaitement adaptées pour trancher dans la chair. Selon certains scientifiques, Eoraptor *mangeait peut-être aussi des plantes.*

*Le cou d'*Eoraptor *était plus court que chez les dinosaures carnivores plus tardifs, mais convenait cependant pour attraper ses proies au sol.*

▲ *EORAPTOR avait des dents de carnivore, véritables lames tranchantes, qui débitaient la chair. Il chassait surtout de petits animaux, mais devait aussi s'attaquer à de plus gros, en les blessant dans le but de les épuiser.*

Eoraptor *n'était pourvu de griffes que sur les trois plus grands doigts des antérieurs. Les deux autres doigts, plus petits, étaient sans doute utiles pour fouiller la végétation à la recherche de proies.*

Coelophysis

Coelophysis, l'un des premiers théropodes, était un petit carnivore chétif, semblable à un oiseau. Il se précipitait à la poursuite de ses proies, de petits lézards, dans les forêts fluviales du trias. Bâti pour la course, il était équipé d'une ossature fine et d'os légers et creux. En 1998, un crâne de *Coelophysis* fut emporté à bord de la navette spatiale *Endeavour*, ce dinosaure devenant le deuxième à voyager dans l'espace (après *Maiasaura*).

Coelophysis *était équipé de centaines de petites dents tranchantes. Les bords crénelés trahissent le carnivore.*

Coelophysis

- **Quand** -215 millions d'années (fin du trias)
- **Où** Amérique du Nord, Afrique australe, Chine
- **Habitat** Plaines désertiques
- **Longueur** 3 m
- **Alimentation** Lézards et poissons

Coelophysis était long comme une petite voiture et léger comme un enfant de huit ans. Avec son long cou et ses pattes postérieures élancées, il ressemblait à un échassier. En 1947, des scientifiques firent une découverte étonnante à Ghost Ranch (« ranch des fantômes »), dans le Nouveau-Mexique, aux États-Unis : un « cimetière » de 500 squelettes de *Coelophysis* empilés les uns sur les autres. Il semble qu'ils soient tous morts en même temps, peut-être victimes d'une brusque inondation. Cette découverte inspira d'hypothétiques théories, étayées par aucune preuve, sur d'énormes meutes du dinosaure s'attaquant à de grosses proies.

Au repos, le long cou flexible de Coelophysis *formait un S comme chez le héron. Et détendant rapidement le cou, il se saisissait de proies rapides sur le sol.*

▼ CANNIBALISME *De minuscules os, supposés appartenir à un jeune de la même espèce, retrouvés dans l'estomac de ce fossile suggéraient que* Coelophysis *se livrait au cannibalisme. Certains experts pensent aujourd'hui qu'il s'agissait en réalité d'os d'autres espèces chassées par le prédateur.*

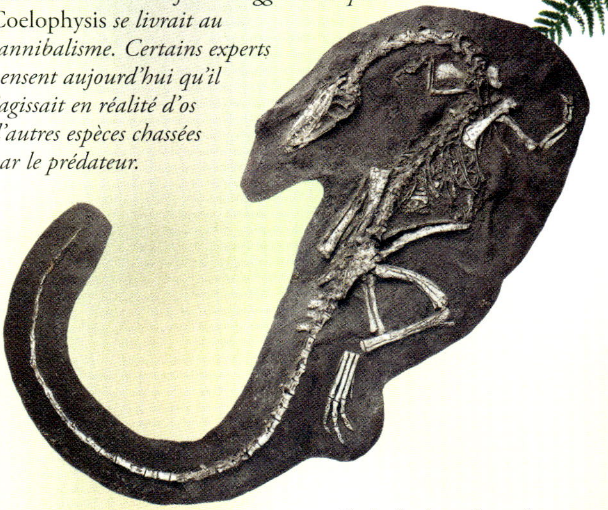

Coelophysis *avait une longue queue rigide qui faisait office de gouvernail. Elle contribuait à son équilibre lors des courses-poursuites derrière des proies ou lorsqu'il devait fuir un prédateur plus gros.*

Dubreuillosaurus

Dubreuillosaurus, un prédateur carnivore, rôdait dans les marais côtiers du jurassique. Peut-être se nourrissait-il de poissons, dont il se saisissait dans des eaux peu profondes à l'aide de son museau pointu hérissé de dents acérées.

Dubreuillosaurus

- **Quand** -170 millions d'années (milieu du jurassique)
- **Où** France
- **Habitat** Mangrove
- **Longueur** 6 m
- **Alimentation** Poissons et autres espèces marines

Ne disposant que d'un squelette partiel, on sait peu de chose de *Dubreuillosaurus.* Son crâne, trois fois plus long que haut, était étonnamment allongé et plat. Il ne porte aucune trace de crête ou de cornes, comme en possèdent d'autres dinosaures, mais l'unique spécimen est un jeune et peut-être ces attributs n'apparaissaient-ils qu'à l'âge adulte.

Erreur d'identité

Identifié en 2002, *Dubreuillosaurus* était tenu pour être une nouvelle espèce de *Poekilopleuron,* grand théropode semblable à un sauropode. Des études ultérieures de son crâne ajouré l'identifient plutôt comme un mégalosauridé. Comme ses cousins, il avait sans doute de puissantes petites pattes antérieures à trois doigts, des pattes postérieures bien musclées et une queue rigide maintenue à l'horizontale pour s'équilibrer.

-251 millions d'années 200 145 65

trias jurassique crétacé

Les spinosauridés

Les spinosauridés, d'énormes dinosaures à voile dorsale, habitaient les marais et les estuaires. Avec leur museau de crocodile et leurs pattes avant griffues, ils avaient une morphologie idéale pour attraper les grands poissons de l'époque. C'était également de bons chasseurs.

Spinosaurus

- **Quand** -97 millions d'années (fin du crétacé)
- **Où** Maroc, Lybie, Égypte
- **Habitat** Marais tropicaux
- **Longueur** 12 à 18 m
- **Alimentation** Poissons et autres animaux

Plus grand encore que *Tyrannosaurus rex, Spinosaurus* est le plus grand prédateur terrestre de tous les temps. Sa voile dorsale lui donnait une apparence spectaculaire. Elle était tendue sur des pointes osseuses, de la taille d'un homme, qui lui ont valu son nom qui signifie «lézard épineux». Il chassait probablement à la fois sur terre et dans l'eau, à la façon des crocodiles modernes, se nourrissant de petits dinosaures, de tortues et d'oiseaux, mais aussi de poissons.

▲ LONGUES DENTS Irritator *se saisissait des poissons grâce à ses longues dents. Peut-être se nourrissait-il aussi d'animaux terrestres et de charognes.*

Irritator

- **Quand** -110 millions d'années (milieu du crétacé)
- **Où** Brésil
- **Habitat** Zones lacustres
- **Longueur** 8 m
- **Alimentation** Viande et poisson

En 1996, un chasseur de fossiles, au Brésil, découvrit le crâne allongé de ce spinosauridé, semblable à celui du crocodile. Son nom rappelle l'astucieux rafistolage du crâne avec du plâtre qui irrita les scientifiques chargés de réparer les dégâts. Outre sa voile dorsale, *Irritator* était peut-être aussi pourvu d'une crête derrière la tête.

Voile multifonction

La voile de *Spinosaurus* avait peut-être diverses fonctions. Selon certains scientifiques, c'était un attribut de parade ou de régulation thermique, pour refroidir l'animal lorsqu'il faisait chaud. Pour d'autres, la voile constituait une réserve de graisse procurant de l'énergie, comme chez le dromadaire actuel.

PORTRAIT DE GROUPE

Caractéristiques

- Tête et museau de crocodile
- Grandes dents coniques
- Grande voile dorsale
- Queue rigide, horizontale pour l'équilibre

Quand

Les spinosauridés sont apparus à la fin du jurassique, il y a 155 millions d'années. Ils ont disparu avant la fin du crétacé, il y a 93 millions d'années, lors de la baisse du niveau des mers et de l'assèchement des marais dans lesquels ils vivaient.

Baryonyx

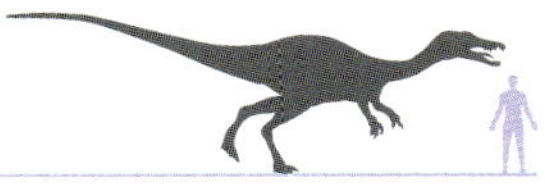

- **Quand** -125 millions d'années (début du crétacé)
- **Où** Îles Britanniques, Espagne, Portugal
- **Habitat** Berges des rivières
- **Longueur** 9 m
- **Alimentation** Poisson et viande

Des restes de dinosaures partiellement digérés ont été trouvés à l'emplacement de son estomac, preuve que *Baryonyx* ne mangeait pas que du poisson, mais aussi des animaux terrestres. Son crâne était long et plat, et ses mâchoires comptaient 96 dents pointues, deux fois plus que chez ses congénères. Peut-être possédait-il un bourrelet dorsal et une crête nasale.

▲ GRIFFE INCURVÉE
Baryonyx *signifie « lourde griffe », à cause de la grosse griffe en crochet de son pouce. Peut-être s'en servait-il pour harponner le poisson à la façon des grizzlys modernes.*

Avec des narines bien en arrière du museau, Baryonyx *pouvait respirer tout en pêchant.*

Suchomimus

Suchomimus était l'un des spinosauridés qui sévissait dans les eaux fourmillant de vie des marais du crétacé. Grand comme *Tyrannosaurus rex,* il chassait les poissons, se tenant sans doute debout dans l'eau guettant sa proie pour s'en saisir dans sa grande gueule ou la harponner à l'aide de son pouce griffu. Avec ses longues mâchoires et ses dents acérées, c'était le prédateur des marais.

Suchomimus

- **Quand** -112 millions d'années (milieu du crétacé)
- **Où** Afrique
- **Habitat** Mangroves
- **Longueur** 9 m
- **Alimentation** Poissons, viande peut-être

Suchomimus (« imitation de crocodile ») doit son nom à son museau de crocodile et à ses dents pointues avec lesquelles il attrapait des poissons et autres proies glissantes. Comparées à celles d'autres carnivores, ses pattes antérieures étaient longues et puissantes, sans doute pour attraper des poissons dans l'eau. Il avait une voile dorsale qui couvrait peut-être aussi sa queue.

◄ DES DENTS PARTOUT *Les mâchoires de* Suchomimus *étaient hérissées de plus d'une centaine de dents incurvées vers l'arrière comme les dents d'un râteau. Des dents d'un autre type étaient regroupées à l'avant de la gueule.*

Respiration facile

Les narines de *Suchomimus* étaient situées bien en arrière du museau. Il pouvait ainsi respirer tout en se nourrissant sous l'eau ou en fouillant une carcasse de charogne.

Les découvreurs de *Suschomimus,* Rod Sadleir et Paul Sereno, dans le Sahara.

Découverte du désert

En 1997, des scientifiques trouvèrent un squelette de *Suchomimus* dans le désert du Sahara. Les os étaient partiellement exposés sous l'effet du vent, mais pour les extraire il fallut déplacer 15 tonnes de débris. L'énorme griffe en forme de faucille attira tout de suite l'attention.

Sereno dégage un os.

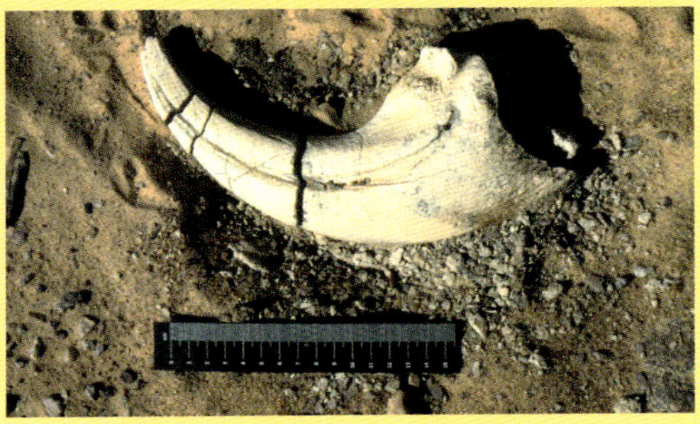

La griffe du pouce de *Suchomimus* est impressionnante.

Allosaurus

Allosaurus est l'un des dinosaures carnivores géants les plus connus du jurassique. Il ressemblait à *Tyrannosaurus rex,* le monstre qui devait apparaître 70 millions d'années plus tard. Des empreintes de pas fossiles de plusieurs individus ont été retrouvées ensemble, ce qui fait dire à certains scientifiques qu'il chassait peut-être en meutes pour s'attaquer à de plus grandes proies. Selon d'autres, cela évoquerait plutôt un épisode où de grands allosaures auraient tué et mangé des individus plus petits cherchant à profiter de leur repas.

DENTS DE TUEUR

Allosaurus était un redoutable tueur, mais les scientifiques estiment que sa mâchoire relativement faible ne lui permettait pas de broyer les os. Ses dents étaient de véritables lames de scie capables de trancher la peau et les muscles et d'arracher de grands lambeaux de chair. Les victimes qui seraient parvenues à lui échapper après avoir été blessées auraient probablement saigné à mort.

▼ CRÂNE AJOURÉ

Le crâne imposant était percé de grandes ouvertures qui l'allégeaient, tout en conservant sa solidité. L'os lui-même était constellé de petits trous peut-être pourvus de poches d'air reliées aux poumons.

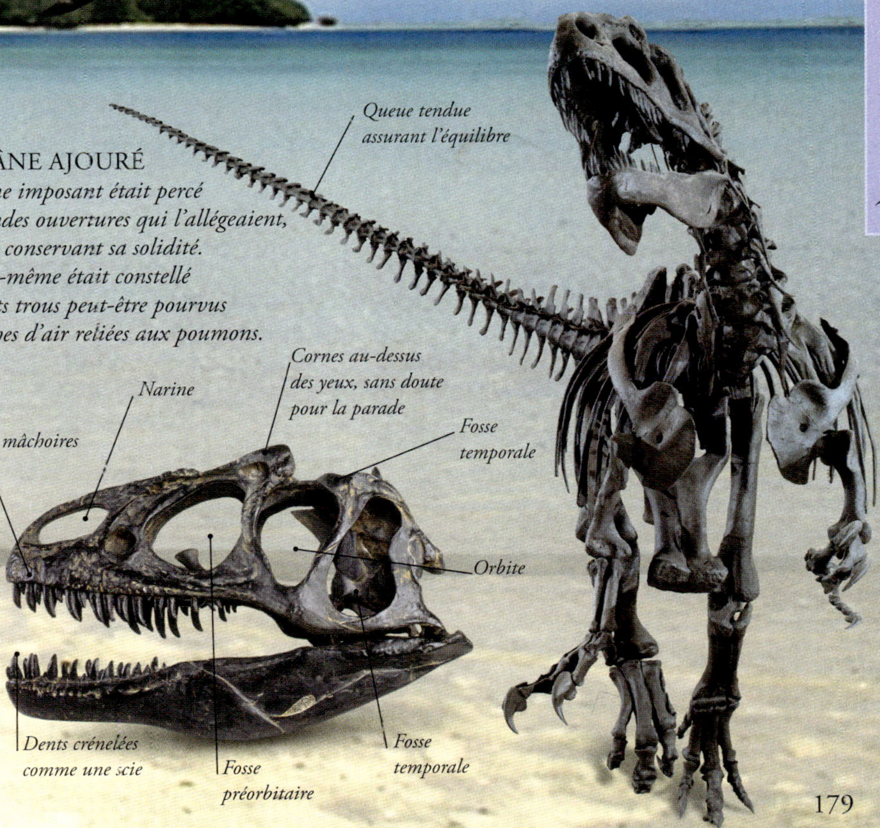

Allosaurus

- **Quand** -150 millions d'années (fin du jurassique)
- **Où** États-Unis, Portugal
- **Habitat** Plaines
- **Longueur** 12 m
- **Alimentation** Viande

Jeune, *Allosaurus* était un rapide coureur qui pourchassait avidement ses proies, se propulsant sur de longues et puissantes pattes postérieures. Plus âgé – et moins leste –, il comptait davantage sur des embuscades pour capturer ses victimes. La longue griffe incurvée de ses pattes antérieures faisait probablement office de crochet à viande. Il devait compléter le produit de la chasse par des charognes.

Les tyrannosauroïdés

Les tyrannosauroïdés («lézard tyran») comptent parmi les prédateurs les plus terrifiants de tous les temps. Les premières espèces étaient petites, probablement à plumes, mais au fil des millions d'années, ces dinosaures sont devenus des géants, *Tyrannosaurus rex* (page suivante) étant le plus grand. Ces tyrannosauroïdés géants avaient des mâchoires extrêmement puissantes, dotées de crocs capables de broyer des os, parfaits pour déchiqueter et dépecer tout type de proies.

PORTRAIT DE GROUPE

Caractéristiques
- Crâne et mâchoires très imposants
- Petites pattes antérieures avec deux ou trois doigts
- Longues pattes postérieures de coureur

Quand
Les tyrannosauroïdés sont apparus au jurassique, il y a 200 millions d'années, et ont disparu à la fin du crétacé, il y a 65 millions d'années.

Tarbosaurus

- **Quand** -70 à -65 millions d'années (fin du crétacé)
- **Où** Mongolie, Chine
- **Habitat** Plaines inondables
- **Longueur** 12 m
- **Alimentation** Chair

Pendant que *Tyrannosaurus rex* terrorisait les animaux d'Amérique du Nord, son proche parent *Tarbosaurus* faisait de même en Asie. *Tarbosaurus* était presque aussi grand que son cousin, mais avec un crâne plus fin et des pattes antérieures encore plus petites. Il mangeait ses proies, les broyant dans ses mâchoires avant d'arracher la chair en tenant la carcasse de la patte postérieure.

Proceratosaurus

- **Quand** -175 millions d'années (milieu du jurassique)
- **Où** Îles Britanniques
- **Habitat** Zones boisées ouvertes
- **Longueur** 2 m
- **Alimentation** Chair

L'unique fossile de *Proceratosaurus* est un crâne remarquablement bien conservé, trouvé en 1910, en Angleterre. Ce serait un petit tyrannosauroïdé primitif apparenté à *Guanlong* (ci-dessous). Une crête sur l'extrémité du museau est sa caractéristique la plus notable. Les scientifiques ignorent si la crête est limitée au nez ou si elle s'étend aussi au sommet du crâne, comme chez *Guanlong*, car le fossile est incomplet.

Albertosaurus

- **Quand** -75 millions d'années (fin du crétacé)
- **Où** Canada
- **Habitat** Forêt
- **Longueur** 9 m
- **Alimentation** Chair

Albertosaurus était plus léger que les grands tyrannosauroïdés et possiblement rapide à la course. Il avait une énorme tête, avec des crêtes osseuses au-dessus des yeux, et des mâchoires portant 60 dents incurvées vers l'arrière. Plus de 30 spécimens ont été trouvés, dont 22 sur le même site, mélange de vieux et de jeunes. Selon certains experts, cette « tombe collective » est la preuve qu'*Albertosaurus* était grégaire. L'espèce doit son nom à la province de l'Alberta, au Canada, où elle a été découverte.

Guanlong

- **Quand** -160 millions d'années (fin du jurassique)
- **Où** Chine
- **Habitat** Zones boisées
- **Longueur** 2,50 m
- **Alimentation** Chair

Guanlong, « dragon couronné », en chinois, en référence à la crête tubulaire ornant le nez jusqu'à l'arrière de la tête, a été découvert en Chine, en 1996. La crête, destinée sans doute à la parade, devait l'aider à attirer un partenaire. C'était une espèce primitive, bien plus petite que les géants plus tardifs, avec trois doigts aux pattes antérieures. Proche parent des premiers dinosaures à plumes, il était peut-être lui-même couvert d'un duvet.

▲ *TARBOSAURUS était un parfait exemple de tyrannosauroïdé tardif avec son crâne imposant, ses puissantes mâchoires et ses dents recourbées. Ses pattes antérieures, en comparaison, étaient ridiculement petites et armées de deux doigts seulement.*

Tyrannosaurus

Grâce à son rôle vedette dans le film *Jurassic Park, Tyrannosaurus rex* a confirmé son statut de dinosaure le plus redoutable et le plus célèbre. S'il n'est pas le plus grand carnivore de l'histoire, il l'est de son époque, et sa morsure était la plus puissante de tous les temps. Selon certains spécialistes, il se nourrissait autant de charognes que de proies tuées par ses soins. Grâce à ses gigantesques mâchoires et dents, il pouvait broyer les os.

▲ BROYEURS D'OS *Les dents de la plupart des dinosaures carnivores étaient en lames de scie, mais celles de* Tyrannosaurus rex *étaient d'énormes pointes acérées, capables de transpercer la peau, les muscles et les os.*

▶ DE MINUSCULES PATTES ANTÉRIEURES Tyrannosaurus rex *avait de minuscules pattes antérieures et des mains étranges pourvues de deux seuls doigts griffus. Ses petites pattes ne pouvaient se toucher, ni atteindre la bouche de l'animal, mais elles étaient d'une grande force. Il s'en servait peut-être pour enfoncer ses griffes dans le corps de ses victimes, tout en les maintenant dans sa gueule, les empêchant ainsi de se débattre.*

▲ SQUELETTE *Une trentaine de fossiles de* Tyrannosaurus rex *ont été retrouvés, dont quelques squelettes, mais aucun de complet. D'après des impressions de peau, les adultes avaient un cuir écailleux, mais les petits étaient sans doute couverts de duvet comme les tyrannosaures de petite taille.*

Tyrannosaurus

- **Quand** -70 à -65 millions d'années (fin du crétacé)
- **Où** Amérique du Nord
- **Habitat** Forêts et marais
- **Longueur** 12 m
- **Alimentation** Chair

Long comme un bus et deux fois plus lourd qu'un éléphant, *Tyrannosaurus rex* était, sans aucun doute, le prédateur majeur de son temps. Les trous profonds dans les os de ses proies, parmi lesquelles *Triceratops* ou *Edmontosaurus,* sont un indice de ses puissantes mâchoires et de ses grandes dents. *Tyrannosaurus* secouait à mort ses petites victimes et infligeait des blessures mortelles aux plus grosses. Maintenant le corps à terre avec une patte postérieure, il arrachait chair et os, en s'aidant de ses impressionnants muscles du cou, avant de les avaler.

◀ HAUT SUR PATTES *Les pattes postérieures étaient longues, munies de puissants muscles aux cuisses, mais les chevilles et les pieds étaient fins. La stature athlétique de l'animal suggère que c'était un coureur rapide, même s'il se livrait rarement à l'exercice. Une chute à la course pouvait se révéler fatale pour un animal aussi lourd.*

Les compsognathidés

Pour beaucoup de gens, un dinosaure est un animal gigantesque et féroce du genre de *Tyrannosaurus rex,* babines retroussées et prêt à tuer. Mais certaines espèces de compsognathidés n'étaient pas plus grandes qu'une poule. C'était d'agiles petits prédateurs de petits animaux, apparentés aux ancêtres des oiseaux, et sans doute couverts d'un simple plumage duveteux qui leur tenait chaud.

PORTRAIT DE GROUPE

Caractéristiques

- Petit corps léger, os creux
- Peau couverte d'écailles ou de plumes duveteuses
- Longue queue servant à s'équilibrer

Quand

Les compsognathidés sont apparus à la fin du jurassique, il y a 151 millions d'années. Ils se sont éteints au début du crétacé, il y a 108 millions d'années.

Compsognathus

- **Quand** -150 millions d'années (fin du jurassique)
- **Où** Allemagne, France
- **Habitat** Broussailles et marécages
- **Longueur** 1 m
- **Alimentation** Lézards, petits mammifères, bébés dinosaures

Avec ses grands yeux, ses pattes griffues et ses dents pointues et incurvées, *Compsognathus* était un dinosaure carnivore typique, quoique petit. Ses os creux, comme ceux des oiseaux, allégeaient son corps d'autant. Il courait rapidement sur la pointe des pattes avant de bondir sur ses victimes. Sa longue queue, qui lui servait à s'équilibrer lorsqu'il tournait brusquement dans sa course, représentait la moitié de sa longueur totale.

Fossile de *Compsognathus*

▼ CHASSEUR OU CHAROGNARD ?
Comme tout carnivore, Compsognathus *trouvait parfois des animaux morts sur son chemin et ne dédaignait pas quelques morceaux de charogne. Mais son agilité et ses petites dents acérées le destinaient davantage à être chasseur que charognard, et le spécialisaient dans la capture de petites bêtes nerveuses qui disparaissaient lestement sous un caillou ou dans la végétation.*

Sinosauropteryx

- **Quand** -130 à -125 millions d'années (début du crétacé)
- **Où** Chine
- **Habitat** Zones boisées
- **Longueur** 1 m
- **Alimentation** Petits animaux

En 1996, les premiers dinosaures à plumes furent découverts dans la carrière de Liaoning, en Chine. Les fossiles portaient des traces évidentes de plumage duveteux sur le dos et les flancs. Ces plumes étaient sans doute destinées à conserver la chaleur en piégeant une couche d'air contre la peau.

Sinosauropteryx était pourvu de la plus longue queue, proportionnellement, de tous les dinosaures carnivores.

Les ornithomimidés

Les membres de cette famille, bâtis comme des autruches et à peu près aussi rapides, sont également appelés « dinosaures autruches ». Capables d'atteindre 80 km/h à la course, ils étaient les plus rapides de tous les dinosaures. Ils descendaient de carnivores, mais leur bec d'oiseau et leurs grandes dents suggèrent cependant une alimentation plus variée.

PORTRAIT DE GROUPE

Caractéristiques
- Pattes particulièrement longues
- Long cou, petite tête pourvue d'un bec
- Gros yeux
- Dents minuscules ou absentes

Quand
Les ornithomimidés sont apparus au début du crétacé, il y a 130 millions d'années. Ils se sont éteints à la fin du crétacé, il y a 65 millions d'années.

Gallimimus

- **Quand** -75 à -65 millions d'années (fin du crétacé)
- **Où** Mongolie
- **Habitat** Plaines désertiques
- **Longueur** 6 m
- **Alimentation** Feuilles, graines, insectes, petits animaux

Gallimimus (« imitateur de poulet ») est l'un des ornithomimidés les plus connus. Trois fois plus grand qu'un homme, il était le plus grand de la famille et, avec ses 450 kg, il était bien plus lourd que n'importe quel volatile. Plus rapide sprinter de tous les dinosaures, il aurait battu un pur-sang à la course. Son crâne d'oiseau renfermait un cerveau de la taille d'une balle de golf (légèrement plus gros que celui de l'autruche). Doté d'un long bec sans dents, il était habitué à ramasser des feuilles, des graines, des insectes et de petits mammifères.

◄ PANORAMIQUE
Gallimimus *avait de grandes orbites et des yeux sur le côté. Il avait ainsi une vision panoramique lui permettant de surveiller les ennemis de toutes parts. Ses orbites étaient équipées d'un anneau, composé de petites plaques osseuses, comme chez les oiseaux modernes.*

HAUTS SUR PATTES

Les ornithomimidés couraient sans doute à la façon des autruches modernes, avec de grandes enjambées sur leurs longues et puissantes pattes postérieures, la queue dressée à l'arrière. Oiseau aujourd'hui le plus rapide, l'autruche court à 72 km/h environ, l'homme entre 10 et 18 km/h.

Struthiomimus

- **Quand** -75 millions d'années (fin du crétacé)
- **Où** Canada
- **Habitat** Paysages ouverts, rives des fleuves
- **Longueur** 4 m
- **Alimentation** Omnivore

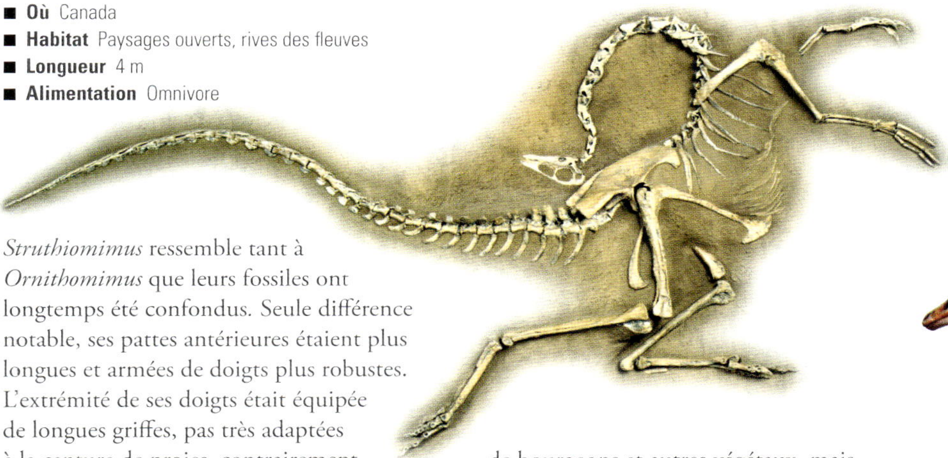

Struthiomimus ressemble tant à *Ornithomimus* que leurs fossiles ont longtemps été confondus. Seule différence notable, ses pattes antérieures étaient plus longues et armées de doigts plus robustes. L'extrémité de ses doigts était équipée de longues griffes, pas très adaptées à la capture de proies, contrairement à celles d'*Ornithomimus*. Il s'en servait plutôt pour tirer les branches des arbres à portée de bec, à la façon des paresseux modernes. Il se nourrissait sans doute de bourgeons et autres végétaux, mais également d'insectes et de petits animaux. Comme ses congénères, il avait de longues pattes puissantes adaptées à la course et une petite tête au long cou effilé.

Ornithomimus

- **Quand** -75 à -65 millions d'années (fin du crétacé)
- **Où** États-Unis, Canada
- **Habitat** Marais, forêts
- **Longueur** 3 m
- **Alimentation** Omnivore

Le corps trapu et les longues pattes postérieures d'*Ornithomimus* étaient typiques des ornithomimidés. Rapide coureur, il était capable de prendre de brusques virages en balançant sa queue d'un côté ou de l'autre.

Étant donné sa taille et son époque, son cerveau était relativement gros, mais il était nettement moins intelligent qu'une autruche.

▼ PLUMES OU ÉCAILLES ?
Les maquettes et illustrations d'ornithomimidés les représentent généralement avec une peau écailleuse. Plusieurs scientifiques pensent aujourd'hui que ces animaux avaient des plumes duveteuses primitives (« protoplumes »), comme d'autres familles apparentées.

Les « animatroniques »

Sans doute avez-vous vu des films avec des dinosaures animés ou peut-être même eu la chance d'en voir un dans une exposition. Certains sont des dinosaures « animatroniques », très longs à réaliser. D'apparence très réaliste, ce ne sont en fait que des marionnettes mécaniques.

▼ TAILLE RÉELLE
Ce Tyrannosaurus rex *animatronique a été réalisé pour une exposition en 2007.*

Robot interne

Les dinosaures animatroniques ne sont pas tout à fait conformes à la réalité. Ce *Tyrannosaurus rex* est bien plus gros qu'il ne l'était réellement, mais il fallait cette taille pour pouvoir y cacher le mécanisme à l'intérieur.

FABRIQUER UN ANIMATRONIQUE

La réalisation d'un dinosaure animatronique prend des mois. Ces photos ont été prises lors de la fabrication du *Tyrannosaurus rex* destiné au film *Le Monde perdu* (1997), suite de *Jurassic Park,* dans lequel tous les dinosaures n'étaient pas des reproductions animatroniques, mais souvent des modèles informatiques en 3D.

▲ LA PEAU DE L'ANIMAL *est tendue sur un cadre en acier et en plastique soudé en position.*

▲ LES DENTS *sont collées dans la mâchoire, la gueule est bordée de latex couleur chair et le crâne en acier est habillé par une peau souple.*

▲ LES MOUVEMENTS *du dinosaure sont actionnés à distance par une « combinaison de télémétrie » portée par un technicien ; celle-ci contrôle les membres antérieurs.*

COUP D'ŒIL

L'animatronique ne sert pas que pour les films et les expositions. Le scientifique Peter Dilworth espère que cette technologie sera un jour à la disposition des personnes handicapées. Son dinosaure robot, haut de 45 cm et surnommé « Troody », est une réplique de *Troodon,* un carnivore du crétacé qui a été réalisé en cinq ans. Il est capable de se lever à partir d'une position assise et de marcher tout seul.

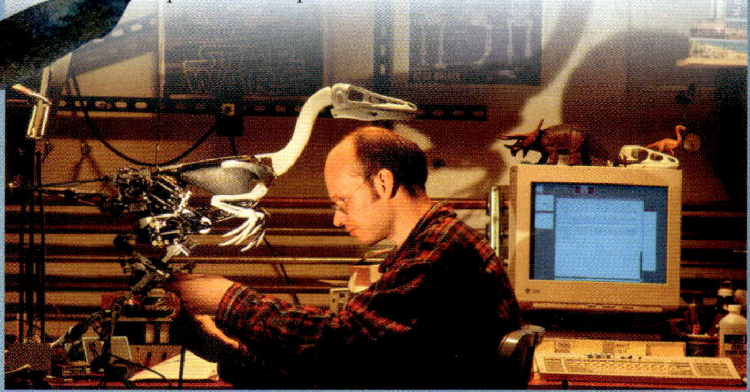

Les oviraptorosaures

Les oviraptorosaures étaient des dinosaures à plumes, à l'allure étrange, pourvus d'un bec de perroquet. Bien qu'issus de dinosaures carnivores (des théropodes), ils étaient omnivores ou herbivores. Ils avaient peu ou pas de dents, un museau court et étaient souvent coiffés d'une crête décorative. D'après les fossiles, ils couvaient leurs œufs à la façon des oiseaux modernes. Certaines espèces ressemblaient tellement à des oiseaux que les scientifiques ont d'abord cru qu'il s'agissait d'oiseaux primitifs ne volant pas.

PORTRAIT DE GROUPE

Caractéristiques
- Crâne court, parfois coiffé d'une crête
- Bec de perroquet privé de dents ou pourvu de petites dents
- Plumes
- Herbivores

Quand
Les oviraptorosaures vécurent au crétacé, entre -84 et -65 millions d'années.

Citipati

- **Quand** -75 millions d'années (fin du crétacé)
- **Où** Mongolie
- **Habitat** Plaines d'Asie centrale
- **Longueur** 3 m

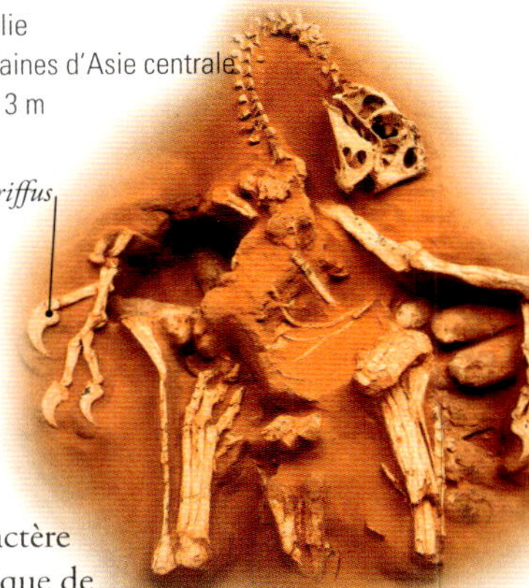

La crête dont il était coiffé était le caractère le plus typique de *Citipati* (ci-dessous et ci-contre). Beaucoup de spécimens ont été trouvés sur un nid, protégeant leurs œufs de leurs membres antérieurs. *Citipati* était probablement couvert de plumes, à la façon des oiseaux modernes. Les œufs ovales étaient très gros, plus qu'une main humaine.

Ingenia

- **Quand** -70 millions d'années (fin du crétacé)
- **Où** Mongolie
- **Habitat** Zones boisées
- **Longueur** 1,50 m

Ingenia était un petit dinosaure à plumes, à peine grand comme un humain. Il doit son nom à la province de Ingen, en Mongolie, où il a été découvert. Il en existe peu de spécimens, mais à partir des fossiles disponibles, les scientifiques ont déterminé qu'il avait des mains trapues, aux pouces exceptionnellement longs et armés d'une griffe, sans doute utile comme arme de défense. *Ingenia* était peut-être omnivore, se nourrissant de végétaux et de viande.

Caudipteryx

- **Quand** -130 à -120 millions d'années (début du crétacé)
- **Où** Chine
- **Habitat** Régions lacustres et fluviales
- **Longueur** 1 m

De la taille d'un dindon, *Caudipteryx* était couvert de plumes. Il avait de grandes plumes sur ses membres antérieurs en forme de petites ailes, une queue en éventail et du duvet ailleurs. Les plumes lui tenaient chaud et lui étaient sans doute plus utiles pour attirer des partenaires que pour voler. La queue osseuse, plus courte que celle de la plupart des dinosaures, ne pouvait servir de contrepoids. Il devait donc se déplacer à la façon d'un oiseau coureur. Avec son bec pointu, il arrachait sans doute les feuilles et ouvrait les graines, mais il se nourrissait sans doute aussi de viande.

ŒUFS DE DINOSAURES

Dans les années 1920, des scientifiques firent une découverte étonnante : un nid de 75 millions d'années, profondément enfoui dans le sable du désert de Gobi, en Mongolie. Il abritait plusieurs œufs ovales, disposés en cercle. Il s'agissait d'un nid d'*Oviraptor,* un dinosaure à plumes. L'équipe trouva également un squelette de mère près du nid, qu'ils prirent au début pour une espèce différente venue voler les œufs, d'où le nom de l'espèce, qui signifie « voleur d'œufs ». Le nom lui resta et fut légué au groupe des oviraptorosaures.

▲ À L'INTÉRIEUR *Les scientifiques ont trouvé de nombreuses couvées fossilisées, dont quelques rares contenant des embryons de dinosaures. Pour s'assurer de la présence d'un petit, ils passent l'œuf au scanner, puis dégagent délicatement la roche avec des ciseaux très fins ou bien la dissolvent avec de l'acide dilué. Dégager les minuscules os de l'embryon dissimulé dans l'œuf peut prendre un an.*

Les thérizinosaures

Lorsque les scientifiques assemblèrent les fragments de fossiles de thérizinosaures, ils se trouvèrent face à d'étranges dinosaures. Ils étaient grands avec une petite tête, des pieds courtauds et un gros ventre. Alors que les os les identifient comme apparentés aux dinosaures prédateurs, les dents et le système digestif semblaient montrer une alimentation herbivore et non carnivore.

Therizinosaurus

- **Quand** -80 à -70 millions d'années (fin du crétacé)
- **Où** Mongolie
- **Habitat** Zones boisées
- **Longueur** 8-11 m
- **Alimentation** Plantes

Therizinosaurus était l'un des plus grands thérizinosaures. Ses fossiles furent découverts dans le désert de Gobi, froid l'hiver et aride. À la fin du crétacé, la région était plus chaude et plus humide et de grands arbres y poussaient. La haute taille de cet animal lui permettait de se saisir des feuilles en hauteur.

▲ DES RASOIRS AUX MAINS
Therizinosaurus *avait des griffes d'une longueur surprenante aux mains, de près de 1 m. Peut-être s'en servait-il d'arme de défense pour lacérer les tyrannosaures, comme* Tarbosaurus *illustré ici.*

Alxasaurus

- **Quand** -130 millions d'années (début du crétacé)
- **Où** Chine
- **Habitat** Zones boisées
- **Longueur** 4 m
- **Alimentation** Plantes

En 1998, cinq spécimens d'un dinosaure jusqu'alors inconnu, furent découverts en Mongolie. Il s'agissait d'*Alxasaurus,* un thérizinosaure. Ses dents en forme de feuilles n'étant pas assez tranchantes pour déchiqueter de la chair, il devait probablement être herbivore. Son estomac gonflé indique qu'il consommait une grande quantité de feuilles. Son gros ventre le rendait sans doute trop lourdaud pour courir vite et, lorsqu'il était attaqué, il faisait sans doute front avec ses griffes.

PORTRAIT DE GROUPE

Caractéristiques
- Long cou
- Énormes griffes incurvées aux doigts
- Queue courte
- Pied à quatre orteils
- Plumes sur une partie du corps

Quand
Les thérizinosaures sont apparus au début du crétacé, il y 130 millions d'années. Ils ont disparu à la fin du crétacé, il y a 65 millions d'années.

Les dromaeosaures

Les dromaeosaures étaient de petits chasseurs féroces, aux dents en lame de rasoir et aux pattes armées de griffes crochues et assassines. Ils étaient proches parents des oiseaux. Couverts de plumes, ils tenaient leurs longues pattes antérieures repliées comme des ailes. On les appelle parfois « raptors » ou « voleurs ».

Dromaeosaurus

- **Quand** -75 millions d'années (fin du crétacé)
- **Où** Canada
- **Habitat** Forêts, plaines
- **Longueur** 2 m
- **Alimentation** Chair

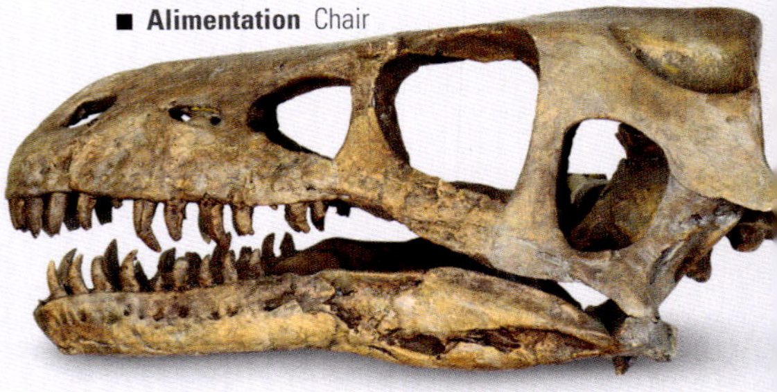

Crâne de *Dromaeosaurus*

De la taille de *Velociraptor, Dromaeosaurus* avait le crâne plus compact et des mâchoires inférieures plus profondes, ce qui suggère une morsure plus puissante. Il avait de grands yeux et chassait à vue, peut-être discrètement en embuscade, comme le chat avant de bondir sur sa proie. Seuls un crâne incomplet et quelques os lui appartenant ont été trouvés. Le squelette ci-dessous a été réalisé d'après ces quelques restes et des espèces proches.

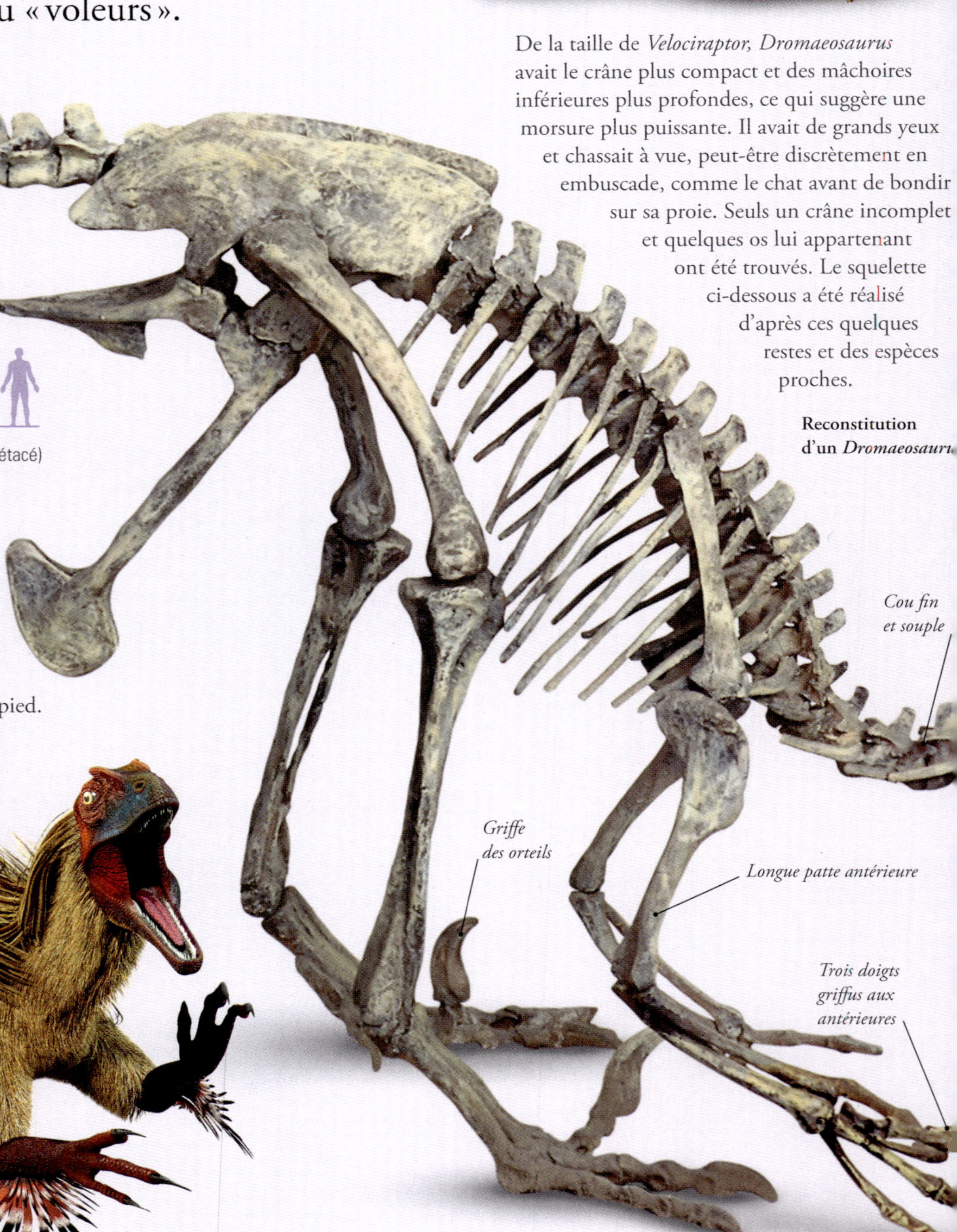

Reconstitution d'un *Dromaeosaurus*

Utahraptor

- **Quand** -130 à -120 millions d'années (début du crétacé)
- **Où** États-Unis
- **Habitat** Plaines
- **Longueur** 7 m
- **Alimentation** Chair

Pesant une demi-tonne, plus qu'un ours grizzly, *Utahraptor* était le plus grand dromaeosaure. Comme ses congénères, il était équipé d'une très grande griffe incurvée sur le deuxième orteil de chaque pied. Il s'en servait pour lacérer ou transpercer ses victimes, sur lesquelles il bondissait. Une de ces griffes fossilisée mesure 24 cm.

Deinonychus

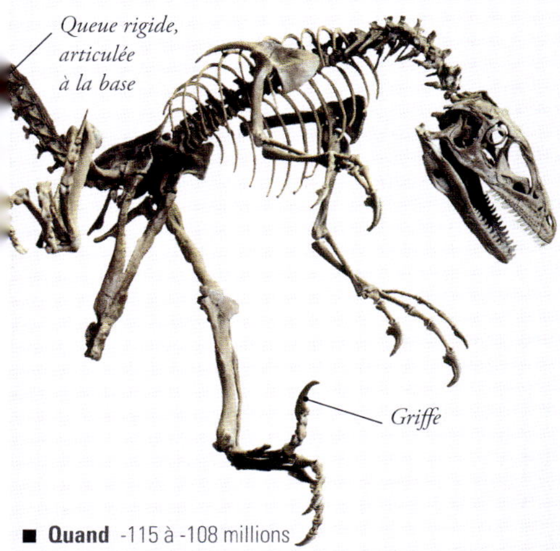

- **Quand** -115 à -108 millions d'années (début du crétacé)
- **Où** États-Unis
- **Habitat** Marais subtropicaux et forêts
- **Longueur** 3 m
- **Alimentation** Chair

De la taille d'un léopard, *Deinonychus* (« terrible griffe ») est connu pour ses imposantes griffes de pied. Comme les autres dromaeosaures, il dressait ses griffes au-dessus du sol pour ne pas les émousser en marchant. De l'avis de certains spécialistes, il utilisait ses griffes pour lacérer la gorge ou le ventre de ses proies. Selon d'autres, elles lui servaient à agripper ses proies.

PORTRAIT DE GROUPE

Caractéristiques

- Longues plumes d'oiseau sur les membres et la queue, duvet sur le corps
- Griffe en forme de faucille sur le 2e orteil
- Longues pattes antérieures repliées contre le corps comme des ailes

Quand

Les dromaeosaures sont apparus au jurassique, il y a 167 millions d'années, et se sont éteints à la fin du crétacé, il y a 65 millions d'années.

Velociraptor

- **Quand** -85 millions d'années (fin du crétacé)
- **Où** Mongolie
- **Habitat** Broussailles et déserts
- **Longueur** 2 m
- **Alimentation** Lézards, mammifères, petits dinosaures

Velociraptor avait un rôle vedette dans *Jurassic Park,* où il apparaît deux fois plus grand que nature. En réalité, c'était un animal fin, à plumes, de la taille d'un loup. Le fossile le plus impressionnant est un squelette imbriqué dans celui d'un *Protoceratops* (ci-dessous). Ils sont morts en plein combat, peut-être ensevelis par une tempête de sable. *Velociraptor* était aussi doté d'une griffe rétractile au deuxième orteil et avait de longues pattes antérieures qui se dépliaient comme des ailes, pour s'attaquer à ses proies. Aucun fossile ne porte de traces de plumes, mais quelques os des pattes antérieures conservent des marques de l'emplacement de ses longues plumes.

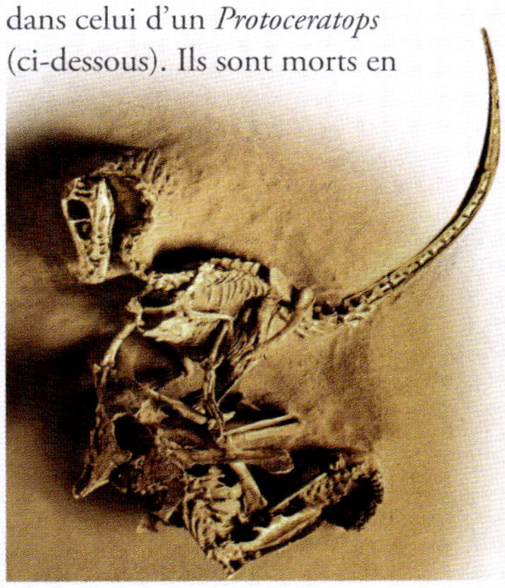

Bambiraptor

- **Quand** -75 millions d'années (fin du crétacé)
- **Où** Amérique du Nord
- **Habitat** Zones boisées
- **Longueur** 6 m
- **Alimentation** Chair

En 1995, Wes Linster, un jeune Américain de quatorze ans, cherchait des fossiles avec ses parents, dans les montagnes du Glacier National Park, dans le Montana, lorsqu'il s'enthousiasma en trouvant des éléments d'un squelette. Lors de la mise au jour ultérieure, ce fossile se révéla être celui d'un dromaeosaure minuscule mais parfaitement conservé. Les scientifiques lui donnèrent le nom du personnage de Disney, Bambi, à cause de sa petite taille. Sans doute couvert de plumes, *Bambiraptor* ressemblait à un oiseau. Doté de longues pattes, c'était un rapide coureur. Il chassait probablement de petits mammifères et reptiles, les capturant de ses pattes griffues à la façon d'un chat avec une souris. Son cerveau était très gros par rapport à sa taille, ce qui suggère qu'il était vif (ou bien que c'était un jeune). Certains scientifiques pensent que sa petite taille l'autorisait à grimper aux arbres.

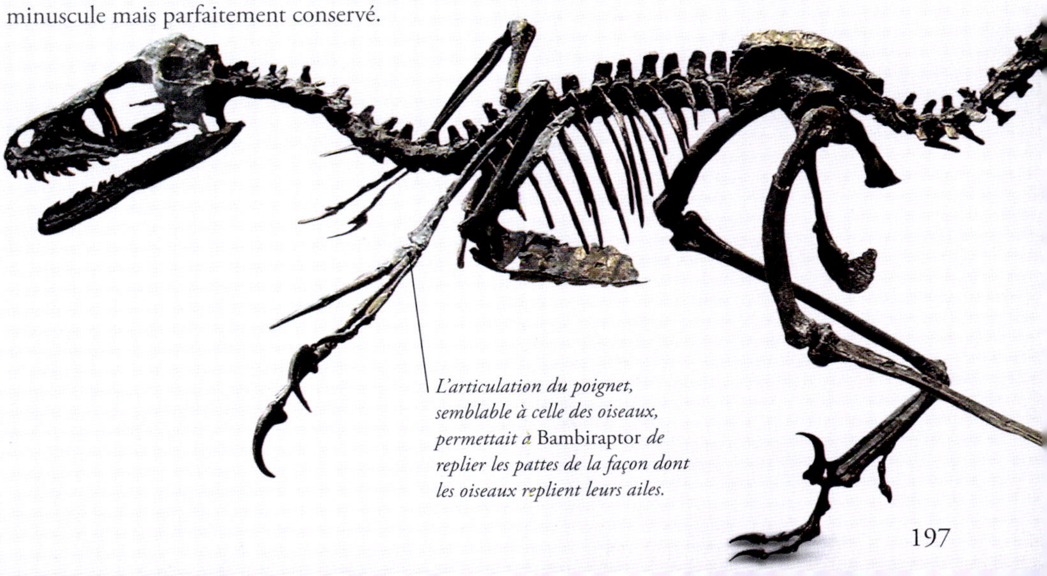

Une *lutte* à mort

En Amérique du Nord, on trouve fréquemment des dents du féroce dinosaure *Deinonychus* associées à des squelettes de l'herbivore *Tenontosaurus.* Dans l'un des sites, un groupe de cinq de ces petits prédateurs a été trouvé avec un *Tenontosaurus,* bien trop grand pour un seul d'entre eux, mais peut-être l'avaient-ils attaqué en meute.

◂ PROIE FACILE! *Dépourvu d'armure protectrice et d'armes de défense,* Tenontosaurus *était une proie facile pour les prédateurs. Il pesait dans les 2 tonnes, 30 fois plus que* Deinonychus, *et sa grande taille constituait une défense.*

CHASSE EN MEUTES… OU PAS?

Les animaux qui chassent en meutes, comme les loups, sont capables de vaincre de très grandes proies en se coordonnant. Il n'existe pas de preuve formelle que les dinosaures chassaient en meutes. Chez les oiseaux, descendants vivants des dinosaures, cela n'existe pas.

◀ POIDS PLUME
Un chasseur léger comme Deinonychus *était extraordinairement agile, qualité indispensable pour éviter la queue agitée et les grosses pattes des grandes proies, tel* Tenontosaurus.

MAIS ENCORE ?

Le signe distinctif le plus notable de *Deinonychus,* sa griffe démesurée sur le deuxième orteil de ses pattes postérieures, lui a valu son nom qui signifie « terrible griffe ».

▲ CETTE DEUXIÈME GRIFFE *servait peut-être à éviscérer les proies, le prédateur ouvrant leur estomac d'une rafale de coups de ses pattes tranchantes.*

◀ LES MÂCHOIRES *de* Deinonychus *étaient équipées de 60 dents en lame de rasoir, aux bords crénelés comme un couteau à viande. De telles dents étaient idéales pour trancher la peau coriace et la chair.*

Microraptor

À peine plus grand qu'un pigeon, *Microraptor* (« voleur miniature ») est l'un des plus petits dinosaures connus. Entièrement couvert de plumes, il savait voler, ou tout au moins planer, d'arbre en arbre, sur ce qui apparaît comme quatre ailes. Appartenant à la famille des dromaeosaures, c'était un carnivore et proche parent de *Velociraptor, Microraptor* n'était pas réellement un oiseau.

Microraptor

- **Quand** -130 à -125 millions d'années (début du crétacé)
- **Où** Chine
- **Habitat** Zones boisées
- **Longueur** 1 m
- **Alimentation** Petits mammifères probablement, lézards, insectes

Les scientifiques ont découvert des dizaines de fossiles de *Microraptor,* dont 20 squelettes bien conservés. À la différence des oiseaux, il avait des dents, une queue osseuse et des pattes antérieures équipées de grosses griffes.
Les fossiles portent d'indéniables traces de plumes de vol, apportant la preuve que les plumes n'étaient pas l'apanage des seuls oiseaux, certains dinosaures en ayant aussi. *Microraptor* n'avaient pas de muscles assez développés pour décoller en battant des ailes, mais sans doute planait-il à la façon d'un écureuil volant.
Peut-être s'aidait-il de sa queue, éventail de plumes en losange, pour s'équilibrer en l'air.
Les longues plumes de ses pattes devaient entraver sa marche et sa course, ce qui l'incitait certainement à rester dans les arbres.

DINOSAURE À QUATRE AILES ?

Avec de longues plumes sur les quatre pattes, on aurait dit que *Microraptor* avait quatre ailes. La façon dont il s'en servait reste cependant un mystère. Certains scientifiques suggèrent qu'il tendait les postérieurs pour voler, mais ses articulations ne semblaient pas assez souples.

◂ FOSSILE À PLUMES

Ce beau fossile a conservé la trace de longues plumes, visibles au niveau des quatre pattes. On distingue également la queue rigide caractéristique des dromaeosaures.

Sinornithosaurus

Sinornithosaurus était un membre primitif de la famille des dromaeosaures. Comme en témoigne ce superbe fossile, il était entièrement couvert de plumes, de la tête au bout de la queue. Malgré son nom, « lézard oiseau de Chine », ce n'était pas réellement un oiseau et il devait être trop lourd pour voler.

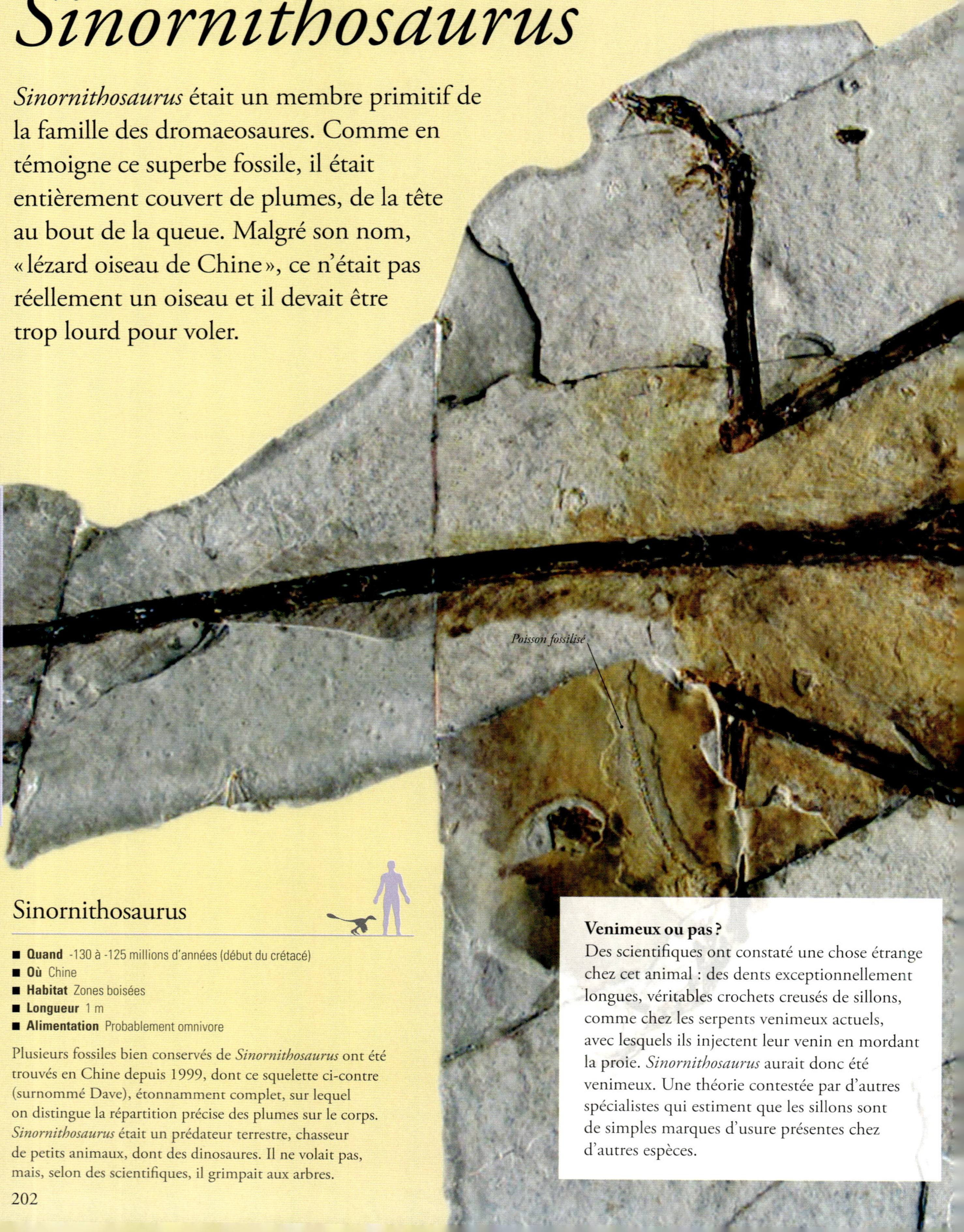

Sinornithosaurus

- **Quand** -130 à -125 millions d'années (début du crétacé)
- **Où** Chine
- **Habitat** Zones boisées
- **Longueur** 1 m
- **Alimentation** Probablement omnivore

Plusieurs fossiles bien conservés de *Sinornithosaurus* ont été trouvés en Chine depuis 1999, dont ce squelette ci-contre (surnommé Dave), étonnamment complet, sur lequel on distingue la répartition précise des plumes sur le corps. *Sinornithosaurus* était un prédateur terrestre, chasseur de petits animaux, dont des dinosaures. Il ne volait pas, mais, selon des scientifiques, il grimpait aux arbres.

Venimeux ou pas ?
Des scientifiques ont constaté une chose étrange chez cet animal : des dents exceptionnellement longues, véritables crochets creusés de sillons, comme chez les serpents venimeux actuels, avec lesquels ils injectent leur venin en mordant la proie. *Sinornithosaurus* aurait donc été venimeux. Une théorie contestée par d'autres spécialistes qui estiment que les sillons sont de simples marques d'usure présentes chez d'autres espèces.

▲ PLUMES ET DUVET *Les plumes de* Sinornithosaurus *étaient sans doute de couleurs et de tailles variées. Sur le corps elles étaient duveteuses, destinées à conserver la chaleur. Les longues plumes des antérieurs servaient peut-être à la parade ou pour protéger les petits.*

Troodon

Troodon était un petit dinosaure agile, bâti comme un oiseau et couvert de plumes. Pas plus grand qu'un enfant, il n'avait pas assez de force pour s'attaquer à de gros dinosaures. Mais il était rapide sur ses pattes et expert en capture de petits animaux dans les fourrés. Doté d'un cerveau exceptionnellement gros pour un dinosaure et d'une bonne vue, *Troodon* semble avoir été un chasseur doué d'intelligence, aux réactions vives et à l'instinct tueur, tel un chat.

COURSE-POURSUITE
Avec ses longues pattes élancées et son corps athlétique, *Troodon* était rapide à la course, capable de battre de petits animaux comme des lézards et des bébés dinosaures. Le deuxième orteil était muni d'une grande griffe en faucille dont il se servait pour planter sa victime au sol. Sa griffe était rétractile de façon à ne pas le gêner lorsqu'il courait.

Troodon

- **Quand** -74 à -65 millions d'années (fin du crétacé)
- **Où** Amérique du Nord
- **Habitat** Plaines boisées
- **Longueur** 3 m
- **Alimentations** Petits animaux et peut-être des plantes

Troodon, dont le nom signifie « dent blessante », était pourvu d'étranges dents crénelées. Son menu principal se composait de petits animaux, mais peut-être ses dents lui permettaient-elles également d'arracher des feuilles.

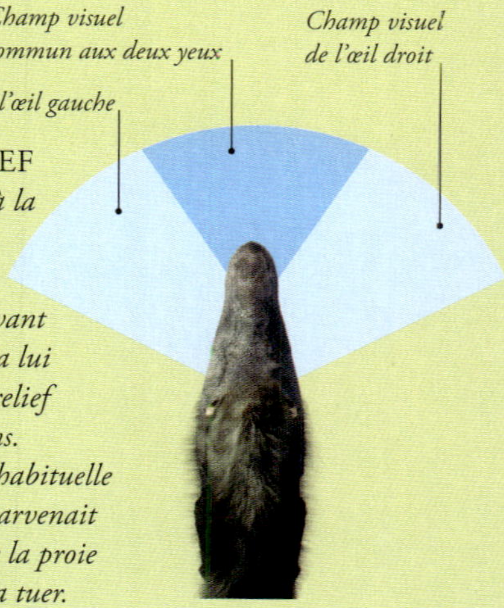

▸ VISION EN RELIEF
Les yeux de Troodon, *à la différence de ceux de la plupart des dinosaures, étaient orientés vers l'avant et non sur les côtés. Cela lui donnait une vision en relief comme chez les humains. Grâce à cette faculté inhabituelle pour un dinosaure, il parvenait à évaluer la distance de la proie avant de bondir pour la tuer.*

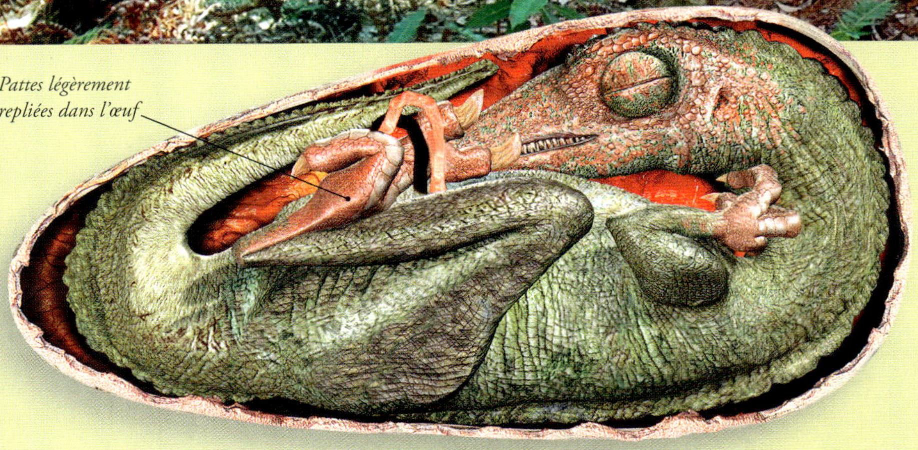

▲ DES ŒUFS *de* Troodon *ont été trouvés à Egg Mountain (« montagne aux œufs »), dans le Montana, aux États-Unis. Des scientifiques ont reconstitué ce modèle d'embryon sur le point d'éclore avec des os minuscules présents dans un œuf. Les deux parents couvaient leurs œufs dans le nid, les protégeant de leurs pattes à plumes.*

CERVELLE D'OISEAU ?

Troodon possédait sans doute le plus gros cerveau, parmi tous les dinosaures, par rapport à son poids. Mais s'il était peut-être vif d'esprit, son cerveau n'était pas plus gros que celui d'un oiseau coureur, un casoar, par exemple, et bien plus petit que celui d'un mammifère moyen.

La *fin* des dinosaures

À la fin de l'ère primaire, la Terre connut une extinction massive qui balaya près de 90 % des espèces. La planète mit des millions d'années à s'en remettre. Puis, il y a 65 millions d'années, se produisit une extinction massive dont furent notamment victimes tous les dinosaures de l'époque. Qu'est-ce qui provoqua cette mystérieuse disparition ?

UNE ATTAQUE DU CIEL

En 1980, Luis Alvarez, un scientifique américain, fit une étonnante découverte. En étudiant les roches qui se formèrent à l'époque de la disparition des dinosaures, il s'aperçut que le taux d'iridium (métal rare sur Terre, mais répandu dans les météorites) était 100 fois plus élevé que la norme. Retrouvant ce même taux élevé dans le monde entier, il en conclut qu'une gigantesque météorite avait dû percuter la Terre. Un tel impact aurait détraqué le climat de la planète et tué les dinosaures.

MAIS ENCORE ?

Les animaux ne disparurent pas tous ; certains survécurent, parmi eux :

- Les requins et autres poissons
- Les méduses
- Les scorpions
- Les oiseaux
- Les insectes
- Les mammifères
- Les serpents
- Les tortues
- Les crocodiles

Le cratère de 180 km de large de Chicxulub

La mer se serait engouffrée dans le cratère de Chicxulub peu après l'impact.

INFOS +

La Terre a connu cinq extinctions importantes dans les 550 derniers millions d'années. Lors d'une extinction massive, plus de 50 % des espèces animales disparaissent au même moment. Celle qui achève l'ère mésozoïque (le temps des dinosaures) est la plus récente et a inspiré quelque 80 théories sur son origine.

Cratère dissimulé

En percutant la Terre, une météorite produit un cratère. S'il est assez gros pour modifier le climat de la Terre, il doit être énorme, alors où se trouve-t-il donc ? La réponse se présenta dans les années 1970, lorsque des scientifiques, cherchant du pétrole, découvrirent un vaste cratère enfoui à plus de 1 km sous terre, au large des côtes mexicaines. L'astéroïde responsable de cette cicatrice, évalué à 10 km de large, a dû percuter la planète avec une force impressionnante capable de propager des ondes de choc sur toute la planète.

Pas un seul **animal** dépassant la taille d'un **chien** ne survécut à l'extinction qui fit disparaître les dinosaures.

L'effet de la météorite

Une gigantesque météorite s'écrasant sur Terre aurait produit un gigantesque nuage de poussière, couvrant durablement l'ensemble du globe et faisant écran à la lumière et à la chaleur du soleil. Le climat de la planète aurait radicalement été modifié, rendant la vie impossible pour de nombreuses espèces.

Réactions en chaîne

L'impact de la météorite a certes contribué à la disparition des dinosaures, mais d'autres catastrophes se produisirent au même moment. Certains scientifiques pensent qu'une succession d'événements en chaîne, plutôt qu'un seul événement, est responsable de l'extinction massive. En Inde, une activité volcanique intense projetait d'immenses nuages de gaz dans le ciel, contribuant à modifier le climat.

L'activité volcanique a forgé les trapps du Deccan qui, à une époque, couvrait plus de la moitié de l'Inde.

Premiers oiseaux

Apparus au jurassique, les oiseaux sont issus de dinosaures semblables à des dromaeosaures. Le squelette des premières espèces ressemblait à celui de *Microraptor* (voir p. 200).

PORTRAIT DE GROUPE

Caractéristiques des oiseaux modernes
- Plumes sur le corps et les ailes
- Becs sans dents
- Os de la queue fusionnés en un croupion
- Pas de griffes (ou presque) sur les doigts
- Grand bréchet sur lequel étaient fixés les gros muscles de vol

Quand
Les oiseaux sont apparus à la fin du jurassique et, depuis, ils occupent le ciel.

Les oiseaux modernes n'ont pas de dents, mais Archaeopteryx *avait les mâchoires et les dents typiques d'un dinosaure carnivore.*

Archaeopteryx

Du sol aux nuages

Au fil du temps, à mesure que les oiseaux s'adaptaient à la vie dans les airs, ils acquirent des muscles de vol puissants et s'allégèrent de leurs dents, queue et griffes.

Confuciusornis

- **Quand** -130 à -120 millions d'années (début du crétacé)
- **Où** Chine
- **Habitat** Zones boisées
- **Longueur** 30 cm
- **Alimentation** Sans doute des graines

Premier oiseau sans dents et pourvu d'un bec, *Confuciusornis* avait une queue en croupion comme les oiseaux modernes, mais pas de puissants muscles de vol. Des milliers de fossiles de cet animal ont été trouvés en Chine, dont certains spécimens conservant la marque de très longues plumes de la queue, sans doute destinées à être exposées pour attirer les femelles.

Archaeopteryx

- **Quand** -150 millions d'années (fin du jurassique)
- **Où** Allemagne
- **Habitat** Forêts et lacs
- **Longueur** 30 cm
- **Alimentation** Insectes, probablement reptiles

Lorsque le premier fossile complet fut trouvé en 1861, les scientifiques furent stupéfaits : le squelette ressemblait à un croisement de dinosaure et d'oiseau. Il avait la queue et les ailes couvertes de plumes et cependant des pattes griffues comme les dromaeosaures, des os dans la queue et des mâchoires dentées au lieu d'un bec. *Archaeopteryx* est le plus ancien membre connu du groupe des oiseaux. Gros comme un pigeon, il avait de longues plumes de vol, mais pas les muscles puissants pour voler, il pratiquait donc le vol plané plutôt que battu.

◄ CE FOSSILE *d'*Archaeopteryx, *trouvé en Allemagne, porte des impressions de plumes très distinctes, au niveau des membres antérieurs de la queue, conservées dans du calcaire très fin.*

Hesperornis

- **Quand** -75 millions d'années (fin du crétacé)
- **Où** États-Unis
- **Habitat** Eaux côtières
- **Longueur** 2 m
- **Alimentation** Poissons et calmars

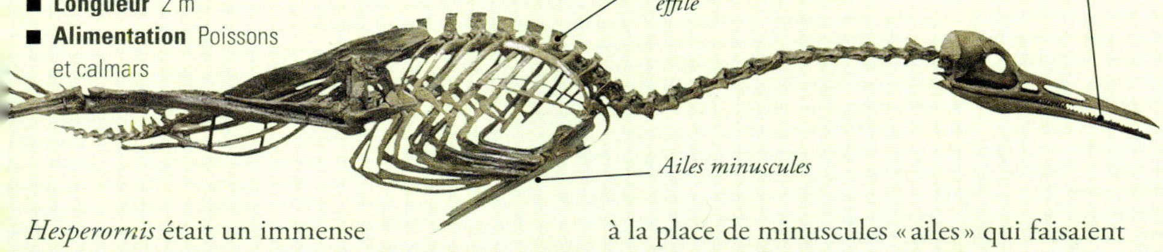

Hesperornis était un immense oiseau marin, qui avait perdu la faculté de voler mais était devenu un plongeur expert. Pour évoluer dans l'eau, il se propulsait sur ses énormes pattes postérieures, à la poursuite des calmars et des poissons, qu'il attrapait avec son bec denté. Les os des mains et des avant-bras avaient disparu, laissant à la place de minuscules « ailes » qui faisaient sans doute office de gouvernail dans l'eau. Comme tous les oiseaux, *Hesperornis* nichait sur terre, mais il était sans doute incapable de marcher, se traînant probablement au sol, sur le ventre.

Vegavis

- **Quand** -65 millions d'années (fin du crétacé)
- **Où** Antarctique
- **Habitat** Côtes
- **Longueur** 60 cm
- **Alimentation** Plantes aquatiques

Des fossiles de *Vegavis,* apparenté aux canards, ont été mis au jour en Antarctique en 1992. Cette découverte apporta la preuve que certains groupes d'oiseaux actuels existaient déjà au temps des dinosaures. À l'époque de *Vegavis,* le climat de l'Antarctique était bien moins froid qu'aujourd'hui.

Iberomesornis

- **Quand** -135 à -120 millions d'années (début du crétacé)
- **Où** Espagne
- **Habitat** Zones boisées
- **Longueur** 20 cm
- **Alimentation** Sans doute insectes

Iberomesornis était de la taille d'un pinson. Il avait un croupion en guise de queue et de puissants muscles pectoraux qui le désignent comme bon voilier. La forme recourbée de ses griffes laisse à penser qu'il se perchait sur les arbres.

Ichthyornis

- **Quand** -90 à -75 millions d'années (fin du crétacé)
- **Où** États-Unis
- **Habitat** Rivages
- **Longueur** 30 cm
- **Alimentation** Poissons

Ichthyornis (« oiseau à poisson ») était un oiseau de mer, semblable à une mouette moderne par la taille et par le poids, mais avec une tête et un bec bien plus grand. Il avait un grand bréchet, signe de la présence de puissants muscles pectoraux caractéristiques d'un voilier efficace. Les mâchoires étaient cependant pleines de petites dents incurvées comme celles des lézards préhistoriques et des mosasaures piscivores. Peut-être même se nourrissait-il comme eux, attrapant le poisson et autres proies glissantes avec son long museau et ses dents recourbées. Il avait les pattes palmées et de courtes griffes.

Oiseaux plus *tardifs*

Si les dinosaures disparurent il y a 65 millions d'années, les oiseaux, eux, continuèrent à prospérer. Au cénozoïque, ère qui suivit celle des dinosaures, les oiseaux se diversifièrent en une kyrielle de nouvelles espèces. Certaines prirent possession du ciel ou bien s'adaptèrent aux milieux aquatiques. D'autres abandonnèrent le vol et devinrent de grands carnivores, occupant la place laissée par les dinosaures.

Titanis

- **Quand** -5 à -2 millions d'années (néogène)
- **Où** Amérique du Nord et du Sud
- **Habitat** Plaines herbeuses
- **Taille** 2 m
- **Alimentation** Viande

Appelé aussi « oiseau de terreur », *Titanis* était un gigantesque oiseau coureur carnivore aussi effrayant qu'un dinosaure. Il pesait deux fois plus qu'un homme, mais était capable de courir à 65 km/h. Il tuait ses proies et les dépeçait avec son énorme bec recourbé. *Titanis* était contemporain d'hominidés préhistoriques qui commençaient à marcher et à coloniser la Terre, mais jamais ils ne se rencontrèrent, car *Titanis* ne vivait qu'en Amérique. Il avait pour proie le cheval préhistorique *Hipparion*.

Dinornis

- **Quand** -2 millions d'années à -200 ans (néogène)
- **Où** Nouvelle-Zélande
- **Habitat** Plaines
- **Taille** 4 m
- **Alimentation** Plantes

Deux fois plus grand qu'un homme, *Dinornis* (appelé aussi « moa géant ») est le plus grand oiseau coureur de tous les temps. En Nouvelle-Zélande, il en existait des troupes entières, jusqu'à l'arrivée de l'homme, il y a environ 700 ans, qui les chassa jusqu'à extinction. Il appartenait au même groupe que les émeus, les autruches et les kiwis.

Argentavis

- **Quand** -6 millions d'années (néogène)
- **Où** Argentine
- **Habitat** Régions montagneuses
- **Envergure** 8 m
- **Alimentation** Viande

Argentavis est le plus gros oiseau qui ait jamais volé. Son envergure était deux fois plus grande que celle du champion actuel, l'albatros. Lourd comme un humain, il profitait de ses grandes ailes pour prendre des courants ascendants, planant sans effort en scrutant le sol à la recherche de proies. Certains spécialistes pensent qu'il chassait en fondant sur ses victimes. D'autres pensent que c'était un charognard comme les vautours.

Presbyornis

- **Quand** -62 à -55 millions d'années (paléogène)
- **Où** Amérique du Nord et du Sud, Europe
- **Habitat** Berges lacustres
- **Taille** 1 m
- **Alimentation** Plancton, plantes aquatiques

Presbyornis ressemblait à un grand canard. De nombreux fossiles ont été mis au jour en Amérique du Nord, dans des zones autrefois recouvertes de lacs peu profonds. *Presbyornis* vivait en grandes troupes sur les berges, fouillant l'eau peu profonde à la recherche de nourriture, qu'il filtrait grâce à son bec, à la façon des canards. Présent sur terre durant des millions d'années, c'était l'un des oiseaux les plus répandus de son époque.

Gastornis

Il y a cinquante millions d'années, lorsque des forêts tropicales luxuriantes recouvraient l'Europe et l'Amérique du Nord, un gigantesque oiseau coureur parcourait les sous-bois. Plus grand qu'un homme, *Gastornis* avait une tête grande comme celle d'un cheval. Il disposait d'un bec gigantesque et d'une morsure très puissante, mais on ne sait pas s'il s'en servait pour déchirer la chair, écraser les os ou simplement broyer les feuilles.

Empreintes de pas dans le calcaire
En 2009, une empreinte de pas attribuée à *Gastornis*, vieille de 50 millions d'années, fut découverte sur une dalle dans l'État de Washington, aux États-Unis. La dalle fut hélitreuillée à l'abri de Western Washington University, pour la protéger des intempéries et des voleurs de fossiles.

Gastornis

- **Quand** -55 à -45 millions d'années (paléogène)
- **Où** Europe, Amérique du Nord
- **Habitat** Forêts tropicales et subtropicales
- **Taille** Plus de 2 m
- **Alimentation** Inconnue

Découvert en France en 1855, *Gastornis* a été nommé d'après Gaston Plante, le scientifique qui l'a identifié. Un oiseau lui ressemblant, *Diatryma*, fut découvert après, mais on pense aujourd'hui qu'il s'agit d'un seul et même animal. *Gastornis* avait de grandes pattes puissantes mais pas la carrure d'un oiseau rapide à la course. Peut-être chassait-il à l'affût, se dissimulant dans les forêts denses, prêt à écraser de sa lourde patte ou à attraper avec le bec tout petit animal s'aventurant trop près. Certains experts le croient plutôt végétarien, broyant des feuilles coriaces avec le bec. D'autres encore le tiennent pour un charognard.

▲ BEC MONSTRUEUX
L'extrémité de l'énorme bec de Gastornis *était légèrement crochue, comme chez les oiseaux de proie actuels. Selon des scientifiques, ses machoires étaient suffisamment puissantes pour ouvrir des noix de coco et des os. Le bec était semblable chez le mâle et la femelle, la taille n'était donc pas un attribut de séduction.*

Jeu de noms

Pendant plus d'un siècle, les scientifiques ont pensé que *Diatryma* d'Amérique et *Gastornis* d'Europe étaient des oiseaux différents. Puis certains s'aperçurent que les fossiles de *Gastornis* avaient été incorrectement assemblés et que les deux espèces n'étaient en fait qu'un seul et même oiseau. Le nom le plus ancien, *Gastornis,* fut préféré à l'autre.

LES MAMMIFÈRES

▲ *SINOCONODON, l'un des anciens mammifères connus, parcourait la Chine au début du jurassique. Long de 30 cm tout au plus, il se nourrissait sans doute d'insectes et de petits reptiles.*

Après la disparition des dinosaures, les **mammifères** se répandirent et devinrent les espèces dominantes sur la Terre. Les mammifères sont poilus, endothermes et allaitent leurs petits (à l'instar des êtres humains).

Les mammifères

La disparition des dinosaures permit à un groupe de petits animaux endothermes de prospérer. Il s'agit des mammifères, qui avaient pour différence essentielle qu'ils allaitaient leurs petits.

Il existe aujourd'hui quelque 5 000 espèces de mammifères. Ils sont répartis en différentes familles et ordres, dont :

LES MARSUPIAUX

Les marsupiaux sont un groupe de mammifères d'Australasie et des Amériques. Ils mettent au monde des petits minuscules et à peine formés qui rampent jusqu'à la poche ventrale de la mère. Les nouveau-nés y tètent le lait maternel et terminent leur développement.

▲ DENDROLAGUE DE DORIA *Cet étrange animal est un kangourou arboricole qui vit dans les arbres.*

▸ KOALA *Le bébé du koala passe plus de six mois dans la poche maternelle.*

▸ KANGOUROU GRIS *La poche du kangourou est ouverte en haut, mais chez d'autres marsupiaux elle l'est vers le bas.*

LES CHAUVES-SOURIS

Ce sont les seuls mammifères à savoir vraiment voler. Leurs ailes sont constituées d'une double membrane de peau. Le plus petit mammifère au monde est la chauve-souris bourdon, ou kitti à nez de porc.

◂ LA PLUS PETITE *La chauve-souris bourdon mesure à peine 3 cm.*

▸ OREILLARD GRIS *Grâce à ses longues oreilles, cette chauve-souris capte les sons qui la guident vers ses proies (ici un papillon de nuit).*

▸ LA PLUS GRANDE *D'une envergure atteignant 1,50 m, la roussette de Malaisie est la plus grande des chauves-souris.*

LES RONGEURS

Les rongeurs sont très nombreux en termes d'espèces. La plupart sont petits et beaucoup, comme les souris, ont une longue queue. Ils ont tous des pattes griffues, de longues moustaches et de grandes dents pour ronger (de grandes incisives, à l'avant de la mâchoire).

▸ CABIAI *Atteignant 1,30 m de long, le cabiai est le plus grand rongeur du monde.*

◂ PORC-ÉPIC DU CAP, *bien protégé par ses épines*

▾ CHIENS DE PRAIRIE *Ils vivent dans des terriers qui communiquent avec ceux des voisins, formant des « villes ».*

INFOS +

■ **Boîte crânienne** Tous les mammifères ont un gros cerveau comparé à leur taille. Le cerveau est bien à l'abri dans la boîte crânienne.

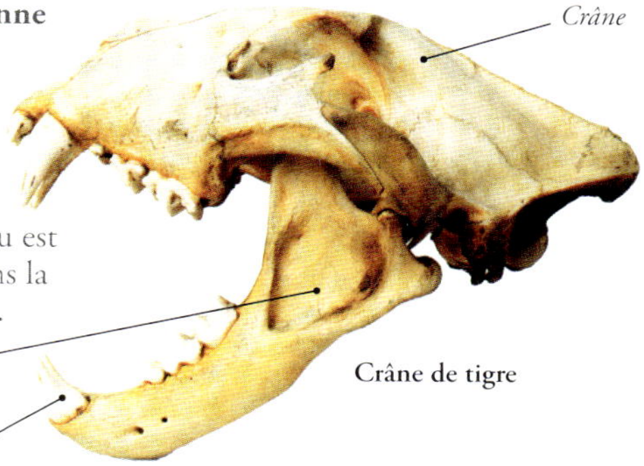

Crâne de tigre

■ **Poils** La plupart des mammifères sont couverts de poils ou de fourrure pour avoir chaud.

■ **Jeunes** Dans leur très grande majorité, les mammifères donnent naissance à des petits formés dont ils s'occupent le temps qu'ils grandissent et fassent leur apprentissage.

LES CARNIVORES

Tigre

La plupart des membres de l'ordre des carnivores sont des mangeurs de viande, mais pas tous. Ils partagent certaines caractéristiques communes, comme des dents latérales coupantes pour trancher la chair. Ce sont parfois des tueurs impitoyables.

▸ HYÈNE *Il existe quatre genres de hyènes, dont la hyène rayée, ci-contre.*

▾ PANDA *Tous les carnivores ne sont pas des prédateurs. Le grand panda appartient à cet ordre, alors qu'il est essentiellement herbivore.*

LES ONGULÉS

La plupart des ongulés marchent et courent sur le bout des doigts, les sabots n'étant en réalité que de gros ongles très résistants. Les membres de ce groupe vaste et diversifié, qui comprend les cerfs, les zèbres, les girafes et les dromadaires, sont herbivores.

Zèbre

▸ GIRAFE *Le mammifère le plus haut du monde dépasse les 5 m de haut.*

▾ CERF ÉLAPHE *Les ongulés ont souvent des cornes ou des bois. Chez certaines espèces de cerfs, les bois deviennent très imposants.*

LES CÉTACÉS

Bien qu'ils passent leur vie dans l'eau, baleines et dauphins montent à la surface pour respirer. Ils sont équipés de poumons comme les autres mammifères.

Baleine à bosse

▴ DAUPHIN SOUFFLEUR *Les dauphins sont des cétacés à dents qui vivent en troupes.*

▾ BALEINE FRANCHE AUSTRALE *Cette baleine se nourrit en filtrant l'eau de mer à l'aide de fanons, sortes de lames cornées dont est équipée sa mâchoire.*

Les pélycosaures

Les mammifères descendent de « reptiles mammaliens », les pélycosaures. Présents bien avant les dinosaures, ils furent, un temps, les plus gros animaux terrestres. Ils avaient une ouverture dans le crâne, une seule fosse temporale, derrière chaque orbite, dans laquelle les muscles de la mâchoire étaient insérés.

PORTRAIT DE GROUPE

Caractéristiques
- Ectotherme (à sang froid)
- Pondait des œufs
- Petit cerveau
- Pattes latérales comme les reptiles
- Griffes courtes
- Fosse temporale, en arrière des yeux
- Dents souvent diversifiées

Quand
Les pélycosaures sont apparus à la fin du carbonifère, il y a 320 millions d'années, et ils ont disparu à la fin du permien moyen, il y a 260 millions d'années.

Dimetrodon

- **Quand** -280 millions d'années (début du permien)
- **Où** Allemagne, États-Unis
- **Habitat** Marécages
- **Longueur** 3 m
- **Alimentation** Viande

Dimetrodon était le prédateur le plus redoutable de son temps. Il avait l'apparence d'un dragon de Komodo, avec une « voile » dorsale en plus, composée d'une membrane de peau tendue sur des tiges osseuses. *Dimetrodon* veut dire « à deux tailles de dents », car contrairement à la plupart des reptiles qui ont un seul type de dents, lui disposait de dents différenciées, comme les mammifères. Vers l'avant de la mâchoire, il avait de longues canines en poignard qui transperçaient et déchiraient la chair ; à l'arrière, les dents, plus petites et acérées, étaient destinées à trancher la viande.

▲ FOSSILES D'EMPREINTES DE PAS *Ces empreintes à cinq doigts appartiennent peut-être à* Dimetrodon, *l'un des animaux les plus répandus de son époque.*

Dents semblables à des canines

Dimetrodon *avait une fosse temporale à l'arrière des orbites. Les muscles puissants des mandibules y étaient insérés, dotant l'animal d'un fort pouvoir de morsure. Ce caractère est commun avec les autres « reptiles mammaliens » et les mammifères, dont les êtres humains.*

Ophiacodon

- **Quand** -310 à -290 millions d'années (fin du carbonifère-début du permien)
- **Où** États-Unis
- **Habitat** Marécages
- **Longueur** 3 m
- **Alimentation** Poissons et petits animaux

Ce gros prédateur avait un crâne très long et d'énormes mâchoires avec 170 dents pointues et tranchantes. Bâti comme un crocodile, il chassait peut-être comme lui, tapi en embuscade dans les marais et les rivières, prêt à se jeter sur toute proie. Il est peu probable qu'*Ophiacodon* ait chassé sous l'eau, car il aurait eu du mal à retourner son long crâne pour attraper des poissons. Sur terre, il marchait avec les pattes sur le côté, comme un lézard, en traînant sa queue.

MAIS ENCORE ?

Le dos de *Dimetrodon* était orné d'une impressionnante « voile » tendue sur des tiges osseuses issues de la colonne vertébrale. Elle lui était peut-être utile pour réchauffer son corps d'animal à sang froid. En début de matinée, il était froid et lent. Il se chauffait au soleil, voile orientée vers les rayons du soleil, de façon à ce que le sang qui y circulait répande la chaleur dans le reste du corps et réactive son énergie.

Varanops

- **Quand** -260 millions d'années (fin du permien moyen)
- **Où** États-Unis, Russie
- **Habitat** Marécages
- **Longueur** 1 m
- **Alimentation** Petits animaux

Varanops avait l'apparence d'un varan moderne. Par rapport à d'autres pélycosaures, c'était un chasseur rapide, aux longues pattes bien adaptées pour pourchasser les petits animaux, qu'il attrapait et tuait à l'aide de ses puissantes mâchoires tapissées de dizaines de dents incurvées vers l'arrière. Vivant à la fin du permien moyen, c'était l'un des derniers pélycosaures.

Eothyris

- **Quand** -280 millions d'années (début du permien)
- **Où** États-Unis
- **Habitat** Marécages
- **Taille du crâne** 6 cm
- **Alimentation** Viande

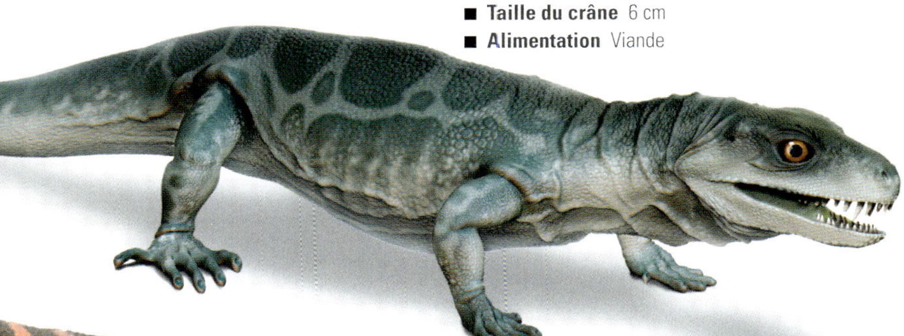

Il n'existe qu'un seul fossile de *Eothyris* : un crâne, large et aplati, découvert en 1937. Il permet de déduire que l'animal devait avoir une morsure rapide et implacable. Deux grands crocs sortaient de la mâchoire supérieure. Les autres dents étaient plus petites mais pointues et tranchantes, ce qui désigne l'animal comme étant mangeur de viande. De taille réduite, il chassait peut-être des insectes ou des reptiles plus petits.

Les thérapsides

Au permien, les pélycosaures (voir pages précédentes) laissèrent la place à des animaux qui ressemblaient davantage à des mammifères : les thérapsides. À la différence de leurs ancêtres, des lézards rampants, ils avaient un port plus droit, ce qui facilitait la respiration et la course et, par conséquent, permettait une vie plus active. Ancêtres des mammifères, ils leur ressemblèrent de plus en plus au fil du temps.

PORTRAIT DE GROUPE

Caractéristiques

- Stature trapue
- Tête massive
- Dents spécialisées : incisives, canines et dents postérieures
- Pattes plus droites que leurs ancêtres pélycosaures

Quand

Les thérapsides sont apparus au permien et sont devenus les espèces dominantes sur Terre. Ils déclinèrent durant l'âge des dinosaures, mais une famille de petits thérapsides survécut et fut à l'origine des mammifères.

Moschops

- **Quand** -255 millions d'années (fin du permien)
- **Où** Afrique australe
- **Habitat** Forêts
- **Longueur** 3 m
- **Alimentation** Plantes

Moschops était un herbivore imposant de la taille d'un ours. Il avait de grosses pattes, un énorme poitrail en forme de tonneau et une courte queue. L'os au sommet de son crâne était étonnamment épais et, selon les scientifiques, il s'en servait sans doute au cours des affrontements entre rivaux pour les femelles, à la façon des béliers. Il avait de larges mâchoires avec, à l'avant, de petites dents en ciseaux qui se touchaient quand il fermait la gueule et ne se chevauchaient pas. Cela lui permettait de trancher net les plantes.

▼ TROUPEAUX PRIMITIFS ? *Des restes fossiles de plusieurs* Moschops *ont été retrouvés ensemble. Peut-être ces herbivores vivaient-ils en petits troupeaux pour se protéger des prédateurs.*

Pelanomodon

- **Quand** -255 millions d'années (fin du permien)
- **Où** Afrique australe
- **Longueur** 1 m
- **Alimentation** Plantes

Pelanomodon appartenait à un grand et florissant groupe de thérapsides herbivores, les dicynodontes. La plupart des dicynodontes n'avaient, pour toutes dents, qu'une seule paire de longues canines. Tous disposaient d'une sorte de bec édenté avec lequel ils arrachaient la végétation. *Pelanomodon* était épais, ressemblait à un cochon, et était dépourvu de canine. Comme les autres dicynodontes, il faisait glisser sa mâchoire inférieure d'avant en arrière pour broyer les plantes coriaces.

◀ BEAU FOSSILE *Sur ce fossile du crâne de* Pelanomodon, *remarquablement bien conservé, l'os qui portait le bec est truffé de minuscules orifices occupés, du vivant de l'animal, par des vaisseaux sanguins.*

Robertia

- **Quand** -255 millions d'années (fin du permien)
- **Où** Afrique australe
- **Habitat** Zones boisées
- **Longueur** 0,40 m
- **Alimentation** Plantes

De la taille d'un chat domestique, ce petit herbivore qu'était *Robertia* avait un bec de tortue, avec lequel il sectionnait les végétaux. Il était doté d'une paire de grandes canines grâce auxquelles il pouvait sans doute fouiller la terre.

Placerias

- **Quand** -220 à -215 millions d'années (fin du trias)
- **Où** États-Unis
- **Habitat** Plaines inondables
- **Longueur** 2-3 m
- **Alimentation** Plantes

Pesant dans les 600 kg, *Placerias* était l'un des plus gros herbivores de son temps. Parmi les derniers grands dicynodontes, il était contemporain des premiers dinosaures. Ressemblant à l'hippopotame par la taille et la forme, il se vautrait sans doute aussi dans l'eau et, tout comme lui, se livrait à des combats avec ses semblables à coup de canines, également attributs de parade. La découverte d'un groupe de 40 spécimens semble indiquer qu'il s'agissait d'un animal grégaire.

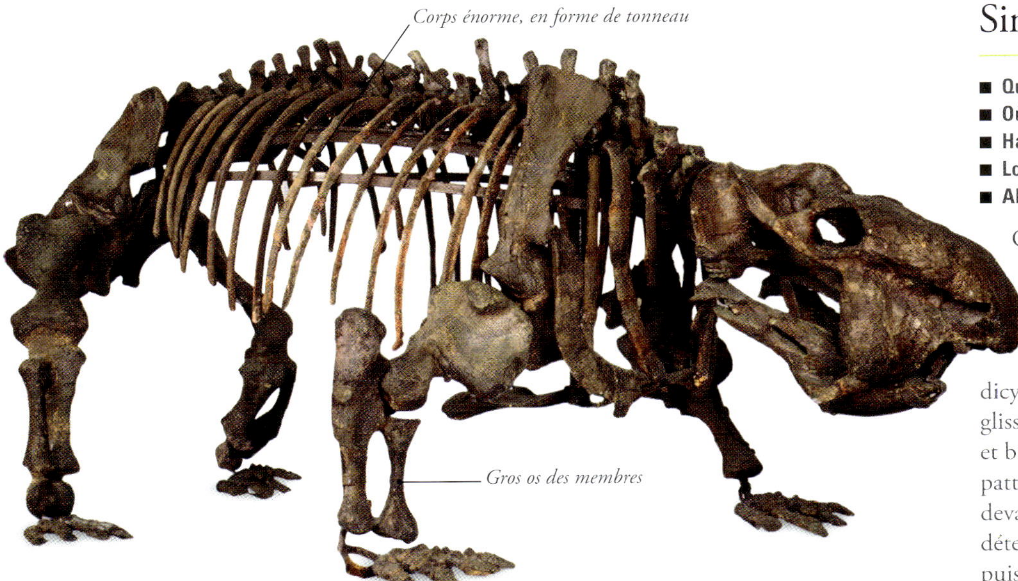

Sinokannemeyeria

- **Quand** -235 millions d'années (milieu du trias)
- **Où** Chine
- **Habitat** Zones boisées
- **Longueur** 2 m
- **Alimentation** Végétaux coriaces, racines

Ce dicynodonte, de la taille d'un cochon, avait une tête massive, un long museau et un énorme ventre, qui abritait l'imposant système digestif nécessaire à la digestion d'une végétation coriace. Comme les autres dicynodontes, *Sinokannemeyeria* pouvait faire glisser sa mâchoire inférieure d'avant en arrière et broyer des feuilles coriaces. Il avait de courtes pattes trapues, légèrement latérales, signe qu'il ne devait pas être très rapide ni très agile. Peut-être déterrait-il des racines avec ses antérieurs puissants et ses petites défenses.

Les *premiers* mammifères

Petits et velus, les premiers mammifères ressemblaient à des musaraignes. Ils étaient endothermes, leur température corporelle restant stable quelle que soit la température extérieure. Ces premières espèces côtoyaient les dinosaures, mais les évitaient en se cachant le jour et s'activant la nuit, chassant des insectes, vers de terre et autres petites bêtes, dans la fraîcheur et l'obscurité.

Nemegtbaatar

- **Quand** -65 millions d'années (fin du crétacé)
- **Où** Mongolie
- **Habitat** Zones boisées
- **Longueur** 10 cm
- **Alimentation** Plantes sans doute

Un peu semblable à une taupe, avec un crâne court et épais, *Nemegtbaatar* ne leur était cependant pas particulièrement apparenté. Il avait un museau carré dont les os étaient parcourus de minuscules orifices destinés à des vaisseaux sanguins. Cet apport supplémentaire de sang irriguait peut-être une glande spéciale ou une zone de peau sensible sur le sommet du crâne. Cet animal, sans doute herbivore, était dépourvu de canines mais possédait de grandes incisives proéminentes, comme les lapins.

PORTRAIT DE GROUPE

Caractéristiques
- Glandes mammaires chez la femelle
- Fourrure ou poils
- Trois minuscules osselets dans les oreilles, restes des os des mâchoires des ancêtres
- Quatre types de dents
- Dents renouvelées une seule fois dans leur vie

Quand
Les premiers mammifères sont apparus à la fin du trias, il y a 200 millions d'années.

Teinolophos

- **Quand** -125 millions d'années (début du crétacé)
- **Où** Australie
- **Habitat** Zones boisées
- **Longueur** 10 cm
- **Alimentation** Insectes

Une mâchoire inférieure constitue le seul fossile de *Teinolophos* dont on dispose. Mais cela suffit aux scientifiques pour dire que ce petit animal était bien apparenté à l'ornithorynque moderne à bec de canard. Leurs mâchoires respectives présentent des similitudes. La plupart des mammifères actuels donnent naissance à des bébés, mais l'ornithorynque est l'un des rares à pondre des œufs, comme, probablement, *Teinolophos*.

La mâchoire de Teinolophos *était minuscule mais sa morsure, puissante.*

Sinoconodon

- **Quand** -200 millions d'années (fin du trias)
- **Où** Chine
- **Habitat** Zones boisées
- **Longueur** 30 cm
- **Alimentation** Omnivore

Sinoconodon est l'un des premiers mammifères connus. D'après les os de ses oreilles c'était bien un mammifère, mais ses dents se renouvelaient constamment comme celles des reptiles. De la taille d'un écureuil, il avait le museau fin, mais une puissante articulation de la mâchoire et sans doute beaucoup de force pour mordre. Peut-être chassait-il de gros insectes ou de petits reptiles.

▲ BESTIOLE VELUE *La fourrure apparut et répondit au besoin de conserver la chaleur du corps. Les premiers mammifères pouvaient ainsi s'affairer pendant la nuit, alors que les reptiles ectothermes devaient arrêter leurs activités.*

Megazostrodon

- **Quand** -190 millions d'années (début du jurassique)
- **Où** Lesotho
- **Habitat** Zones boisées
- **Longueur** 10 cm
- **Alimentation** Insectes

Avec son corps fin, un long museau et une longue queue, *Megazostrodon* avait l'allure d'une musaraigne. Son squelette n'était pas spécialisé dans un type particulier de mode de vie, mais il grimpait, fouillait la terre et courait comme les rats et les musaraignes modernes. D'après des études de la boîte crânienne, il avait un cerveau relativement gros, ainsi que l'ouïe et l'odorat développés d'un animal nocturne. Ses dents évoquent un régime composé d'insectes et d'autres petits animaux, qu'il chassait sans doute la nuit, se cachant du danger le jour.

Morganucodon

- **Quand** -210 à -180 millions d'années (fin du trias-début du jurassique)
- **Où** Pays de Galles, Chine, Afrique australe États-Unis
- **Habitat** Zones boisées
- **Longueur** 9 cm
- **Alimentation** Insectes

Au départ, des milliers de dents et de fragments d'os fossilisés de cet animal furent découverts dans une carrière du pays de Galles. Plus tard, de semblables découvertes eurent lieu, très loin de là, en Chine, en Afrique et en Amérique, désignant *Morganucodon* comme espèce très commune et très répandue à l'époque des dinosaures. Cet animal minuscule, à l'allure de musaraigne, avait de petites pattes et une courte queue. Il était sans doute ovipare, comme les reptiles, et ses mâchoires présentaient un mélange de caractères reptiliens et mammaliens.

Eomaia

- **Quand** -125 millions d'années (début du crétacé)
- **Où** Chine
- **Habitat** Zones boisées
- **Longueur** 20 cm
- **Alimentation** Insectes et petits animaux

Il n'existe qu'un seul fossile d'*Eomaia* à ce jour, mais superbement conservé. Il révèle la présence d'une épaisse fourrure et les caractères typiques d'un bon grimpeur, comme une très longue queue. D'après des études des os, il était plus particulièrement apparenté aux mammifères vivipares, plutôt qu'aux espèces ovipares ou aux marsupiaux.

Zalambdalestes

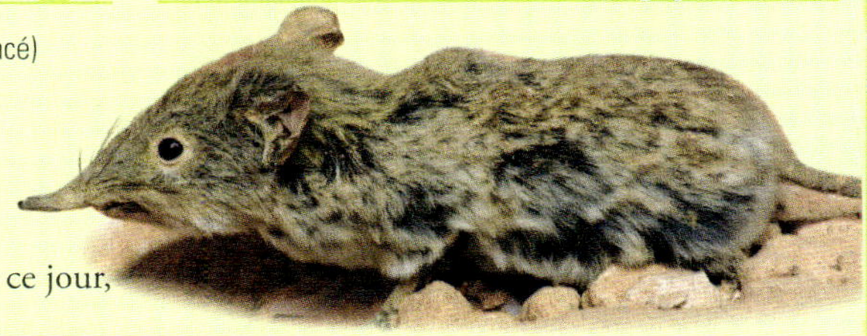

- **Quand** -80 à -70 millions d'années (fin du crétacé)
- **Où** Mongolie
- **Habitat** Zones boisées
- **Longueur** 20 cm
- **Alimentation** Insectes, peut-être graines

Zalambdalestes était l'un des premiers à mettre au monde des petits bien formés. Il avait un museau très long et étroit, et ses dents poussaient continuellement, comme celles des rongeurs modernes. Avec des pattes postérieures plus longues que les antérieures, il bondissait comme une gerboise. À en juger par ses dents pointues, son alimentation se composait d'insectes et peut-être de graines.

Les plantes *à fleurs*

Il est difficile d'imaginer un monde privé de plantes à fleurs, mais les variétés colorées d'aujourd'hui n'ont commencé à apparaître qu'à la fin de l'âge des dinosaures, au crétacé.

Les débuts

La plus ancienne plante à fleurs identifiée à ce jour est *Archaefructus sinensis,* « fruit ancien », petite plante basse et désordonnée, bien différente de nos plantes colorées actuelles. Elle remonte à 125 millions d'années.

Quand les pétales sont-ils apparus ?

Les premières fleurs étaient minuscules et dépourvues de pétales. Les pétales apportèrent de la diversité, au fur et à mesure de la compétition entre fleurs pour attirer les insectes pollinisateurs.

La pollinisation

La plupart des plantes à fleurs ne se reproduisent que si le pollen, une sorte de poudre, est transféré d'une plante à l'autre. Le transfert se fait grâce au vent ou aux animaux, telles les abeilles, qui en prenant du nectar déposent aussi du pollen.

◄ *ROBINIA est un arbre à fleurs originaire d'Amérique du Nord. On l'appelle robinier faux acacia.*

Un vieil ami

Les magnolias étaient déjà présents au temps des dinosaures. Leur apparition remonte au crétacé, et ils se répandirent aisément grâce à une croissance rapide qui les protégeait de la voracité des dinosaures.

Tout est dans le fruit

Les plantes enveloppent souvent la graine dans un fruit pour favoriser leur dispersion. Les fruits sont habituellement sucrés ; ils attirent les animaux, qui les mangent, les digèrent et rejettent les graines sous forme de déjections, assurant ainsi le transport.

Les herbes

Les herbes sont des plantes qui produisent de minuscules fleurs pollinisées par le vent. Elles sont apparues au crétacé, mais les prairies et les étendues herbeuses telles que nous les connaissons ne datent que de 10 millions d'années.

La vie au froid

Les plantes à fleurs survivent dans des déserts torrides ou sur des sommets glacés. Sur le permafrost proche du pôle Nord, les terres gelées en profondeur, aucun arbre ne pousse, mais les petites plantes à fleurs résistent, formant le paysage végétal de la toundra.

Il y en a partout

Presque tout ce que nous mangeons aujourd'hui, viande exceptée, provient de plantes à fleurs, et même les animaux d'élevage comme les vaches en dépendent. Même nos vêtements sont fabriqués à partir des plantes à fleurs telles que le lin et le coton.

▼ UN PRÉ FLEURI *Beaucoup de plantes à fleurs éclosent au printemps, au moment où les insectes pollinisateurs deviennent actifs avec la hausse des températures. Toutes les plantes illustrées ici sont des plantes à fleurs.*

Les marsupiaux

Les tout premiers mammifères étaient ovipares, ils pondaient des œufs. Mais, au crétacé, ils inventèrent de nouvelles méthodes de reproduction. Les marsupiaux et leurs proches parents mettaient au monde de minuscules bébés qui terminaient leur développement hors de l'utérus de la mère, souvent dans une poche. Aujourd'hui, la plupart des marsupiaux vivent en Australie, mais autrefois ils étaient aussi répandus en Amérique du Sud et en Antarctique.

Thylacosmilus

- **Quand** -10 à -2 millions d'années (néogène)
- **Où** Amérique du Sud
- **Habitat** Zones boisées
- **Longueur** 2 m
- **Alimentation** Viande

Thylacosmilus ressemblait à un félin à dents de sabre, mais c'était un marsupial. De la taille d'un jaguar, il était bâti comme un félin, mais les détails de son squelette soulignent plutôt une ressemblance avec un opossum géant. Ses énormes canines reposaient sur une étrange excroissance osseuse du menton et, à la différence des dents de félins, les siennes ne cessaient de croître.

PORTRAIT DE GROUPE

Caractéristiques
- Nouveau-nés minuscules peu formés
- Développement du nouveau-né dans une poche
- Quatre paires de molaires
- Couvert de poil ou de fourrure
- Petits allaités avec du lait maternel

Quand
Les marsupiaux sont apparus au début du crétacé, il y a 125 millions d'années. Il existe près de 300 espèces, dont les kangourous, les wombats et les koalas.

Diprotodon

- **Quand** -2 millions d'années à - 40 000 ans (néogène)
- **Où** Australie
- **Habitat** Forêts et maquis
- **Longueur** 3 m
- **Alimentation** Plantes

Également appelé wombat géant à cause de sa taille de rhinocéros, *Diprotodon* est le plus grand marsupial connu de tous les temps. Cet herbivore, sans doute grégaire, se nourrissait d'un mélange de feuilles coriaces et d'herbes. D'après des fossiles de femelles portant leur petit, leur poche s'ouvrait vers l'arrière, à la différence de celle des kangourous. *Diprotodon* disparut rapidement après l'arrivée des premiers hommes qui colonisèrent le continent. Certains scientifiques pensent qu'ils ont été chassés pour leur chair jusqu'à extinction, tandis que d'autres incriminent la déforestation lors de l'assèchement du climat de l'Australie.

PARENT VIVANT

Le kangourou est le plus gros marsupial vivant. Il n'est présent qu'en Australie et en Nouvelle-Guinée. De la taille d'une fève à la naissance, le nouveau-né est aveugle, sourd, nu et dépourvu de pattes postérieures. Il se faufile jusqu'à la poche maternelle et y reste huit mois, accroché aux mamelles, jusqu'à être totalement développé.

Argyrolagus

- **Quand** -23 à -2 millions d'années (paléogène-néogène)
- **Où** Amérique du Sud
- **Habitat** Désert
- **Longueur** 0,40 m
- **Alimentation** Plantes

Des fossiles d'*Argyrolagus*, anciens de 53 millions d'années, ont été retrouvés en Amérique du Sud. Cet animal ressemblait à un rat-kangourou géant, avec de longues pattes postérieures et de petites antérieures. Il sautillait sans doute à la façon d'un kangourou moderne, s'équilibrant avec sa longue queue. Il avait la tête étroite et un museau pointu, avec de larges molaires sans doute destinées à broyer les végétaux coriaces. Il avait de grands yeux, adaptés à une vision nocturne utile pour cet animal qui se nourrissait probablement la nuit.

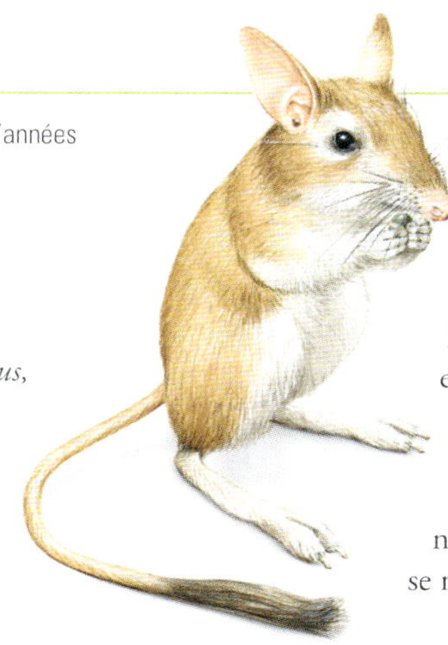

Sinodelphys

- **Quand** -125 millions d'années (début du crétacé)
- **Où** Chine
- **Habitat** Zones boisées
- **Longueur** 15 cm
- **Alimentation** Insectes et vers de terre

À en juger par ses dents et l'articulation des poignets et des chevilles, cet habitant des arbres, de la taille d'un écureuil, était apparenté aux premiers marsupiaux, mais n'en était pas un lui-même. Très bien conservé, l'unique fossile, trouvé en Chine en 2003, a préservé l'empreinte de poils autour des os. *Sinodelphys* était adapté pour grimper aux arbres, avec des articulations de la cheville qui pivotaient pour pouvoir redescendre. Il furetait probablement parmi les branches, à l'abri des prédateurs, pourchassant des insectes.

▲ DENTS DE TUEUR *Deux longues dents de sabre, pointant vers le bas, sortaient de la mâchoire supérieure de* Thylacosmilus. *Elles étaient protégées par une prolongation osseuse de la mâchoire inférieure faisant fonction de fourreau.*

Le thylacine

Nous ne connaissons la plupart des espèces éteintes que grâce aux fossiles. Le thylacine, ou tigre de Tasmanie, est l'un des rares à avoir été photographié et même filmé avant qu'il n'ait disparu. Cet animal fascinant était un marsupial qui développa une forme, une allure et des mœurs de loup. Il vivait en Nouvelle-Guinée, en Australie et en Tasmanie. Le dernier représentant mourut dans un zoo, en 1936.

Thylacine

- **Quand** -2 millions d'années à 1936
- **Où** Tasmanie, Australie, Nouvelle-Guinée
- **Habitat** Zones boisées
- **Longueur** 1 m
- **Alimentation** Viande

Le thylacine était le plus gros marsupial carnivore des temps modernes. Il était fin, ressemblait à un loup et sa fourrure fauve était rayée de noir sur le dos. À la différence du loup, cependant, le thylacine était incapable de courir très vite sur ses quatre pattes et il avait la queue raide des kangourous. Le mâle comme la femelle avaient une poche. Animal nocturne, il se cachait le jour et chassait la nuit, s'attaquant aux émeus, kangourous et petits animaux.

Le dernier thylacine
Au début du xxe siècle, les thylacines avaient disparu d'Australie et étaient devenus rares en Tasmanie. Les agriculteurs pensaient qu'ils s'attaquaient aux troupeaux et le gouvernement offrait une récompense à chaque animal tué. En 1930, il n'en restait plus qu'un seul au zoo de Hobart, en Tasmanie (ci-dessus). Il mourut en 1936. Malgré de séduisantes rumeurs attestant l'avoir aperçu, l'espèce a été déclarée éteinte en 1982.

-4,6 milliards d'années	542	488	444	416	359
précambrien	cambrien	ordovicien	silurien	dévonien	carbonifère

PARENT VIVANT

Le diable de Tasmanie est l'un des plus proches parents vivants du thylacine. Ce carnivore, de la taille d'un chat, doit son nom à son cri à glacer le sang et à sa morsure particulièrement puissante, capable de broyer des os. Il dévore les carcasses jusqu'à la dernière miette, os, peau, pattes… tout. Inquiété, il dégage une odeur fétide afin d'écarter l'ennemi.

▲ CES PEINTURES RUPESTRES, *réalisées par les Aborigènes d'Australie, indiquent que le thylacine était autrefois répandu sur le continent australien.*

9	251	200	145	65	23	aujourd'hui
permien	trias	jurassique	crétacé	paléogène	néogène	

Des *insectes* au menu

Beaucoup des premiers mammifères n'étaient ni carnivores ni herbivores, mais insectivores, se nourrissant d'insectes, de vers de terre et autres petits animaux. Ils avaient un odorat et une ouïe excellents et souvent une mauvaise vue. Ils vivaient dans des terriers creusés dans la terre ou bien dans les arbres. Farouches et discrets, ils étaient souvent nocturnes, profitant de la sécurité de la nuit pour chasser.

Leptictidium

- **Quand** -40 millions d'années (paléogène)
- **Où** Europe
- **Habitat** Zones boisées
- **Longueur** 1 m
- **Alimentation** Insectes et autres petits animaux

Leptictidium avait d'énormes pattes postérieures, il bondissait sans doute tel un kangourou miniature, mais devait aussi pouvoir gambader sur ses quatre pattes. L'étude du crâne montre qu'il avait un long museau en trompe dont il se servait sans doute pour dénicher ses proies. D'après le contenu fossilisé de son estomac, il se nourrissait d'insectes mais aussi de lézards et de petits mammifères.

PORTRAIT DE GROUPE

De nombreuses sortes de mammifères se nourrissaient d'insectes. Bien que ces insectivores partagent des traits en commun, ils ne sont pas tous apparentés et ne forment pas une famille.

Caractéristiques
- Poils ou fourrure
- Museau pointu
- Pattes courtes
- Griffes pour grimper et creuser

Glyptodon

- **Quand** -2 millions d'années à -10 000 ans (néogène)
- **Où** Amérique du Sud
- **Habitat** Marécages
- **Longueur** 2 m
- **Alimentation** Plantes

Glyptodon était un parent géant des tatous actuels, mais à la différence de ces derniers, il se nourrissait de plantes plutôt que d'insectes. Cet animal énorme pesait autant qu'une petite voiture. Sa carapace était composée d'un millier de petites plaques osseuses sur son dos et sa queue. Il avait une petite tête en forme de casque et des dents aplaties idéales pour broyer les feuilles résistantes.

PARENT VIVANT

Comme son parent préhistorique, le tatou moderne se protège des prédateurs grâce à une carapace de plaques osseuses. À la naissance, la carapace est molle et elle durcit en grandissant. Le tatou d'Amérique du Sud se roule en boule pour protéger son ventre mou, d'autres espèces se laissent tomber au sol en rentrant leurs pattes.

Eurotamandua

- **Quand** -50 à -40 millions d'années (début du paléogène)
- **Où** Allemagne
- **Habitat** Zones boisées
- **Longueur** 1 m
- **Alimentation** Fourmis et termites

Eurotamandua était un parent proche des pangolins modernes. Dépourvus de dents, les pangolins se nourrissent en éventrant les termitières et les fourmilières à l'aide de leurs griffes et en attrapant leurs habitants avec leur langue collante. *Eurotamandua* avait un long museau, sans doute aussi une longue langue. Avec sa queue musclée et souple, peut-être s'accrochait-il aux branches pour grimper.

Deinogalerix

- **Quand** -10 à -5 millions d'années (fin du néogène)
- **Où** Italie
- **Habitat** Zones boisées
- **Longueur** 0,50 m
- **Alimentation** Insectes sans doute et charognes

Son nom signifie « terrible hérisson », mais *Deinogalerix* n'était pas hérissé de piquants comme ses cousins modernes. Il était en réalité couvert de poils. Avec un long museau conique, de petites oreilles pointues et une queue effilée, il ressemblait davantage à un rat géant plutôt qu'à un hérisson. Il se nourrissait certainement de gros insectes, scarabées et crickets, mais peut-être mangeait-il aussi des oiseaux et des petits mammifères et ne dédaignait pas les charognes. Plutôt que de poursuivre une proie, il devait fouiller les sous-bois, ne faisant qu'une bouchée de ses victimes avant qu'elles aient eu le temps de fuir.

Icaronycteris

Les chauves-souris préhistoriques, comme *Icaronycteris,* n'étaient pas très différentes des espèces actuelles. Leurs techniques de chasse étaient même semblables : survolant, dans le ciel nocturne, les lieux foisonnant d'insectes, comme les arbres ou les plans d'eau, avant de fondre sur leurs proies. Certains scientifiques émettent l'hypothèse que ces chauves-souris préhistoriques volaient la nuit pour échapper aux oiseaux prédateurs diurnes.

MAIS ENCORE ?

Icaronycteris tient son nom d'Icare, le fils de l'architecte de l'Antiquité grecque Dédale. Selon la légende, Icare et son père s'échappèrent d'exil grâce à des ailes de cire et de plumes. Icare s'approcha trop du soleil, la cire fondit et il fut précipité dans la mer et mourut.

-4,6 milliards d'années	542	488	444	416	359	299	25
précambrien	cambrien	ordovicien	silurien	dévonien	carbonifère	permien	

Icaronycteris

- **Quand** -55 à -50 millions d'années (paléogène)
- **Où** États-Unis
- **Habitat** Zones boisées
- **Envergure** 35 cm
- **Alimentation** Insectes

Les écailles de papillons de nuit trouvées dans l'estomac d'un spécimen nous ont appris que *Icaronycteris* était une chauve-souris nocturne qui chassait en vol. Pour attraper des papillons de nuit, les chauves-souris modernes pratiquent l'écholocation : elles envoient des ondes sonores et l'écho renvoyé leur permet de « visualiser » la proie. *Icaronycteris* devait aussi en être capable.

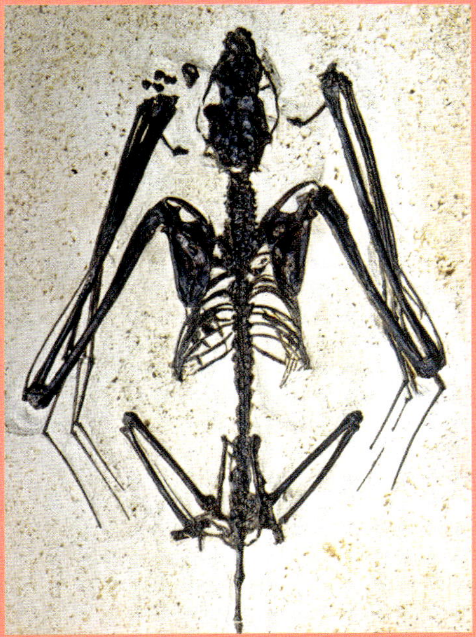

▲ *ICARONYCTERIS est l'une des chauves-souris les plus anciennes. À la différence des espèces modernes, sa longue queue n'était pas reliée aux pattes postérieures par une membrane de peau. Mais elle aussi dormait suspendue, la tête en bas.*

PARENT VIVANT

La chauve-souris est le seul mammifère réellement capable de voler. Elle a une membrane de peau tendue entre les bras et les doigts, qui est une véritable longue aile. Quelques espèces, comme cette roussette, se nourrissent de fruits.

Félins *et* hyènes

Les félins préhistoriques étaient aussi féroces que leurs cousins modernes et, parfois, bien plus grands. Comme les espèces actuelles, ils avaient un corps musclé et puissant, et des dents tranchantes capables de déchirer la chair. Les félins et les hyènes partagent un ancêtre commun, et les espèces préhistoriques possèdent des similitudes aux deux groupes.

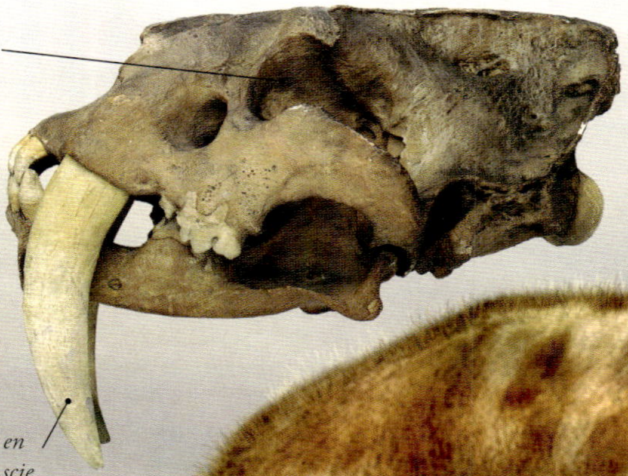

◄ DENT DE SABRE
Les canines de Smilodon *mesuraient plus de 25 cm, racines incluses. Elles étaient recourbées vers l'intérieur, avec des bords très tranchants, comme un sabre.*

Smilodon

- **Quand** -5 millions d'années -10 000 ans (néogène)
- **Où** Amérique du Nord et du Sud
- **Habitat** Plaines
- **Longueur** 1,80 m
- **Alimentation** Viande

Smilodon était l'un des nombreux félins à dents de sabre identifiés par les scientifiques. C'était un animal lourd, musclé et un prédateur digne de ce nom, capable de plaquer ses victimes au sol avant de leur trancher la gorge. Malgré la taille de l'animal, les dents n'étaient pas assez robustes pour s'en prendre à la nuque et aux vertèbres de ses proies. Celles-ci étaient diversifiées : chevaux et jeunes mammouths comptaient à leur nombre. Des fossiles découverts regroupés tendent à suggérer qu'il chassait en meutes, comme les lions.

Dinofelis

- **Quand** -5 à -1 millions d'années (néogène)
- **Où** Afrique, Europe, Asie, Amérique du Nord
- **Habitat** Zones boisées
- **Longueur** 2 m
- **Alimentation** Viande

Dinofelis (« terrible félin ») était de la taille des félins forestiers, comme la panthère ou le jaguar. Comme eux, il était peut-être tacheté ou rayé, un bon camouflage dans les sous-bois tandis qu'il était en embuscade. Il chassait ses proies dans les forêts, à l'affût derrière les arbres avant de leur bondir dessus.

Ses proéminentes dents de devant étaient plus courtes que chez les autres félins à dents de sabre, mais tout autant mortelles. En Afrique, des os lui appartenant ont été retrouvés à proximité de vestiges de campements d'hommes archaïques, qui devaient compter parmi ses proies.

Hyène des cavernes

- **Quand** -2 millions d'années à -10 000 (fin du pléistocène)
- **Où** Europe, Asie
- **Habitat** Savane
- **Longueur** 2 m
- **Alimentation** Viande

Canine

Chasseur et charognard, la hyène des cavernes se nourrissait de chevaux sauvages, de rhinocéros laineux, de cerfs et d'humains dans l'Europe et l'Asie de l'âge glaciaire. De récents tests ADN effectués sur des fossiles prouvent qu'il s'agit de la même espèce que la hyène tachetée actuelle d'Afrique *(Crocuta crocuta)*, mais plus grande et avec des pattes antérieures plus longues.

Ictitherium

- **Quand** -13 à -5 millions d'années (néogène)
- **Où** Europe, Asie, Afrique
- **Habitat** Plaines
- **Longueur** 1,20 m
- **Alimentation** Insectes

Ictitherium est un membre très ancien de la famille des hyènes. Cependant, avec son long corps et ses pattes courtes, il ressemblait davantage à une civette (mammifère nocturne qui grimpe aux arbres) qu'à une hyène moderne. Il était sans doute insectivore, se nourrissant peut-être aussi de petits mammifères et de lézards.

Machairodus

- **Quand** -12 millions d'années à -125 000 (néogène)
- **Où** Amérique du Nord, Afrique, Europe, Asie
- **Habitat** Zones boisées, savane
- **Longueur** 2 m
- **Alimentation** Viande

Grand et féroce, *Machairodus* était un félin à dents de sabre, bien que ses canines ressemblassent davantage à une lame de couteau qu'à celles de *Smilodon*. Comme beaucoup de félins préhistoriques, il chassait à l'affût, ses pattes étant trop courtes pour soutenir une longue course. Les espèces plus tardives, qui vivaient en plaine, avaient des pattes antérieures plus longues : elles se déplaçaient donc davantage pour courir après leurs proies.

PORTRAIT DE GROUPE

Caractéristiques
- Dents tranchantes
- Puissants muscles des mâchoires et du cou
- Puissantes pattes antérieures
- Pattes griffues

Quand
Les premiers mammifères ressemblant à un félin sont apparus il y a 35 millions d'années, au paléogène, et, au fil du temps, ils ont engendré la famille des félins actuels.

L'ère *glaciaire*

Imaginez un monde où l'Arctique et l'Antarctique étendraient leurs champs de glace jusqu'à couvrir de vastes étendues de l'Amérique du Nord, d'Asie et d'Europe. À certaines périodes, de grandes parties du monde ont effectivement été recouvertes de glace : ce sont les périodes glaciaires de l'histoire de la planète, avec des glaciers comme caractéristiques principales.

▲ REPRÉSENTATION ARTISTIQUE *Cette illustration du XIXe siècle, due au géologue et naturaliste suédois Oswald Heer, offre une image incorrecte des grands mammifères, dont les mammouths et les cerfs, survivant aux abords des glaciers lors de la dernière glaciation. En réalité, ces animaux vivaient dans la steppe.*

QU'EST-CE QU'UN GLACIER ?

Un glacier est une rivière de glace en mouvement, entraînée dans le sens de la descente des pentes par la force de son propre poids. Les glaciers sont parfois énormes. La température terrestre étant fluctuante, les glaciers avancent sur les terres lors des périodes glaciaires, et se rétractent lors des périodes interglaciaires plus tempérées.

Terre boule de neige

Au cours de millions d'années, la Terre a oscillé entre périodes chaudes et périodes froides. Les scientifiques ne savent pas ce qui provoque une période glaciaire, mais ils pensent que cela a un rapport avec les modifications progressives de l'orbite de notre planète autour du Soleil au cours de millions d'années.

Lors de la glaciation la plus sévère, la Terre était entièrement recouverte de glace.

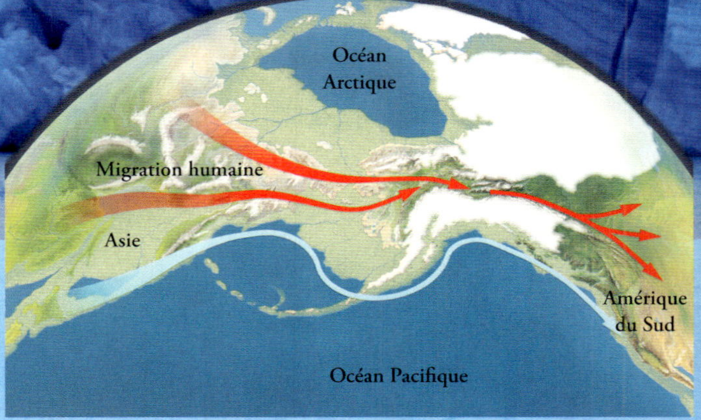

Sous la mer… une route inattendue

Lors d'une période glaciaire, le niveau de la mer peut descendre de 100 m – l'eau piégée sur terre par la glace réduisant le débit des fleuves vers les océans. Avec la baisse du niveau des mers, apparaissent des ponts reliant des continents. Ainsi, lors de la dernière glaciation, la Grande-Bretagne fut reliée à l'Europe, la Nouvelle-Guinée à l'Australie et la Sibérie à l'Alaska, ce qui permit à des populations asiatiques de rejoindre l'Amérique.

Les blocs « erratiques » sont de gros rochers laissés par les glaciers lors de la fonte. Ils peuvent être petits ou très gros.

Des indices du passé

Lorsque les glaciers disparaissent, ils déposent derrière eux divers indices de leur présence passée. Ils rabotent le sol en avançant, forgeant de profondes vallées en U. Lorsqu'ils fondent, ils laissent sur leur passage d'énormes blocs erratiques, souvent composés d'une roche distincte de celle trouvée à leur emplacement.

MAIS ENCORE ?

L'être humain moderne, *Homo sapiens,* est apparu durant une glaciation, sur les terres froides de l'hémisphère Nord. Il cohabitait avec de grands mammifères, tels :

- les mammouths laineux ;
- les rhinocéros laineux ;
- les ours des cavernes ;
- les lions des cavernes ;
- les castors géants.

Beaucoup d'entre eux s'éteignirent juste après l'apparition d'*Homo sapiens.*

Un tapis de glace

Le pic de la dernière glaciation, il y a quelque 20 000 ans, recouvrit de glace de vastes zones d'Europe occidentale, ainsi que le Groenland, l'Islande et certaines parties de l'océan Atlantique. Les chaînes de montagnes européennes, Alpes, Pyrénées, Oural et Carpates, étaient également enfouies sous les glaciers.

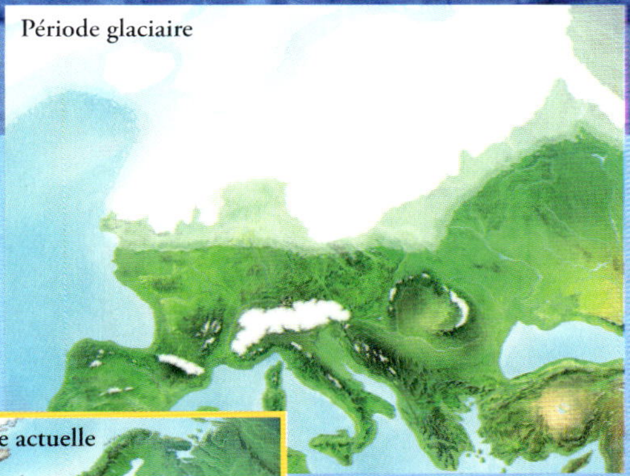

▲ INLANDSIS
Lors de la dernière glaciation, le nord de l'Europe était couvert d'une gigantesque calotte glaciaire.

Autres *mammifères* carnivores

Ce groupe de mammifères, essentiellement carnivores, englobe les chiens, les ours, les renards, les ratons laveurs, les belettes et, pour étonnant que cela paraisse, les phoques, les otaries et les morses, qui sont issus de mammifères carnivores terrestres. Tous possèdent des canines, bien développées.

Canis dirus

- **Quand** -2 millions d'années à -10 000 (fin du pléistocène)
- **Où** Amérique du Nord
- **Habitat** Plaines
- **Longueur** 1,50 m
- **Alimentation** Viande

Canis dirus (« le loup ») était un gros animal avec des mâchoires bien plus imposantes que les loups modernes. Ses membres étaient plus courts que ceux de son cousin le loup gris, ce qui suggère qu'il passait plus de temps à nettoyer les charognes qu'à chasser. Il a disparu lors de la dernière glaciation, à la suite sans doute de la disparition des grands herbivores dont il se nourrissait. Des milliers de fossiles ont été trouvés dans le gisement de La Brea Tar Pits (des puits d'asphalte), en Californie (voir p. 240), ce qui suggère qu'il chassait en meutes.

PORTRAIT DE GROUPE

Caractéristiques
- Long museau
- Quatre dents carnassières
- Quadrupède
- Griffes chez la plupart des espèces

Quand
Ils sont apparus au paléogène, il y a 55 millions d'années, et existent encore aujourd'hui.

Arctodus

- **Quand** -2 millions d'années à -10 000 (fin du pléistocène)
- **Où** Amérique du Nord
- **Habitat** Zones montagneuses et boisées
- **Longueur** 3 m
- **Alimentation** Omnivore

Ce très grand prédateur est le plus gros ours connu à ce jour, deux fois plus grand qu'un homme lorsqu'il se dressait sur ses pattes postérieures. *Arctodus* chargeait des proies comme les cerfs, les bisons et les chevaux, les dépassant à la course avec ses longues pattes. Il se nourrissait aussi de plantes et de charognes.

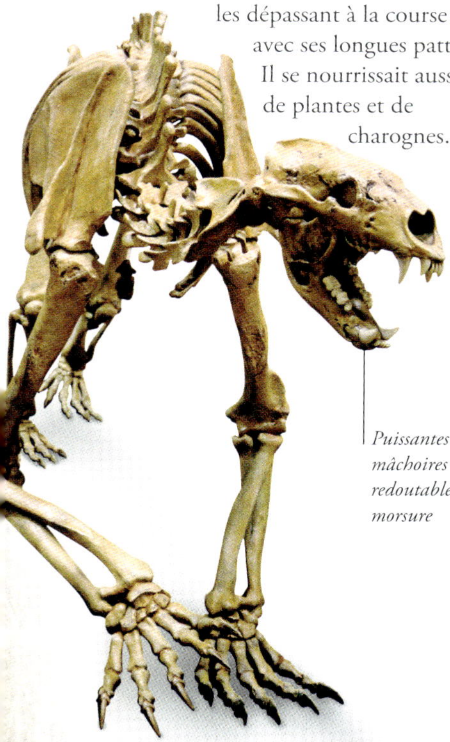

Puissantes mâchoires et redoutable morsure

Amphicyon

- **Quand** -30 à -20 millions d'années (néogène)
- **Où** Amérique du Nord, Espagne, Allemagne, France
- **Habitat** Plaines
- **Longueur** 2 m
- **Alimentation** Omnivore

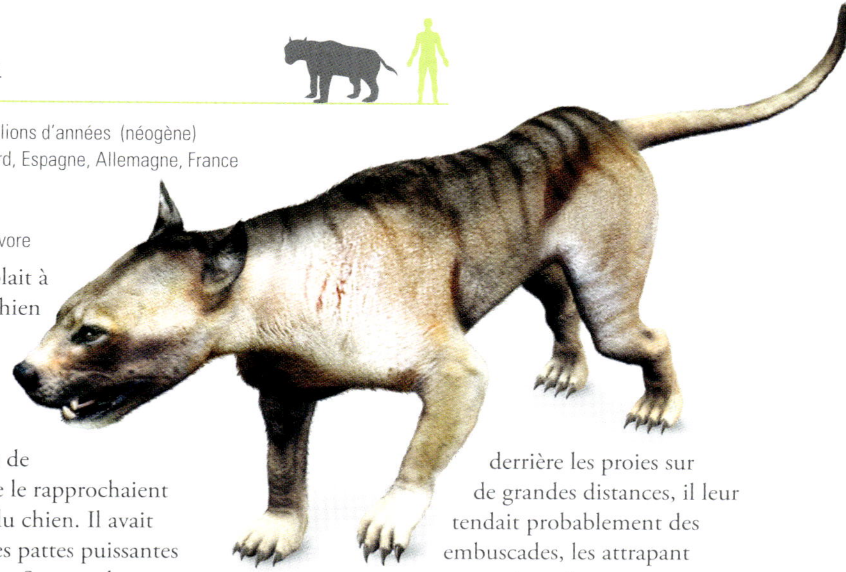

Amphicyon ressemblait à un croisement de chien et d'ours. Mais sa carrure – il était grand comme un grizzly – et son alimentation à base de plantes et de viande le rapprochaient plus de l'ours que du chien. Il avait des dents d'ours, des pattes puissantes et une longue queue. Sa corpulence lui interdisant les courses poursuites derrière les proies sur de grandes distances, il leur tendait probablement des embuscades, les attrapant par surprise et les tuant avec ses puissantes mâchoires.

Enaliarctos

- **Quand** -20 millions d'années (néogène)
- **Où** États-Unis
- **Habitat** Zones côtières
- **Longueur** 1 m
- **Alimentation** Poissons, viande, coquillages

Enaliarctos est l'un des plus anciens pinnipèdes, un groupe rassemblant artificiellement les phoques, les otaries et les morses. Il partageait son temps entre l'eau et la terre, un peu à la façon des otaries à crinière. Avec des pattes et des nageoires palmées, il nageait avec aisance dans l'eau, mais était plus maladroit sur terre. Ses grands yeux lui permettaient de voir dans l'obscurité des profondeurs et ses oreilles internes étaient adaptées pour entendre sous l'eau. Ses dents lui permettaient de trancher facilement la chair, mais il devait souvent retourner vers le rivage pour manger poissons et coquillages.

Miacis

- **Quand** -55 millions d'années (paléogène)
- **Où** Europe, Amérique du Nord
- **Habitat** Forêts tropicales
- **Taille** 30 cm
- **Alimentation** Petits mammifères, reptiles, oiseaux

Miacis était fin et court sur pattes. Il vivait en haut des arbres, grimpant à l'aide de ses membres agiles et s'équilibrant avec sa longue queue lorsqu'il sautait d'une branche à l'autre. Il chassait probablement de modestes animaux, petits mammifères et reptiles, déchiquetant la chair par un mouvement de ciseaux à l'aide de ses dents tranchantes. Peut-être mangeait-il aussi des œufs et des fruits.

▶ PIEDS SÛRS
Pour grimper aux arbres, Macis *s'agrippait avec ses griffes acérées.*

Englués dans la *mort*

Il y a 38 000 ans, une meute de félins à dents de sabre pourchassait un mammouth affaibli. L'animal, trébuchant dans ce qui semblait être une marre, se trouva en fait piégé dans du goudron gluant. Les félins aussi se retrouvèrent emprisonnés. Chassé et chasseurs périrent. Ils étaient tombés dans un énorme puits de goudron.

Beaucoup d'espèces trouvées à La Brea existent encore aujourd'hui, dont le condor de Californie.

LA BREA

Des milliers de fossiles d'os d'animaux ont été trouvés à La Brea Tar Pits, à Los Angeles, aux États-Unis, dont beaucoup datent de la dernière glaciation. Ce site a également livré d'énormes quantités de plantes et d'insectes fossilisés. Au total, ces puits de goudron ont fourni un panorama fascinant de la vie dans la région de Los Angeles il y a quelque 38 000 ans.

MAIS ENCORE?

En fait de goudron, il s'agit plutôt d'asphalte (l'asphalte est un matériau trouvé dans la nature, le goudron un produit manufacturé). Dans un puits, l'asphalte ressort à la surface de la terre. Ces puits sont précieux pour l'étude des écosystèmes anciens, grâce aux animaux qui y ont été piégés, puis conservés.

▲QUELLE DÉCOUVERTE ! *Plus de 60 espèces de mammifères ont été découvertes à La Brea, dont certains spécimens de mammouths très bien conservés. Ces merveilles sont regroupées dans un musée dédié.*

En tout, plus de **3,5 millions de spécimens** ont été récupérés à La Brea, représentant près de **650 espèces animales et végétales.**

PLUS DE PRÉDATEURS QUE DE PROIES

Il est étonnant de constater que plus de 90 % des fossiles de La Brea sont des mammifères carnivores. Pourquoi ? Peut-être parce que le spectacle d'un herbivore se débattant dans l'asphalte devait attirer bon nombre de prédateurs et charognards, espérant un repas facile ; ils ignoraient qu'ils se trouveraient à leur tour piégés.

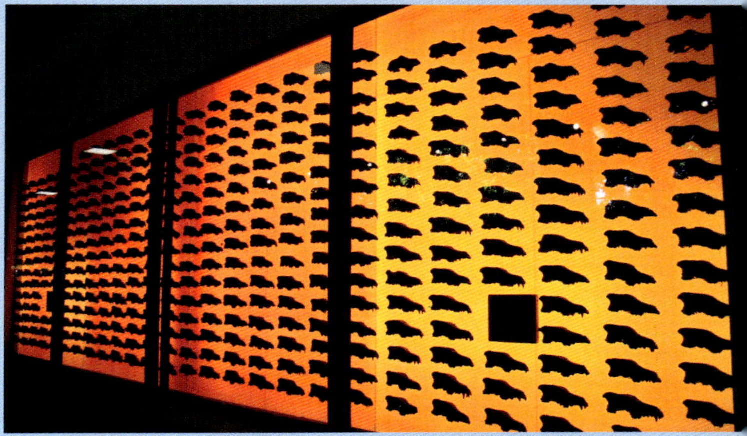

▲ LES CRÂNES *de plus de 4 000* Canis dirus, *animal disparu voici 10 000 ans, trouvés à La Brea Tar Pits*

INFOS +

Tous ces animaux ont été trouvés à La Brea.

Herbivores
- Mammouth
- Mastodonte d'Amérique
- Paresseux géant
- *Nothrotheriops*
- Bison préhistorique
- Chameau d'Amérique
- Lama
- Cheval
- Pronghorn nain
- Pronghorn du puits de goudron
- Tapir de Californie
- Wapiti
- Cerf

Carnivores
- Ours à face courte
- Ours brun
- Ours noir
- Lion d'Amérique
- Félin à dents de sabre
- Jaguar
- Guépard américain
- Cougar
- *Canis dirus*
- Loup gris
- Coyote
- Belette

Oiseaux
- Condor de Californie
- Aigle
- Épervier
- Faucon
- Vautour
- Grue du Canada
- Oie du Canada
- Canard colvert
- Héron nocturne
- Cigogne de La Brea
- Grèbe
- Cormoran
- Pie
- Grand duc d'Amérique
- Hibou de La Brea
- Grand géocoucou
- Pigeon à queue barrée
- Courlis
- Perdrix de Californie

Reptiles, amphibiens et poissons
- Serpent roi
- Couleuvre *(Thamnophis)*
- Tortue
- Truite arc-en-ciel
- Serpent à sonnette
- Salamandre
- Épinoche
- Grenouille arboricole
- Crapaud

Lapins *et* rongeurs

Les rongeurs, parmi lesquels les rats, les souris et les écureuils, étaient aussi abondants aux temps préhistoriques qu'aujourd'hui. De même que les lapins, bondissant en pleine nature à peu de chose près de la même façon que leurs descendants actuels. Les rongeurs étaient pour la plupart de petits herbivores, sauf quelques espèces qui atteignaient une taille effrayante.

Castoroides

- **Quand** -3 millions d'années à -10 000 ans (néogène)
- **Où** Amérique du Nord
- **Habitat** Lacs, étangs, marais
- **Longueur** 3 m
- **Alimentation** Plantes

Grand comme un ours noir, ce castor géant était l'un des plus grands rongeurs de tous les temps. Les castors actuels ont des dents de devant en forme de ciseau, mais celles de *Castoroides* étaient grandes et larges. Ses pattes postérieures étaient plus courtes, mais la queue était plus longue et plus étroite. Comme les castors modernes, il vivait dans l'eau ou sur les berges, construisant peut-être aussi de petits barrages et des huttes.

Dent fossile d'un castor géant datant de 20 000 ans

Palaeocastor

- **Quand** -25 millions d'années (paléogène)
- **Où** Amérique du Nord, Japon
- **Habitat** Zones boisées
- **Longueur** 40 cm
- **Alimentation** Plantes

Palaeocastor était un castor incomparablement plus petit que *Castoroides* et plus ancien. Cet animal terrestre creusait de profonds terriers avec ses dents de devant et ne bâtissait pas de hutte ni de barrage. En 1891, furent découverts des terriers fossiles renfermant des squelettes de l'animal ainsi que des traces de dents sur les parois. On surnomma ces terriers « tire-bouchons du diable », à cause de leur forme étroite et en spirale.

PORTRAIT DE GROUPE

Caractéristiques
- Chez les rongeurs, quatre incisives spécialisées pour ronger, huit chez les lapins
- Fourrure
- Griffes

Quand
Ils sont apparus au paléogène, il y a environ 65 millions d'années, et sont toujours présents.

Eomys

- **Quand** -25 millions d'années (paléogène)
- **Où** France, Allemagne, Espagne, Turquie
- **Habitat** Zones boisées
- **Longueur** 25 cm
- **Alimentation** Plantes

Ce petit rongeur planait dans les airs. D'après les nombreux squelettes trouvés, on suppose qu'il était équipé de membranes de peau entre les antérieurs et les postérieurs, comme les écureuils volants actuels. C'était sans doute un proche parent des gauphres et souris kangourous actuels.

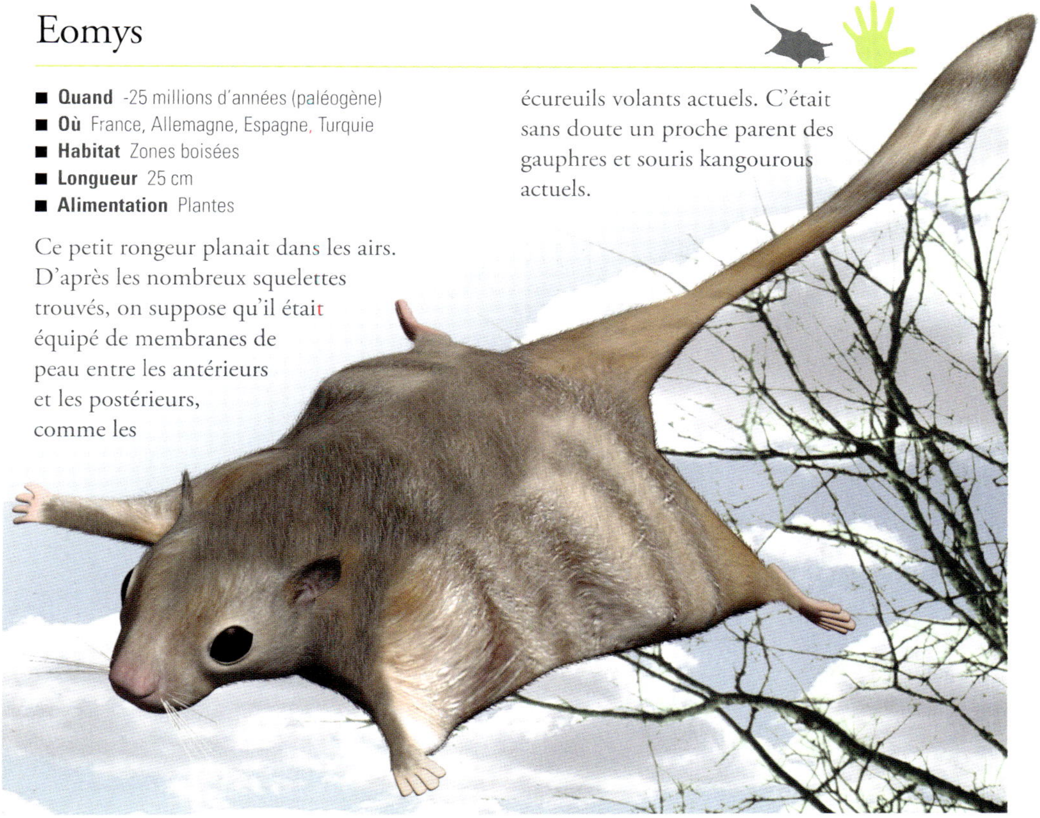

Palaeolagus

- **Quand** -33 à -23 millions d'années (fin du paléogène)
- **Où** États-Unis
- **Habitat** Plaines et zones boisées
- **Longueur** 25 cm
- **Alimentation** Herbe

Les fossiles de *Palaeolagus* sont parmi les plus anciens restes de lapin. Cet animal avait de longues oreilles pointues et la queue légèrement plus longue que ses cousins actuels. Les pattes postérieures étaient plus courtes que chez les lapins actuels, ce qui suggère qu'il détalait à la manière des écureuils et ne bondissait pas. Il mordillait l'herbe et d'autres plantes avec ses deux paires d'incisives supérieures.

Ceratogaulus

- **Quand** -10 à -5 millions d'années (néogène)
- **Où** Canada, États-Unis
- **Habitat** Zones boisées
- **Longueur** 30 cm
- **Alimentation** Plantes

Ceratogaulus est l'un des rares rongeurs à cornes et le plus petit mammifère connu ayant des cornes. Les scientifiques pensaient autrefois qu'il s'en servait pour creuser, mais leur emplacement rend la chose improbable. Les deux sexes avaient des cornes sans doute pour se défendre, plutôt que pour les parades de reproduction. Il vivait dans des terriers creusés à l'aide de ses grosses griffes. Il avait des petits yeux et sans doute une mauvaise vue.

Mammifères *à sabots*

Les sabots sont les ongles des doigts sur lesquels repose le poids de l'animal et qui lui permettent de marcher sur un sol dur. Tous les mammifères à sabots sont les descendants d'ancêtres à cinq doigts qui, au fil du temps, en ont perdu et n'en ont plus qu'un, deux ou trois par pied. Les premiers mammifères à sabots étaient de la taille d'un chat, mais les espèces plus tardives sont devenues énormes, conséquence d'un régime d'herbe et de feuilles.

PORTRAIT DE GROUPE

Caractéristiques

- Herbivores
- Quadrupèdes à la marche et à la course
- Doigts en sabot
- Grosses dents broyeuses de végétaux, défenses chez quelques espèces
- Cornes parfois

Quand

Les mammifères à sabots sont apparus au paléogène (il y a environ 65 millions d'années). Ils vivaient généralement en forêt ou dans la savane.

Cornes en Y, arrondies au bout, peut-être utilisées lors de la parade

Megacerops

- **Quand** -38 à -30 millions d'années (paléogène)
- **Où** Amérique du Nord, Asie
- **Habitat** Plaines
- **Longueur** 3 m
- **Alimentation** Plantes

Lorsque les membres des tribus sioux, aux États-Unis, trouvèrent les énormes fossiles de *Megacerops,* ils imaginèrent qu'il s'agissait des restes d'animaux mythiques, galopant dans les nuages en déclenchant des tempêtes, qu'ils nommèrent « chevaux de tonnerre ». *Megacerops* était de fait apparenté aux chevaux, quoique plus semblable par la taille et par la forme au rhinocéros, sans doute recouvert lui aussi d'un cuir épais. De longues pointes dressées sur les os des épaules aidaient à soutenir les muscles du cou et de la tête.

Habitudes alimentaires

Les dents de *Megacerops* suggèrent qu'il se nourrissait de plantes tendres plutôt que de végétation coriace. Peut-être sélectionnait-il ces plantes à l'aide d'une longue langue et de lèvres mobiles.

Uintatherium

- **Quand** -45 à -40 millions d'années (paléogène)
- **Où** Amérique du Nord, Asie
- **Habitat** Plaines
- **Longueur** 3 m
- **Alimentation** Plantes

Uintatherium ressemblait aussi au rhinocéros, avec son corps en forme de tonneau. Il avait un gros crâne aplati et un tout petit cerveau. Trois paires de cornes, couvertes de peau, ornaient sa tête, la plus grande à l'arrière. Chez le mâle, elles étaient plus grosses que chez la femelle, ce qui pousse à les considérer comme des attributs de parade ou de combats entre rivaux. À en juger par son poids et ses courtes pattes, il devait être lent, mais peut-être capable de courtes pointes de vitesse.

Phenacodus

- **Quand** -55 à -45 millions d'années (paléogène)
- **Où** Amérique du Nord, Europe
- **Habitat** Savane, zones boisées
- **Longueur** 1 m
- **Alimentation** Herbe

Le squelette de *Phenacodus,* comme celui des chevaux, était adapté à la course. Les spécialistes pensaient jadis qu'il s'agissait d'un ancêtre du cheval. Ses pattes étaient bien plus longues et mobiles que chez les autres mammifères à sabots primitifs et son poids portait essentiellement sur les trois doigts du milieu. Il avait de grandes dents carrées, idéales pour broyer la végétation coriace. Peut-être était-il rayé ou tacheté pour se camoufler de la vue des prédateurs dans les sous-bois.

Mesoreodon

- **Quand** -23 millions d'années (paléogène)
- **Où** États-Unis
- **Habitat** Déserts, prairies
- **Longueur** 1 m
- **Alimentation** Plantes

Ce mammifère à sabots avait de grands yeux. Selon des études effectuées sur un des spécimens, *Mesoreodon* avait, au niveau du larynx, une caisse de résonnance contenue dans l'os hyoïde. Il émettait des sons tonitruants semblables à ceux des singes hurleurs modernes ; peut-être des cris d'alerte destinés à effrayer les prédateurs et à avertir ses congénères. Ses canines acérées servaient sans doute à se défendre en cas d'attaque ou à parader. Les dents à l'arrière de la gueule étaient bien adaptées à la mastication des plantes basses.

Leptomeryx

Des hordes de minuscules mammifères, les *Leptomeryx*, ont parcouru les forêts et les prairies de l'Amérique du Nord pendant plus de 13 millions d'années. Pas plus grand qu'un lièvre, cet animal était à peu près aussi agile, détalant comme une flèche dans la végétation sur ses minuscules sabots. Ce petit herbivore, très prospère et prolifique, constituait un repas facile pour les prédateurs de son temps.

Leptomeryx

- **Quand** -38 à -25 millions d'années (paléogène)
- **Où** États-Unis
- **Habitat** Savane
- **Longueur** 30 cm
- **Alimentation** Plantes principalement

Leptomeryx était un ruminant, un mammifère à sabots qui régurgitait les aliments de son estomac pour les mâcher une seconde fois. Au cour de sa présence sur Terre, le climat s'est modifié et les prairies ont cédé la place à la forêt. L'étude des fossiles permet de déduire que, dans le même temps, les dents de cet animal sont devenues plus robustes, s'adaptant peut-être ainsi à une alimentation plus coriace, telle qu'une herbe qui se protège des herbivores avec de minuscules particules de silice (sable). *Leptomeryx* était charpenté comme un cerf, mais démuni de bois, et le mâle avait des petites défenses à la place des canines.

-4,6 milliards d'années	542	488	444	416	359
précambrien	cambrien	ordovicien	silurien	dévonien	carbonifère

Sur la pointe des pieds

Les mammifères à sabots sont répartis en deux groupes, en fonction du nombre de doigts. Un nombre impair pour les chevaux, les rhinocéros et les tapirs, pair pour les antilopes, les cerfs, les hippopotames et les cochons.

PARENT VIVANT

Le chevrotain vit dans les forêts tropicales humides d'Asie du Sud-Est et d'Afrique. Son lien de parenté avec *Leptomeryx* n'est pas certain, mais il est de même taille et, comme lui, est dépourvu de cornes ou de bois et n'a que des petites défenses. Cet animal à allure de cerf est solitaire.

299	251	200	145	65	23	aujourd'hui
permien	trias	jurassique	crétacé	paléogène	néogène	

Macrauchenia

Il y a 7 millions d'années, cet herbivore à l'allure étrange était commun dans les plaines d'Amérique du Sud. En apparence, c'était un doux mélange de différents animaux, un corps de cheval, un long cou de dromadaire et même peut-être une courte trompe. Il appartenait à une famille aujourd'hui disparue de mammifères à sabots, présente uniquement en Amérique du Sud et en Antarctique.

MAIS ENCORE?

Lorsqu'il avait une vingtaine d'années, le scientifique anglais Charles Darwin passa deux ans à faire le tour du monde à bord du *Beagle*. Il rencontra de nombreuses espèces animales et végétales. En 1834, lors d'une escale en Argentine, il trouva la moitié d'un squelette de ce qui ressemblait à un dromadaire ou lama préhistorique. Il s'agissait en fait de *Macrauchenia*.

-4,6 milliards d'années	542	488	444	416	359
précambrien	cambrien	ordovicien	silurien	dévonien	carbonifère

Macrauchenia

- **Quand** -7 millions d'années à -20 000 ans (néogène)
- **Où** Amérique du Sud
- **Habitat** Prairies
- **Longueur** 3 m
- **Alimentation** Feuilles et herbe

Macrauchenia avait des narines haut placées sur le crâne, entre les yeux, ce qui fait dire à certains qu'il avait une petite trompe. Grâce à son long cou, il se nourrissait certainement du feuillage des arbres en complément de la végétation basse. À en juger par la petite taille de ses fémurs, il ne devait pas être rapide à la course, mais les os des pattes étaient disposés de telle façon qu'il pouvait faire demi-tour en pleine course, déjouant ainsi les prédateurs.

299	251	200	145	65	23	aujourd'hui
permien	trias	jurassique	crétacé	paléogène	néogène	

Les chevaux

Les chevaux les plus anciens étaient des petits mammifères des forêts qui se nourrissaient de feuilles. Il y a environ une vingtaine de millions d'années, le climat de la Terre changea et les forêts cédèrent la place aux prairies. Les chevaux s'adaptèrent donc à une alimentation à base d'herbe. Ils grandirent, leurs pattes s'allongèrent, et par conséquent ils devinrent plus rapides. Des centaines d'espèces préhistoriques ont été découvertes aux quatre coins de la planète, formant un arbre généalogique aux nombreuses impasses.

Hipparion

- **Quand** -23 à -2 millions d'années (néogène)
- **Où** Amérique du Nord, Europe, Asie, Afrique
- **Habitat** Prairies, plaines
- **Longueur** 2 m
- **Alimentation** Feuilles et herbe

Avec son long museau et ses longues pattes, *Hipparion* ressemblait à un poney actuel. À la différence des chevaux modernes, qui n'ont qu'un doigt par membre, ce cheval préhistorique en avait trois, mais tout son poids portait sur celui du milieu, qui se terminait par un sabot. Les autres doigts ne touchant pas le sol, il rebondissait rapidement et courait vite.

▲ HERBIVORE Hipparion *vivait dans les prairies herbeuses. Les chevaux n'ont jamais acquis la capacité à digérer intégralement l'herbe, et leur crottin comporte des tiges entières.*

PORTRAIT DE GROUPE

Caractéristiques
- Longue tête étroite
- Long cou
- Jambes fines
- Grandes dents
- Sabots et nombre de doigts impairs (un ou trois)

Quand
Les chevaux sont apparus au paléogène, il y a 54 millions d'années.

Merychippus

- **Quand** -17 à -10 millions d'années (néogène)
- **Où** États-Unis, Mexique
- **Habitat** Plaines
- **Longueur** 1 m
- **Alimentation** Herbe

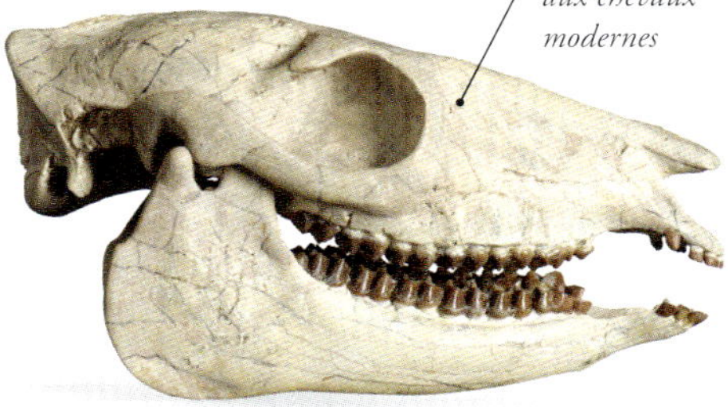

Merychippus serait le premier cheval à s'être nourri d'herbe, contrairement à ses ancêtres qui mangeaient des feuilles. C'était également le premier avec une tête semblable à celle des chevaux modernes : un long museau, de grandes mâchoires et des yeux sur le côté. Il avait aussi un long cou qui lui permettait de brouter l'herbe. Cet animal aux mœurs grégaires parcourait de grandes distances pour se nourrir. Rapide sur ses longues jambes, il était même capable de galoper lorsqu'il était pourchassé par des prédateurs.

Protorohippus

- **Quand** -52 à -45 millions d'années (paléogène)
- **Où** États-Unis
- **Habitat** Zones boisées
- **Longueur** 30 cm
- **Alimentation** Plantes

Un des plus anciens chevaux connus, le minuscule *Protorohippus,* était un animal forestier rapide, sans doute solitaire ou vivant par deux. Il se nourrissait de feuilles plutôt que d'herbe. Il avait des jambes courtes, les postérieures légèrement plus longues que les antérieures, d'où l'on peut déduire qu'il était sauteur. De ses trois doigts, celui du milieu était plus gros et supportait tout son poids.

Pliohippus

- **Quand** -12 à -2 millions d'années (néogène)
- **Où** États-Unis
- **Habitat** Plaines
- **Longueur** 1 m
- **Alimentation** Plantes

Encore récemment, les scientifiques tenaient *Pliohippus* pour l'ancêtre des chevaux modernes, en partie à cause de son doigt unique. Cependant, il avait des dents recourbées (droites chez les autres espèces) et d'étonnants creux sur le museau. Avec ses longs membres effilés, il était bâti pour la vitesse.

Equus

- **Quand** -4 millions d'années à aujourd'hui (néogène)
- **Où** Monde entier
- **Habitat** Prairies, plaines
- **Longueur** 3 m
- **Alimentation** Herbe

Le nom *Equus* englobe tous les chevaux modernes, des chevaux de course aux ânes en passant par les zèbres. Mis à part en Afrique, les chevaux sauvages sont rares. *Equus* est doté d'un gros cerveau caractéristique des mammifères plus récents. De taille moyenne à grande, il a une longue tête et un long cou à crinière. Cet animal grégaire est capable de courir très vite, particulièrement lorsqu'il est menacé.

PARENT VIVANT

Le cheval moderne est un grand coureur. Il possède de longues et fines jambes terminées par un sabot – en réalité, un doigt. Il a une longue tête, une longue queue et une crinière sur le cou. Il existe plus de 400 races de chevaux domestiques et 7 espèces sauvages, dont les zèbres et les ânes.

Cheval de Przewalski

Mesohippus

- **Quand** -40 à -30 millions d'années (paléogène)
- **Où** États-Unis
- **Habitat** Zones boisées
- **Longueur** 50 cm
- **Alimentation** Plantes

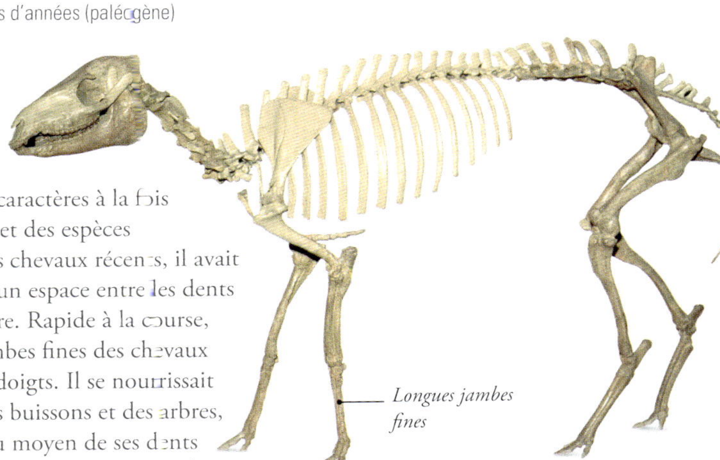

Mesohippus (« cheval du milieu ») avait des caractères à la fois des espèces anciennes et des espèces modernes. Comme les chevaux récents, il avait un long museau avec un espace entre les dents de devant et de derrière. Rapide à la course, il avait les longues jambes fines des chevaux modernes, mais trois doigts. Il se nourrissait sans doute à partir des buissons et des arbres, mâchant les feuilles au moyen de ses dents plus petites que celles des mangeurs d'herbe.

Chalicotherium

Chalicotherium était un étrange mammifère à sabot, ressemblant à un mélange de cheval et de gorille. Aux membres antérieurs, les sabots s'étaient déformés pour prendre l'apparence de griffes. Il s'en servait certainement pour attirer les branches des arbres à lui et atteindre ainsi les feuilles. Lorsqu'il ne se déplaçait pas, il s'asseyait pour manger. Peut-être aussi était-il capable de se dresser sur les postérieurs pour atteindre les hautes branches. De ses pattes au nombre impair de doigts, on déduit qu'il s'agit d'un parent éloigné des chevaux et des rhinocéros.

Chalicotherium

- **Quand** -15 à -5 millions d'années (néogène)
- **Où** Europe, Asie, Afrique
- **Habitat** Plaines
- **Longueur** 2 m
- **Alimentation** Plantes

Plus grand qu'un grizzly, *Chalicotherium* avait une tête de cheval, de longues pattes antérieures griffues et des postérieures trapues soutenant son poids très lourd. Devant les fossiles de ses griffes, les scientifiques ont d'abord pensé qu'elles appartenaient à un carnivore. D'autres études révélèrent qu'il s'agissait, en fait, d'un mammifère herbivore apparu au néogène, il y a 15 millions d'années.

-4,6 milliards d'années	542	488	444	416	359
précambrien	cambrien	ordovicien	silurien	dévonien	carbonifère

Dents de pierre

Chalicotherium doit son nom à la forme des premiers fossiles de dents retrouvés, qui ressemblaient à des pierres. Lorsqu'il atteignait l'âge adulte, il perdait les dents de devant et arrachait les feuilles des arbres à l'aide de ses lèvres charnues et de ses gencives. Il réduisait les feuilles en bouillie avec les dents implantées au fond de sa gueule.

◄ DÉMARCHE DE SINGE
Les pattes antérieures de Chalicotherium *étaient plus longues que les postérieures. Les pattes antérieures étaient armées de longues griffes incurvées qui l'empêchaient de poser les pattes à plat sur le sol. Il marchait donc sans doute sur la face externe des doigts, à la façon des gorilles actuels.*

299	251	200	145	65	23	aujourd'hui
permien	trias	jurassique	crétacé	paléogène	néogène	

Les rhinocéros

Il n'existe aujourd'hui que cinq ou six espèces de rhinocéros, toutes assez semblables. Dans la préhistoire, la famille des rhinocéros était bien plus diversifiée, comptant des espèces de la taille d'un chien ou des gigantesques, hautes comme un arbre et plus lourdes que tout autre mammifère terrestre. Certaines avaient de longues pattes, pas de corne, et étaient bâties comme un cheval pour la course. D'autres étaient petites et grosses et pataugeaient dans l'eau à la façon des hippopotames.

Teleoceras

- **Quand** -17 à -4 millions d'années
- **Où** États-Unis
- **Habitat** Plaines
- **Longueur** 4 m
- **Alimentation** Herbe

Des centaines de squelettes complets de *Teleoceras* ont été trouvés dans le site d'Ashfall Fossil Beds, dans le Nebraska, aux États-Unis (voir page ci-contre). Ces animaux sont morts étouffés par les cendres d'une éruption volcanique il y a 10 millions d'années. *Teleoceras* était un gros rhinocéros avec de petites cornes coniques sur le nez. Mais avec ses petites pattes robustes, il avait l'allure d'un hippopotame.

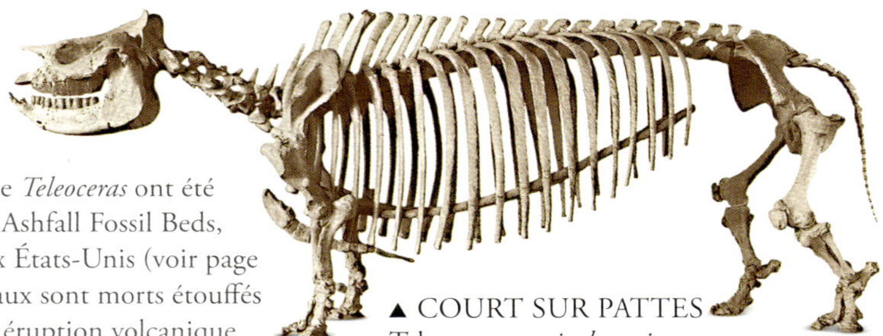

▲ COURT SUR PATTES
Teleoceras *avait de petites pattes courtaudes et un corps trapu en forme de tonneau. Ses grandes dents lui permettaient de brouter l'herbe facilement. Des graines d'herbe fossilisées se trouvaient dans la gorge de plusieurs spécimens, preuve qu'il s'agissait de son alimentation principale.*

Paraceratherium

- **Quand** -33 à -23 millions d'années (fin du paléogène-début du néogène)
- **Où** Pakistan, Kazakhstan, Inde, Mongolie, Chine
- **Habitat** Plaines
- **Longueur** 8 m
- **Alimentation** Plantes

Grand comme une orque, ce rhinocéros très ancien, sans corne, était le plus grand mammifère terrestre de tous les temps. Grâce à sa hauteur et son long cou, il prélevait sa nourriture sur le sommet des arbres à la façon des girafes actuelles. Il arrachait les feuilles en enroulant sa lèvre mobile autour des branches.

PORTRAIT DE GROUPE

Caractéristiques
- Grande taille
- Corne en kératine chez la plupart (substance dont sont faits les ongles)
- Grandes dents pour mâcher les feuilles ou l'herbe
- Sabots aux pattes

Quand
Les rhinocéros sont apparus au paléocène.

Coelodonta

- **Quand** -3 millions d'années à -10 000 ans (fin du néogène)
- **Où** Europe, Asie
- **Habitat** Plaines
- **Longueur** 4 m
- **Alimentation** Herbe

Coelodonta, ou rhinocéros laineux, était protégé du froid par un épais manteau de longs poils. Nous connaissons l'aspect de cet animal, qui vivait en Europe et en Asie à l'époque de la dernière glaciation, grâce à des spécimens conservés dans le permafrost et aux peintures rupestres réalisées par les hommes du paléolithique. De la taille d'un rhinocéros blanc, il avait un corps massif, avec des petits membres courtauds et une paire d'énormes cornes de longueurs différentes, sur le museau : 3 m pour celles de devant, chez le mâle. Ce brouteur broyait sans doute des bouchées d'herbe qu'il arrachait du sol.

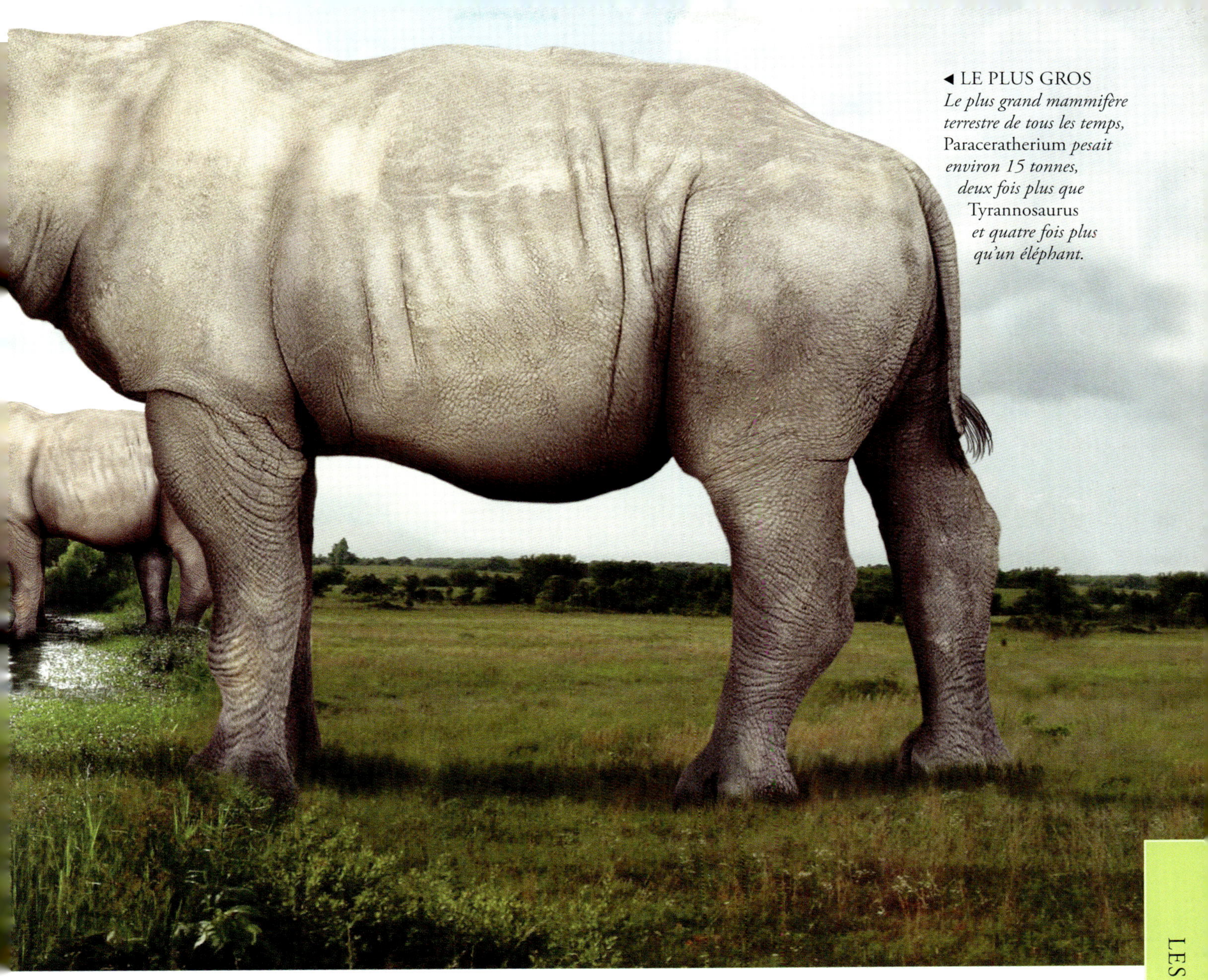

◀ LE PLUS GROS
Le plus grand mammifère terrestre de tous les temps, Paraceratherium *pesait environ 15 tonnes, deux fois plus que* Tyrannosaurus *et quatre fois plus qu'un éléphant.*

Elasmotherium

- **Quand** -2 millions d'années à -126 000 ou plus récent
- **Où** Asie
- **Habitat** Plaines
- **Longueur** 6 m
- **Alimentation** Herbe

Elasmotherium était un gros rhinocéros, pesant dans les 3 tonnes, qui vécut jusqu'à l'ère glaciaire, servant peut-être même de gibier aux premiers hommes. Son énorme corne unique a inspiré des théories sur son lien avec la légende de la licorne, bien qu'il ait disparu trop tôt pour pouvoir figurer dans les contes populaires. Avec des pattes postérieures plus longues que chez le rhinocéros moderne, il était peut-être plus rapide. Il avait de grandes dents aplaties, adaptées à une alimentation à base d'herbe et de petites plantes, qu'il arrachait peut-être d'un coup de tête.

Subhyracodon

- **Quand** -33 à -25 millions d'années (fin du paléogène)
- **Où** États-Unis
- **Habitat** Plaines
- **Longueur** 3 m
- **Alimentation** Plantes

Ce rhinocéros de la taille d'une vache n'avait pas de corne ni de lourde carapace comme les espèces actuelles. Pour fuir le danger, il comptait plutôt sur ses longues pattes fines. Ses dents étaient tranchantes, adaptées pour écraser les feuilles des arbres et des buissons.

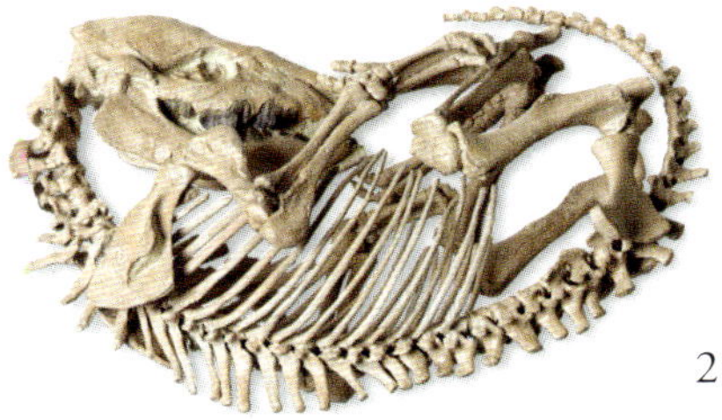

LES MAMMIFÈRES

Ashfall Fossil Beds

Il y a 12 millions d'années, une éruption volcanique se produisit en Amérique du Nord, répandant un épais tapis de cendre (du verre en poudre) et faisant d'innombrables victimes chez les animaux préhistoriques. Leurs corps restèrent en place, immuables jusqu'en 1971. Bienvenue au gisement de Ashfall Fossil Beds !

Rhinocéros en forme de tonneau *(Teleoceras)*

UNE DÉCOUVERTE EXCEPTIONNELLE

Des centaines de squelettes de mammifères bien conservés ont été mis au jour, certains complets, dans le gisement d'Ashfall Fossil Beds, au nord-est du Nebraska, aux États-Unis. Certains avaient survécu à la première éruption, mais la cendre retomba, s'étalant sur 50 cm d'épaisseur, leur obstruant progressivement les poumons lorsqu'ils tentaient de brouter l'herbe. La cendre étant composée de microscopiques particules de verre, les animaux n'avaient aucune chance d'en réchapper.

▼ CES RHINOCÉROS *font partie des centaines d'animaux qui agonisèrent, asphyxiés par la cendre volcanique. La quantité de victimes a valu au site le surnom de « Pompéi des rhinocéros ».*

COUP D'ŒIL

Certains spécimens ont été reconstitués et donnent une idée de leur apparence. C'est le cas de ce squelette d'un bébé *Teleoceras* (rhinocéros en forme de tonneau). Beaucoup de squelettes ont été laissés dans leur position initiale.

INFOS +

- Les restes de 17 espèces de vertébrés, dont 12 espèces de mammifères, ont été retrouvés à Ashfall Fossil Beds.
- Des rhinocéros, des chevaux, des chameaux, des cerfs, des canidés et des oiseaux, tous magnifiquement conservés.
- Le site fut découvert lorsqu'un crâne de rhinocéros fut aperçu dépassant d'une ravine en bordure d'un champ de blé.
- L'endroit constitue un parc protégé. Des allées aménagées permettent aux visiteurs de marcher au-dessus des gisements et de regarder les paléontologues travailler.

Éléphants et *alliés*

Les trois espèces d'éléphants modernes sont les plus gros animaux terrestres actuellement vivants. Mais il n'en a pas toujours été ainsi. La première espèce connue ne mesurait que 60 cm de haut, la taille d'un chat. Au fil du temps ils sont devenus plus grands, leurs défenses et leur trompe plus longues, donnant naissance à de gigantesques mammifères.

Deinotherium

- **Quand** -10 millions d'années à -10 000 ans (néogène)
- **Où** Europe, Asie, Afrique
- **Habitat** Zones boisées
- **Taille** 5 m au garrot
- **Alimentation** Plantes

Troisième plus gros mammifère terrestre de tous les temps, *Deinotherium* était légèrement moins lourd qu'un éléphant d'Afrique actuel. Il avait une trompe bien plus courte que l'éléphant moderne et, sur la mâchoire inférieure, des défenses recourbées vers l'arrière. Peut-être s'en servait-il pour déterrer des racines, arracher l'écorce ou attirer des branches.

PORTRAIT DE GROUPE

Caractéristiques
- Presque tous les éléphants les plus anciens avaient une trompe.
- Peau plissée en général peu velue
- La plupart avaient des défenses.
- Pattes comme des piliers

Quand
Les premiers éléphants sont apparus au paléogène, il y a environ 40 millions d'années.

Courte trompe

Gomphotherium

- **Quand** -15 à -5 millions d'années (néogène)
- **Où** Amérique du Nord, Europe, Asie, Afrique
- **Habitat** Marécages
- **Taille** 3 m au garrot
- **Alimentation** Plantes

Gomphotherium était doté de deux paires de défenses, une sur chaque mâchoire, plus grandes en haut, et plus petites et en forme de pelle en bas. La première servait sans doute aux combats et à la parade, la seconde à arracher les plantes et l'écorce des arbres.

Moeritherium

- **Quand** -37 à -30 millions d'années (paléogène)
- **Où** Égypte
- **Habitat** Marécages
- **Longueur** 3 m
- **Alimentation** Plantes

Affublé d'un semblant de trompe, *Moeritherium* était un proche cousin de la famille des éléphants. Il était bien plus petit et avait un corps allongé et des petites pattes courtes. Peut-être vivait-il comme les hippopotames, pataugeant dans les lacs et les rivières, se nourrissant de plantes aquatiques en arrachant les tiges avec ses lèvres mobiles. De petites défenses, fixées aux mâchoires supérieure et inférieure, dépassaient de la gueule.

Arsinoitherium

- **Quand** -35 à -30 millions d'années (paléogène)
- **Où** Afrique
- **Habitat** Plaines
- **Taille** 2 m au garrot
- **Alimentation** Plantes

Arsinoitherium appartenait à une famille éteinte de mammifères, apparentée à celle des éléphants, mais ce n'était pas un éléphant. Dépourvu de trompe, il ressemblait à un rhinocéros avec deux énormes cornes, probablement utiles pour la parade ou pour les combats entre rivaux se disputant les femelles. Ses pattes postérieures étaient adaptées pour patauger dans l'eau.

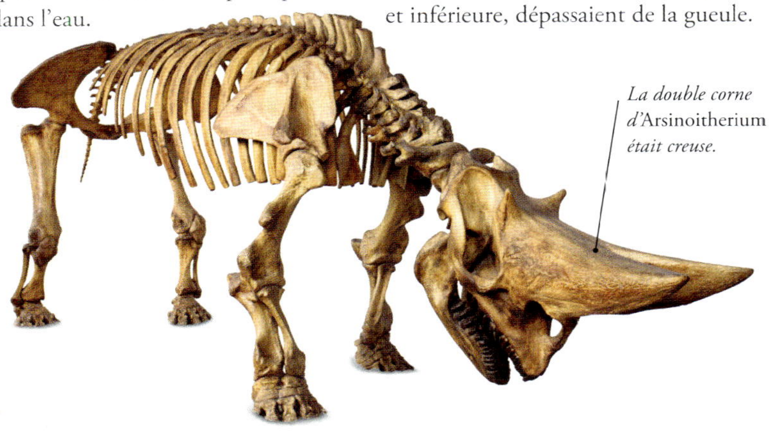

La double corne d'Arsinoitherium était creuse.

Platybelodon

- **Quand** -10 à -6 millions d'années (néogène)
- **Où** Amérique du Nord, Asie, Afrique, Europe
- **Habitat** Plaines
- **Taille** 3 m au garrot
- **Alimentation** Plantes

Aplaties et rapprochées, les défenses sur la mandibule de *Platybelodon* (« défense pelle ») avaient la forme d'une pelle, peut-être pour récupérer des plantes dans l'eau ou les marais. D'après les traces d'usure, l'animal s'en servait comme de lames pour trancher la végétation. Ses pattes en pilier, comme chez les éléphants actuels, soutenaient son corps et le dessous des pieds était équipé de coussins pour l'aider à supporter ce poids très lourd.

Les mammouths *laineux*

Pendant la période glaciaire, des hordes de majestueux mammouths parcouraient les plaines d'Amérique du Nord, d'Europe et d'Asie. Les mammouths sont des cousins proches des éléphants actuels, et même, d'après des études de spécimens congelés de Sibérie, leurs ADN respectifs sont très voisins. Il y avait huit espèces de mammouths, dont le plus célèbre est le mammouth laineux, qui s'éteignirent il y a seulement 4 000 ans.

Ses poils atteignaient 90 cm de long.

-4,6 milliards d'années	542	488	444	416	359
précambrien	cambrien	ordovicien	silurien	dévonien	carbonifère

Mammouth laineux

- **Quand** -5 millions d'années à -4 000 ans (néogène)
- **Où** Amérique du Nord, Europe, Asie, Afrique
- **Habitat** Plaines
- **Longueur** 5 m

Le mammouth laineux avait un épais manteau de longs poils avec, dessous, une sous-couche laineuse.

La plupart des adultes étaient légèrement plus grands que l'éléphant d'Afrique, mais des spécimens « nains », hauts de 2 m, ont été retrouvés sur une île de l'Arctique. L'adulte avait une bosse sur le dos et de gigantesques défenses recourbées. Ces animaux vivaient dans les prairies glaciaires, où ils se nourrissaient d'herbe coriace et d'autres petites plantes, qu'ils broyaient à l'aide de leurs molaires tranchantes. Leur ADN a montré un lien de parenté plus fort avec l'éléphant d'Asie qu'avec celui d'Afrique.

▲ HUTTES EN OS *Les hommes préhistoriques édifiaient des huttes ovales ou rondes avec les os et les défenses de mammouth. En Europe de l'Est, une trentaine de regroupements de telles cabanes ont subsisté.*

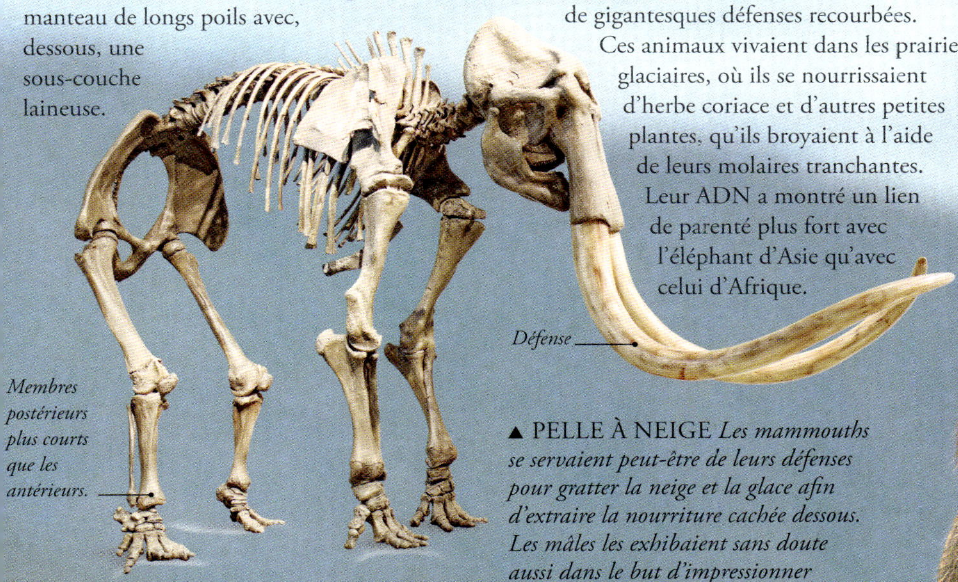

▲ PELLE À NEIGE *Les mammouths se servaient peut-être de leurs défenses pour gratter la neige et la glace afin d'extraire la nourriture cachée dessous. Les mâles les exhibaient sans doute aussi dans le but d'impressionner les femelles.*

PARENT VIVANT

À la naissance, l'éléphant d'Asie est couvert d'un poil épais marron rouge, semblable au manteau laineux de son cousin le mammouth laineux. Cependant, l'éléphant d'Asie vit dans un climat chaud tropical et perd ce poil en grandissant. La plupart des adultes n'ont que des touffes éparses de poils et ceux d'Afrique en ont encore moins.

299 permien 251 trias 200 jurassique 145 crétacé 65 paléogène 23 néogène aujourd'hui

Liouba, le bébé *mammouth*

En 2007, un éleveur de rennes sibérien trouva un bébé mammouth congelé, extrêmement bien conservé. Liouba, du nom de la femme du découvreur, est sans doute morte il y a 40 000 ans. C'est le plus beau spécimen de mammouth jamais trouvé.

▲ LIOUBA *a été trouvée dans la péninsule de Iamal, dans l'Arctique russe, le carré jaune sur la carte ci-dessus.*

MAIS ENCORE ?

- Liouba est petite, à peine 1,20 m de long sur 90 cm de large.
- D'après les scientifiques, elle avait 30 jours à sa mort.
- Elle est peut-être morte asphyxiée après avoir été piégée dans de la boue.
- Elle avait des « défenses de lait », qui tombent et laissent place aux définitives.

Liouba était tellement bien conservée que les scientifiques ont même trouvé, dans son estomac, du lait maternel tout juste tété.

Les scientifiques ont retrouvé une accumulation de cellules de graisse à la base du cou de l'animal, sans doute destinées à maintenir le petit au chaud dans cet environnement glacial.

▶ INDICES CACHÉS *En étudiant le site de la découverte de Liouba, l'équipe en déduisit qu'elle avait été exposée ainsi, à l'air libre, pendant un an avant la découverte.*

▸ UN SITE ISOLÉ *Un an après la découverte de Liouba, une équipe de scientifiques s'installa sur les lieux pour récolter des indices sur sa vie et sur sa mort.*

MENONS L'ENQUÊTE !

À la suite de la découverte de Liouba, une équipe internationale s'attela à la tâche de reconstituer le déroulement de sa vie. Des spécialistes russes, français, japonais et américains firent des prélèvements et des radios aux rayons X. Tous arrivèrent à la conclusion que Liouba était en bonne santé avant sa mort, sans doute due à une chute accidentelle dans la boue.

Certains scientifiques espèrent ramener des mammouths à la vie grâce à l'ADN prélevé.

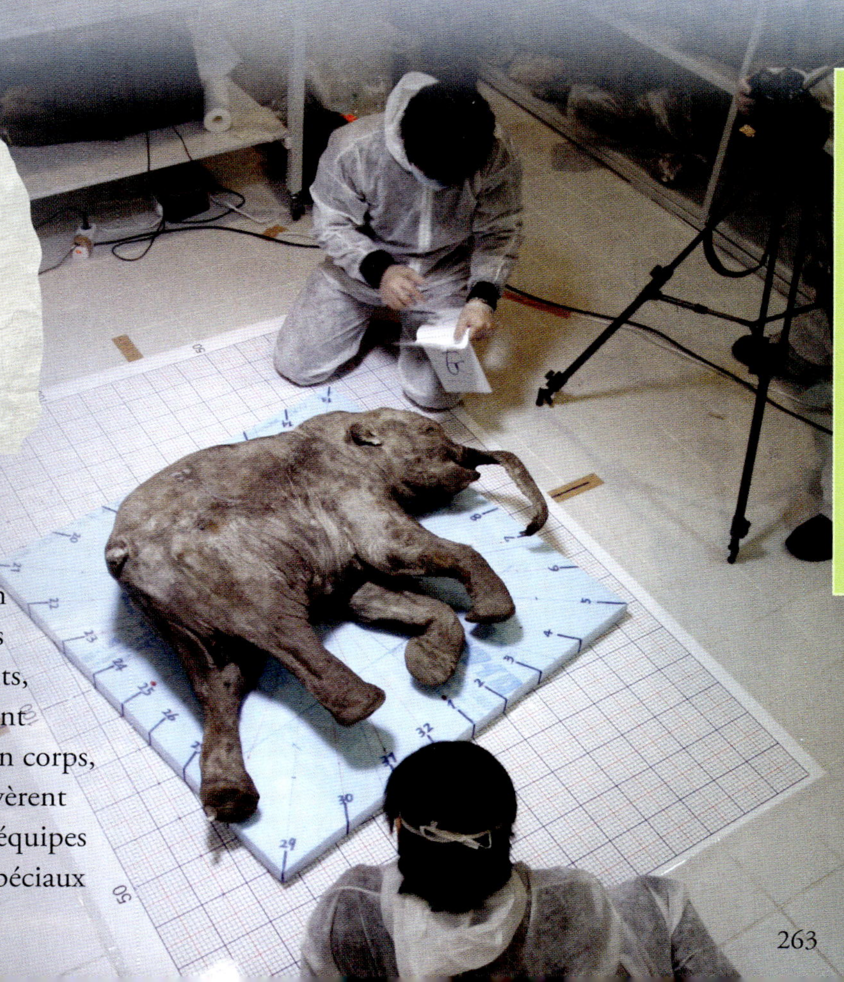

SOUS TOUTES LES COUTURES !

Liouba a subi d'innombrables examens, d'abord dans une école de médecine au Japon. Grâce à son état de conservation exceptionnel, les scientifiques ont pu examiner de près sa peau, ses yeux, ses dents, ses organes et ses paupières. Des touffes de poils ont même subsisté. Laissant légèrement décongeler son corps, pour un court laps de temps, les spécialistes prélevèrent quelques échantillons de tissus. Les membres des équipes travaillant sur ces restes portaient des vêtements spéciaux pour éviter une contamination.

Megatherium

Megatherium, également appelé paresseux géant, était un cousin des paresseux modernes, mais il était grand comme un éléphant et vivait au sol. D'après ses déjections fossilisées, il était herbivore et se nourrissait d'une douzaine de plantes différentes. Essentiellement quadrupède, il était capable de se dresser sur ses pattes postérieures afin d'atteindre les hautes branches, qu'il tirait à lui avec ses griffes. Cet animal préhistorique, peut-être chassé jusqu'à extinction, disparut rapidement après l'arrivée des hommes en Amérique.

▲ LA PLUPART *des fossiles de* Megatherium *viennent de la pampa argentine. Cet os est l'un des fossiles d'un groupe de douze spécimens découverts lors d'une sécheresse, dans le lit d'une rivière asséchée.*

-4,6 milliards d'années	542	488	444	416	359	299	251
précambrien	cambrien	ordovicien	silurien	dévonien	carbonifère	permien	

▼ DES « MÉGA-GRIFFES »
Megatherium *avait d'énormes griffes recourbées, avec lesquelles il attirait les branches à lui et se défendait contre les prédateurs. Incapable de poser les pieds à plat sur le sol, il marchait sur le côté des pieds, les griffes tournées vers l'intérieur.*

Megatherium

- **Quand** -5 millions d'années à -10 000 ans (fin du néogène)
- **Où** Amérique du Sud
- **Habitat** Zones boisées
- **Longueur** 6 m
- **Alimentation** Plantes

Dressé sur ses postérieurs, *Megatherium* était deux fois plus haut qu'un éléphant. Des plaques osseuses recouvertes d'un épais manteau de longs poils formaient une sorte d'armure. Ses dents broyeuses lui permettaient de mâcher les feuilles, mais, selon certains experts, il fouillait aussi les cadavres d'animaux avec ses griffes ou tuait même pour se nourrir.

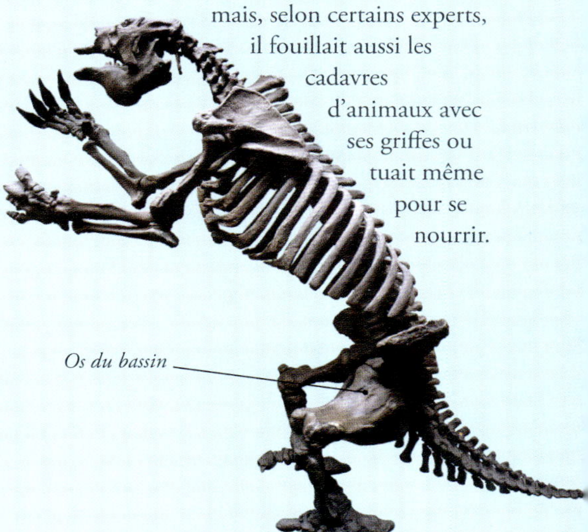

▲ *MEGATHERIUM Les os de son bassin étaient particulièrement robustes, soutenant le poids de son énorme corps lorsqu'il se dressait sur ses pattes postérieures en s'aidant de sa queue trapue comme d'appui.*

PARENT VIVANT

Le paresseux actuel mérite bien son nom, lui qui dort plus de 18 heures par jour et se déplace avec des mouvements extrêmement lents lorsqu'il est réveillé. À la différence de *Megatherium,* les espèces modernes passent leur vie suspendues dans les arbres, la tête en bas. Le paresseux s'agrippe aux branches avec ses longs bras et ses griffes en crochets, y compris pour dormir et manger.

Paresseux à trois doigts

Cervidés, girafes *et* camélidés

Il y a 20 millions d'années, les forêts de la planète se mirent à reculer à mesure que se développait un nouvel habitat, les prairies. Cette modification favorisa l'expansion des mammifères à sabots herbivores, dont beaucoup étaient pourvus d'estomacs adaptés à la digestion d'herbe et autres plantes coriaces. Ce type d'herbivore prospéra, se diversifiant en de multiples espèces, parmi lesquelles non seulement les cervidés, girafes et camélidés présentés ici, mais aussi les moutons, chèvres, vaches, buffles, lamas, antilopes, porcs et hippopotames.

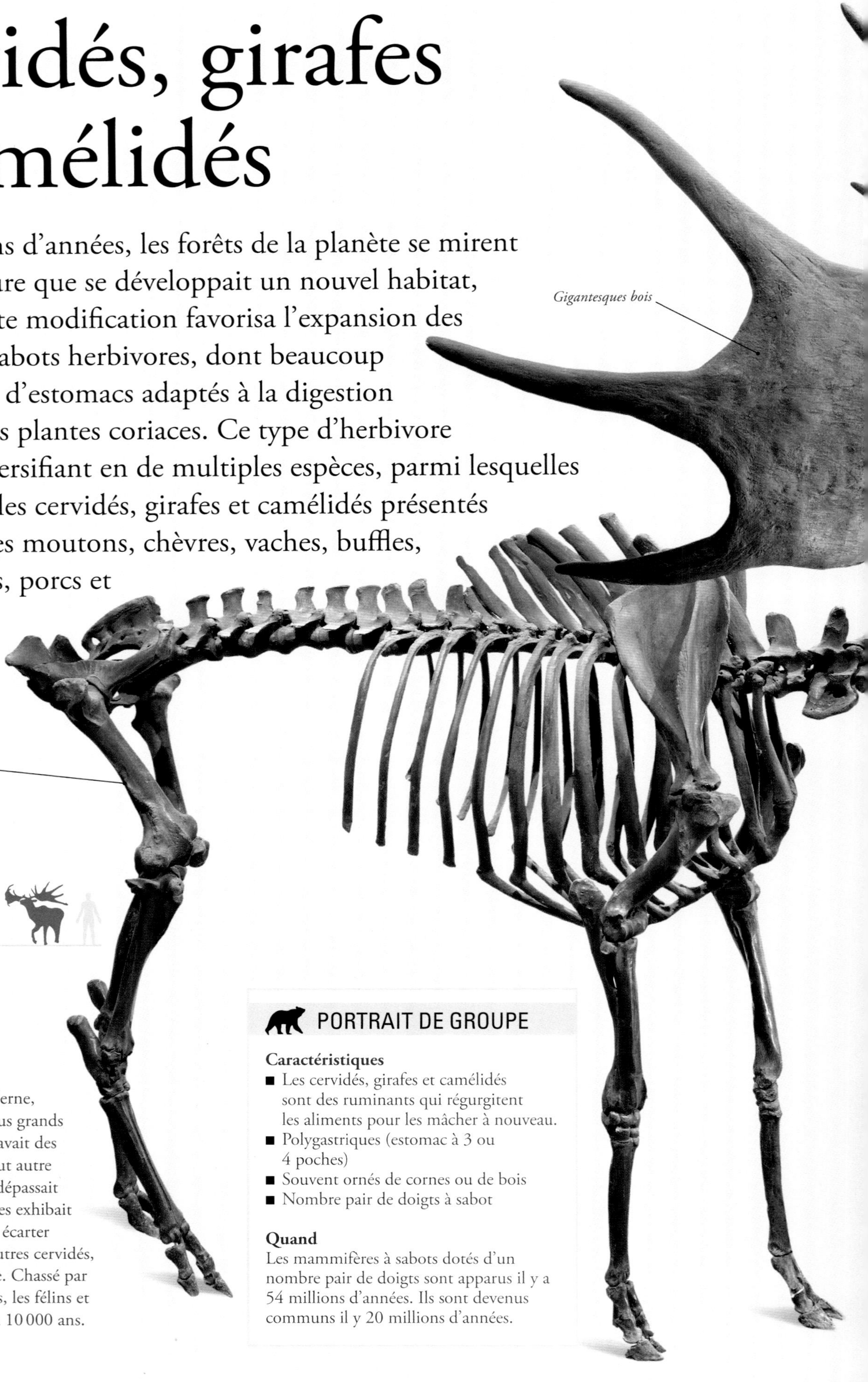

Megaloceros

- **Quand** -5 millions d'années à -7700 ans (fin du néogène)
- **Où** Eurasie
- **Habitat** Plaines
- **Longueur** 3 m
- **Alimentation** Plantes

De la taille d'un élan moderne, *Megaloceros* est l'un des plus grands cervidés connus. Le mâle avait des bois énormes, plus que tout autre cervidé, dont l'envergure dépassait la longueur d'un tigre. Il les exhibait pour attirer les femelles et écarter les rivaux et, comme les autres cervidés, il les perdait chaque année. Chassé par les hommes préhistoriques, les félins et les loups, il s'éteignit il y a 10000 ans.

PORTRAIT DE GROUPE

Caractéristiques

- Les cervidés, girafes et camélidés sont des ruminants qui régurgitent les aliments pour les mâcher à nouveau.
- Polygastriques (estomac à 3 ou 4 poches)
- Souvent ornés de cornes ou de bois
- Nombre pair de doigts à sabot

Quand

Les mammifères à sabots dotés d'un nombre pair de doigts sont apparus il y a 54 millions d'années. Ils sont devenus communs il y 20 millions d'années.

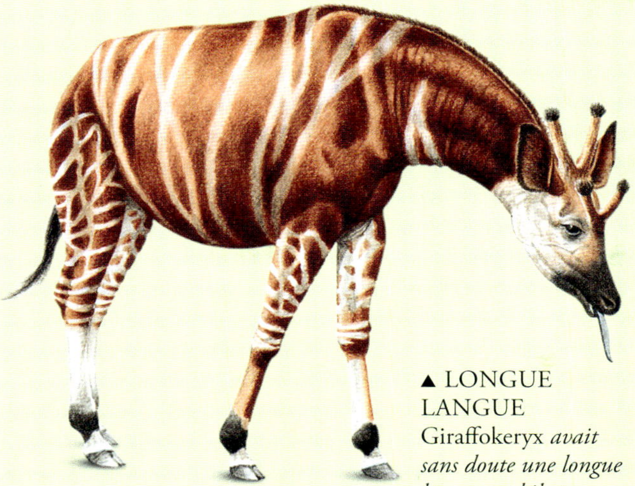

▲ LONGUE LANGUE *Giraffokeryx avait sans doute une longue langue mobile pour sélectionner les plantes les plus à son goût.*

Giraffokeryx

- **Quand** -16 à -5 millions d'années (néogène)
- **Où** Asie, Europe, Afrique
- **Habitat** Prairies
- **Longueur** 1,60 m
- **Alimentation** Plantes

Les représentants de la famille des girafes ne sont plus que deux aujourd'hui : la girafe et l'okapi. Dans le passé, ils étaient bien plus nombreux, dont *Giraffokeryx,* doté de deux paires de cornes pointues, couvertes de fourrure, une sur la tête, l'autre sur le museau. Armées d'une crête tranchante, ses dents, à l'arrière de sa gueule, lui permettaient de broyer les végétaux coriaces.

Cranioceras

- **Quand** -20 à -5 millions d'années (néogène)
- **Où** Amérique du Nord
- **Habitat** Zones boisées
- **Longueur** 1 m
- **Alimentation** Feuilles

Mammifère ruminant à sabot, *Cranioceras* était un parent proche des premiers cerfs et girafes. Le mâle avait deux cornes courtes et droites au-dessus des yeux et une grosse corne arrondie à l'arrière de la tête. À en juger par les cicatrices sur les cornes fossilisées, il devait s'en servir lors des combats entre rivaux, se disputant femelles ou territoires.

▼ LES CORNES *de* Cranioceras *ressemblaient peut-être davantage aux cornes des girafes, recouvertes de fourrure, qu'aux bois osseux des cerfs.*

Pattes à deux doigts, idéales pour la vitesse

Aepycamelus

- **Quand** -15 à -5 millions d'années (néogène)
- **Où** États-Unis
- **Habitat** Zones boisées et prairies
- **Taille** 3 m
- **Alimentation** Plantes

Très grand, muni d'un long cou, *Aepycamelus* était un camélidé qui ressemblait un peu à une girafe. Il était rapide sur ses longues pattes, chacune dotée de deux doigts à sabot et amortie par de larges coussinets. Il marchait l'amble, avançant en même temps les deux pattes d'un même côté, à la façon des camélidés et des girafes. Il se nourrissait sans doute davantage de feuilles que d'herbe.

Stenomylus

- **Quand** -25 à -16 millions d'années (fin du paléogène – début du néogène)
- **Où** États-Unis
- **Habitat** Prairies
- **Taille** 60 cm
- **Alimentation** Herbe

Stenomylus était un petit camélidé, avec un cou, des pattes et un corps fins et fragiles comme ceux d'une gazelle plutôt que d'un chameau moderne. À la différence de ce dernier, il marchait sur la pointe des pieds. Il avait d'énormes molaires aux racines très profondes, sans doute destinées à la mastication de plantes très coriaces. Ses dents portent des traces d'usure extrême.

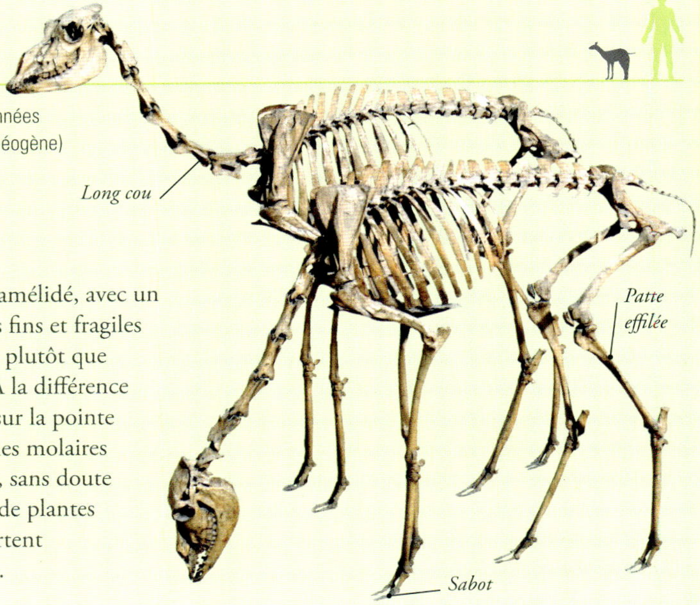

Tenter le diable !
Dans les années 1920, deux frères allemands, Heinz et Lutz Heck, tentèrent de reconstituer les aurochs. Ils s'appuyèrent sur des races de bovins domestiques aux caractéristiques d'aurochs, comme les Highlands écossaisses aux grandes cornes et les taureaux de combats espagnols. En croisant les espèces ils obtinrent une nouvelle race, l'auroch de Heck, modèle réduit des aurochs disparus.

Les aurochs

Les bovins placides des exploitations agricoles modernes sont les descendants de l'auroch, un ancêtre sauvage, bien plus féroce et plus grand. Disparu à l'état sauvage, il parcourait les étendues d'Europe et d'Asie en troupeaux. Les peuples de l'âge de pierre chassaient ces animaux redoutables et reproduisaient leur image sur les murs des grottes. En Europe, les aurochs sauvages ont survécu jusqu'en 1627, époque où le dernier individu fut abattu en Pologne.

Squelette d'auroch

Auroch

- **Quand** -2 millions d'années à -500
- **Où** Asie, Afrique, Europe
- **Habitat** Forêts
- **Longueur** 2,70 m
- **Alimentation** Herbe, fruits et plantes

Bien plus imposant que les bovins domestiques, l'auroch pesait 1 tonne, avait un cou et des épaules musculeux et très puissants et d'immenses cornes orientées vers l'avant. Il était rapide à la course, grâce à ses longs pieds et ses hautes chevilles, et capable également de nager sur de courtes distances. Le mâle avait sans doute le poil noir et la femelle brun-roux, et tous deux portaient un trait clair le long de la colonne vertébrale.

-4,6 milliards d'années	542	488	444	416	359
précambrien	cambrien	ordovicien	silurien	dévonien	carbonifère

PARENT VIVANT

Il y a environ 8 000 ans, les hommes dans ce qui est l'Irak et l'Inde aujourd'hui apprirent à apprivoiser l'auroch et à l'élever pour le lait, la viande et le cuir. Puis ils sélectionnèrent des animaux plus petits et plus calmes, créant ainsi les bovins domestiques. Les races actuelles ne ressemblent pas aux aurochs sauvages, c'est pourtant la même espèce.

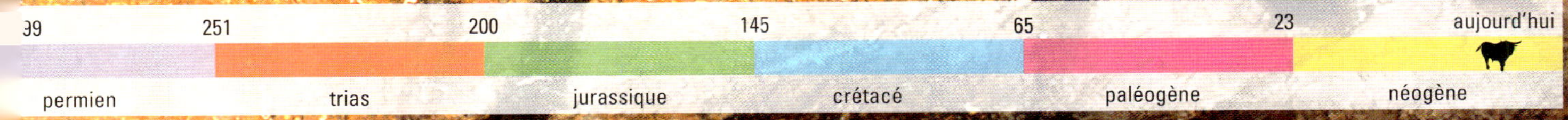

Peintures *rupestres*

En septembre 1940, en cherchant un passage secret légendaire dans leur village, quatre adolescents découvrirent un système de grottes décorées de centaines de peintures rupestres d'animaux préhistoriques : ils avaient trouvé les célèbres grottes de Lascaux, dont les peintures datent de 17 000 ans.

▲ OISEAUX TUEURS *Cette peinture rupestre australienne est estimée à plus de 40 000 ans. Elle représente deux* Genyornis, *des oiseaux coureurs géants et carnivores, entourés de kangourous préhistoriques géants et de thylacines.*

TROUPEAUX GLACIAIRES

Les peintures de Lascaux datent de la période glaciaire, lorsque la France était une toundra sans arbres, battue par les vents et parcourue par d'immenses troupeaux d'animaux sauvages. Étonnamment, les chasseurs qui les peignirent ne représentèrent pas leur proie favorite, le renne.

◄ DES CERFS *et des chevaux sont parmi les animaux les plus représentés à Lascaux. Ils ont souvent l'air de se déplacer comme s'ils couraient en troupeaux. Ces espèces migraient, traversant la toundra lors de la dernière glaciation, à la façon des rennes actuels.*

Magnifiques bisons

Ces peintres préhistoriques utilisaient de l'ocre rouge, un minéral, pour réaliser ces animaux. Ci-dessus, un bison d'Europe, espèce qui disparut d'Europe occidentale, mais a été réintroduite aujourd'hui.

▸ ANIMAUX DE LASCAUX *Des espèces disparues telles que le mammouth et l'auroch (ancêtre des bovins, ci-dessous avec ses grandes cornes) figurent parmi les animaux de Lascaux. Des lions, des bisons, des centaines de chevaux, de cerfs, un ours et un rhinocéros sont aussi représentés.*

Les prédateurs

Lascaux n'est que l'une des quelques grottes décorées trouvées en France et en Espagne. La grotte Chauvet (Ardèche) renferme des peintures vieilles de 30 000 ans représentant des lions, des hyènes, des ours, des mammouths et des rhinocéros.

▲ LES LIONS *figurent parmi les animaux visibles dans la grotte Chauvet. Présents aujourd'hui seulement en Afrique et en Asie, ils vivaient dans toute l'Europe durant la préhistoire.*

▲ ART MANUEL *Les artistes de la préhistoire réalisaient des empreintes en posant leur main contre la paroi de la grotte et en l'aspergeant d'ocre rouge.*

Andrewsarchus

Lorsqu'on évoque les mammifères à sabots, on pense généralement à des herbivores comme le cerf ou le mouton. Mais, il y a des millions d'années, existait une famille de mammifères carnivores à petits sabots étroits, bien distincte par son anatomie de tous les autres carnivores. Son représentant le plus redoutable était sans doute *Andrewsarchus,* un gigantesque prédateur qui hantait les plaines de Mongolie. Il n'en existe à ce jour qu'un seul fossile : un énorme crâne, long de 83 cm. La taille du crâne suggère que l'animal était deux fois plus grand que le grizzly, ce qui ferait de lui le plus gros mammifère carnivore terrestre de tous les temps.

Andrewsarchus

- **Quand** -45 à -35 millions d'années (paléogène)
- **Où** Mongolie
- **Habitat** Plaines
- **Longueur** 4 m
- **Alimentation** Viande

Andrewsarchus ressemblait peut-être à un loup ou à un ours gigantesque ; il avait un long museau et des mâchoires très puissantes avec, à l'avant, de longues dents pointues qui transperçaient la chair, et à l'arrière, des dents plus broyeuses qui écrasaient les os. Il mangeait peut-être aussi, à l'instar des ours, des plantes et de la charogne, écartant les prédateurs de leurs prises du simple fait de son impressionnante taille. Selon certains scientifiques, il serait apparenté aux cétacés, avec lesquels il partage le même type de mâchoire.

-4,6 milliards d'années	542	488	444	416	359
précambrien	cambrien	ordovicien	silurien	dévonien	carbonifère

MAIS ENCORE ?

Andrewsarchus doit soit nom à Roy Chapman Andrews (1884-1960), explorateur américain et chasseur de fossiles. Il mena de nombreuses expéditions dans le désert de Gobi, en Mongolie, dans les années 1920, où il découvrit les dinosaures *Velociraptor* et *Protoceratops* ainsi que les premiers œufs de dinosaure (voir p. 192-193). En 1923, il trouva le crâne incomplet de *Andrewsarchus,* seul fossile connu de l'animal, mis à part quelques os. Cette pièce inestimable est exposée au muséum d'Histoire naturelle de New York (American Museum of Natural History).

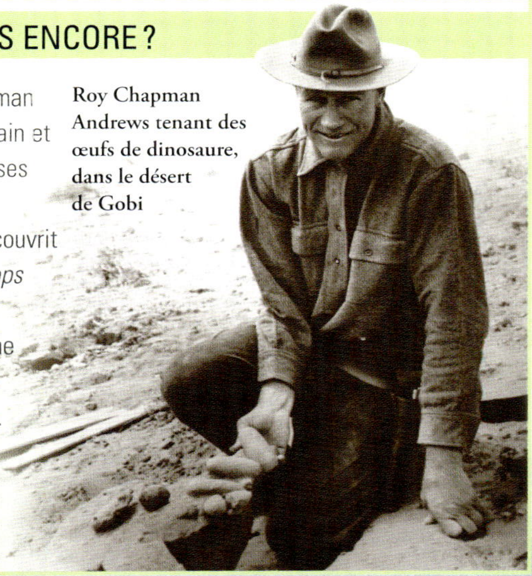

Roy Chapman Andrews tenant des œufs de dinosaure, dans le désert de Gobi

Des baleines *en devenir*

Tous les mammifères terrestres ont pour très lointains ancêtres des espèces marines qui ont quitté les eaux et se sont adaptées à la vie terrestre. Les cétacés sont un des quelques groupes à avoir fait le chemin en sens inverse en retournant à la mer. Ils avaient pour ancêtres des mammifères à sabots et sont de lointains cousins des vaches et des cochons. Leur plus proche parent vivant est l'hippopotame !

LE CÉTACÉ QUI MARCHE

Ambulocetus, dont le nom veut dire « cétacé qui marche », est un membre ancien de la famille des cétacés, qui vécut il y a plus de 50 millions d'années. Semblable à une loutre, il se sentait aussi à l'aise dans l'eau que sur terre. Ses pattes antérieures étaient dotées de petits sabots pour marcher sur la terre ferme, tandis qu'il se propulsait dans l'eau à l'aide de ses pattes postérieures.

COUSINS PROCHES

La théorie du lien de parenté entre cétacés et hippopotames fut soulevée en 1870, mais beaucoup la réfutèrent. Plus récemment, la comparaison entre l'ADN des cétacés et celui des hippopotames a démontré que ces derniers sont sans doute les plus proches parents vivants des cétacés.

▶ L'HIPPOPOTAME *passe le plus clair de son temps dans l'eau mais est toutefois moins aquatique qu'un cétacé.*

ARBRE DES CÉTACÉS

Les scientifiques ne disposent pas de suffisamment de fossiles pour retracer l'évolution complète qui a conduit aux cétacés. Cependant, quelques découvertes passionnantes éclairent leur généalogie et sont de véritables cas d'école de l'évolution en marche. Les espèces plus récentes se sont perfectionnées à la vie aquatique, leurs pattes se transformant en nageoires et les narines se déplaçant pour devenir des évents.

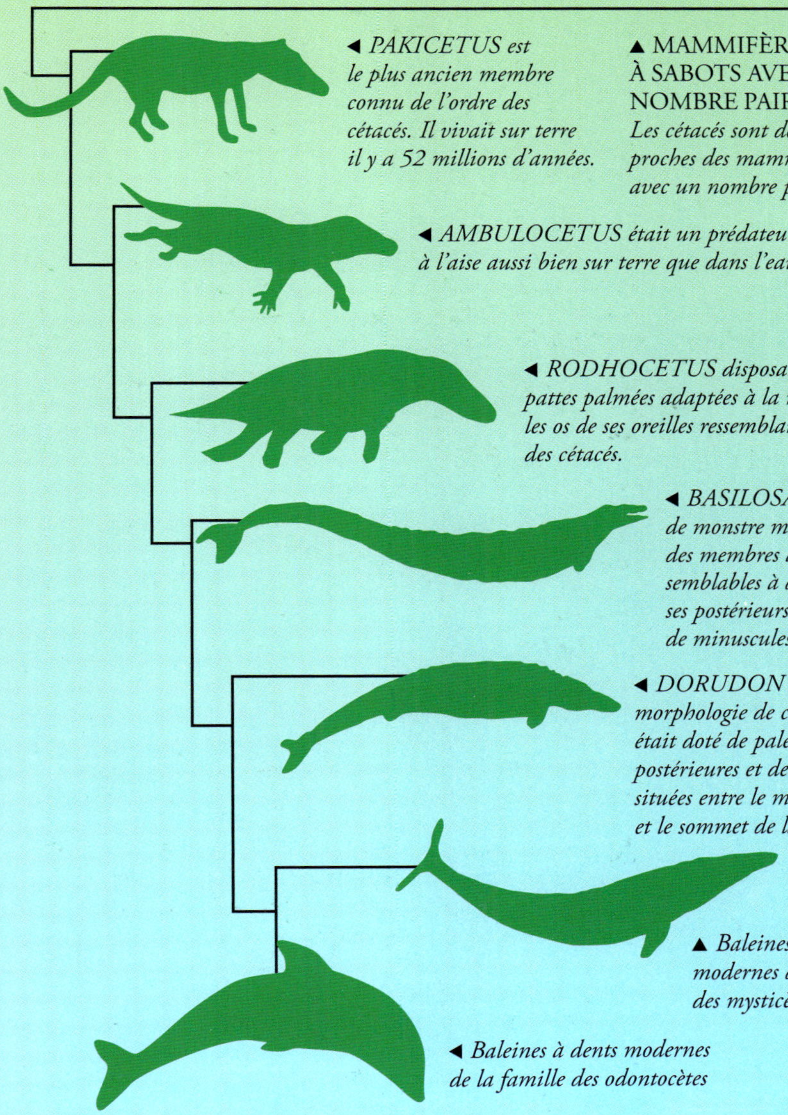

◀ *PAKICETUS est le plus ancien membre connu de l'ordre des cétacés. Il vivait sur terre il y a 52 millions d'années.*

▲ MAMMIFÈRES À SABOTS AVEC UN NOMBRE PAIR DE DOIGTS *Les cétacés sont des parents proches des mammifères à sabots avec un nombre pair de doigts.*

◀ *AMBULOCETUS était un prédateur à l'aise aussi bien sur terre que dans l'eau.*

◀ *RODHOCETUS disposait de grandes pattes palmées adaptées à la nage, mais les os de ses oreilles ressemblaient à ceux des cétacés.*

◀ *BASILOSAURUS, sorte de monstre marin, avait des membres antérieurs semblables à des nageoires ; ses postérieurs n'étaient que de minuscules appendices.*

◀ *DORUDON avait une morphologie de cétacé, mais était doté de palettes natatoires postérieures et de narines situées entre le museau et le sommet de la tête.*

▲ *Baleines à fanons modernes de la famille des mysticètes*

◀ *Baleines à dents modernes de la famille des odontocètes*

LES CÉTACÉS AUJOURD'HUI

Il existe plus de 100 espèces de baleines et de dauphins, réparties en deux groupes principaux : les baleines à dents, qui chassent le poisson, et les baleines à fanon (ci-contre), qui filtrent l'eau à l'aide de lames cornées pour en retenir les minuscules aliments.

Les primates

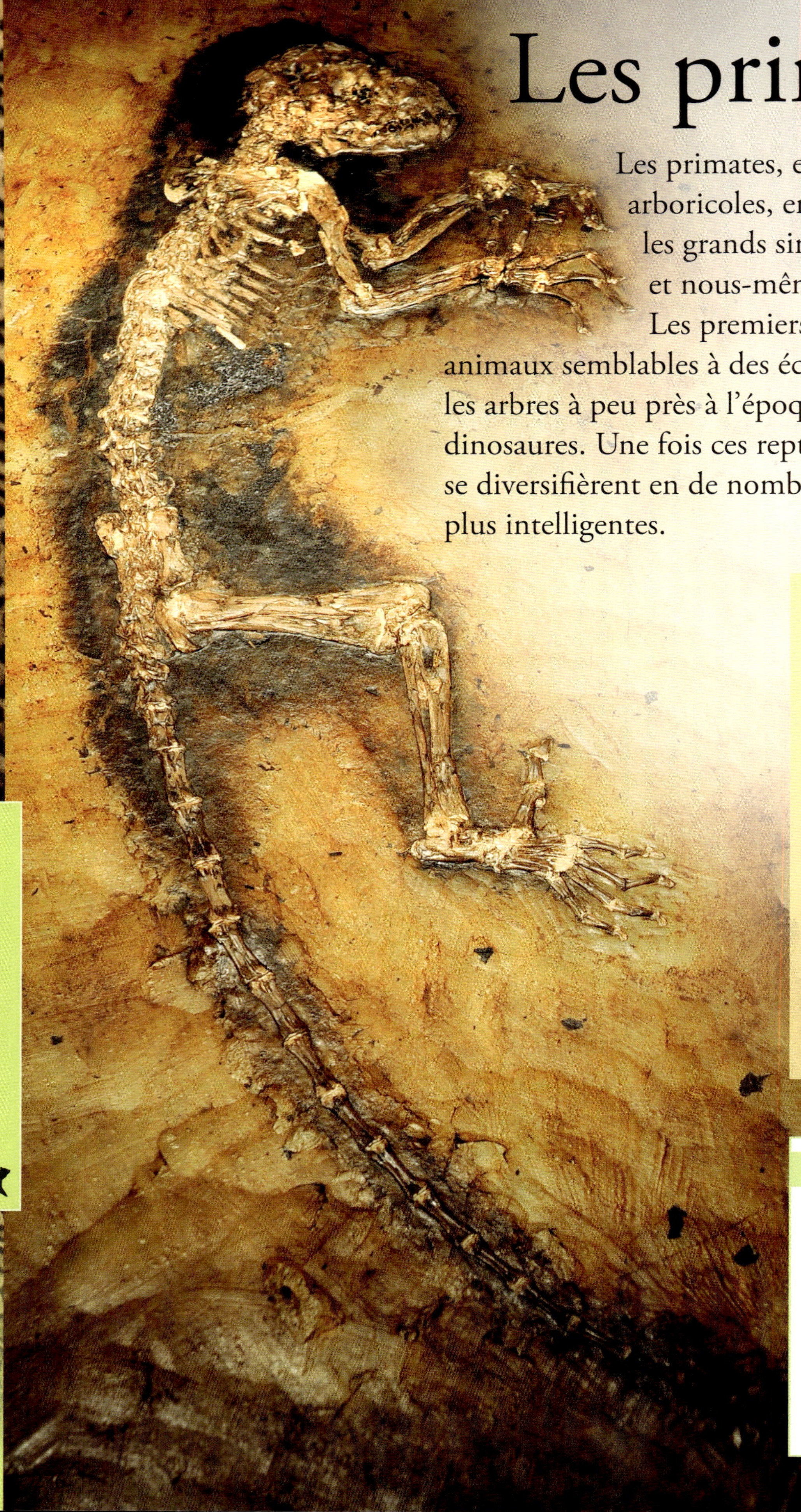

Les primates, espèces essentiellement arboricoles, englobent les singes, les grands singes (anthropoïdes) et nous-mêmes, les hominidés.

Les premiers primates étaient de petits animaux semblables à des écureuils qui furetaient dans les arbres à peu près à l'époque de la disparition des dinosaures. Une fois ces reptiles disparus, les primates se diversifièrent en de nombreuses espèces, toujours plus intelligentes.

Darwinius

- **Quand** -47 millions d'années (paléogène)
- **Où** Allemagne
- **Habitat** Zones boisées
- **Longueur** 60 cm
- **Alimentation** Fruits et plantes

Il n'existe qu'un seul fossile de *Darwinius*, un squelette surnommé « Ida » très bien conservé, avec des traces de fourrure sur tout le corps (ci-contre, à gauche). Même son dernier repas de feuilles et de fruits a été conservé dans son estomac. *Darwinius,* à l'allure de lémurien, était un grimpeur agile, équipé de pouces opposables (faisant face aux autres doigts) permettant à l'animal d'agripper les branches et de se saisir de nourriture.

PORTRAIT DE GROUPE

Caractéristiques

- Gros cerveau
- Yeux orientés vers l'avant chez la plupart
- Mains et pieds préhensiles
- Des ongles plutôt que des griffes

Quand

Les premiers primates sont apparus il y a 65 millions d'années. De nombreuses espèces existent encore aujourd'hui.

Sivapithecus

- **Quand** -12 à -7 millions d'années (néogène)
- **Où** Népal, Pakistan, Turquie
- **Habitat** Plaines
- **Longueur** 1,50 m
- **Alimentation** Plantes

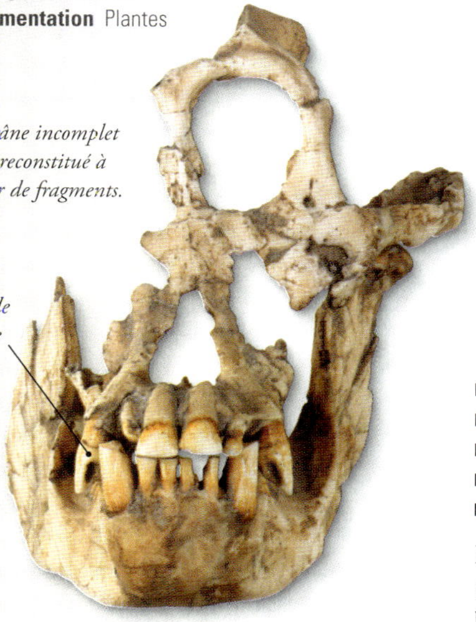

Ce crâne incomplet a été reconstitué à partir de fragments.

Grande canine

Sivapithecus était bâti comme un chimpanzé, mais il avait plutôt un museau d'orang-outan, espèce à laquelle il était apparenté. Il vivait dans les bois, mais selon les scientifiques il passait peut-être beaucoup de temps au sol. Ses grandes molaires suggèrent qu'il se nourrissait de végétaux coriaces, comme des graines de graminées qu'il ramassait au sol. Il grimpait sans doute aussi aux arbres pour cueillir des fruits et pour y dormir la nuit.

Plesiadapis

- **Quand** -65 à -60 millions d'années (paléogène)
- **Où** Amérique du Nord, Europe, Asie
- **Habitat** Zones boisées
- **Longueur** 60 cm
- **Alimentation** Plantes

Plesiadapis est le plus ancien primate connu. Mais, avec sa queue touffue, son long museau doté d'incisives de rongeur et des yeux sur le côté pour surveiller les prédateurs, il ressemblait davantage à un écureuil qu'à un singe. Les molaires, à l'arrière, étaient caractéristiques des primates et suggéraient qu'il se nourrissait de fruits et baies.

Gigantopithecus

- **Quand** -9 millions d'années à -250 000 ans (néogène)
- **Où** Chine, Inde, Vietnam
- **Habitat** Zones boisées
- **Longueur** 2,70 m
- **Alimentation** Plantes

Deux fois plus grand qu'un gorille, *Gigantopithecus* était le plus grand singe de tous les temps, le King-Kong de son époque. Selon certains scientifiques, il serait à l'origine de la légende du yéti. Seules des mâchoires et des dents ont été trouvées. L'usure des dents suggère qu'il se nourrissait de bambou.

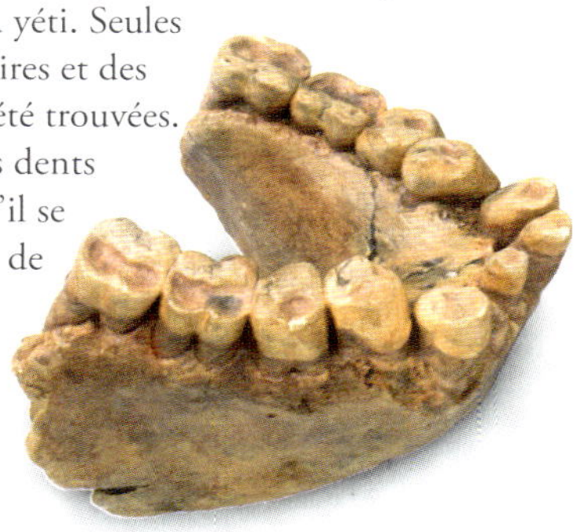

Fossile de la mâchoire inférieure

PARENT VIVANT

L'orang-outan est le plus gros mammifère vivant dans les arbres aujourd'hui. Il en existe deux espèces : celle de Bornéo et celle de Sumatra, toutes deux très intelligentes, se servent d'outils simples. Et toutes deux sont menacées par le recul de leur habitat, la forêt tropicale humide.

Dryopithecus

- **Quand** -15 à -10 millions d'années (néogène)
- **Où** Afrique, Europe et Asie
- **Habitat** Zones boisées
- **Longueur** 60 cm
- **Alimentation** Plantes

▲ LONGS BRAS
Dryopithecus *se balançait d'une branche à l'autre sur ses bras, à la façon des gibbons.*

Ce primate de la taille d'un chimpanzé passait le plus clair de son temps dans les arbres, où il se balançait d'une branche à l'autre à l'aide de ses bras très longs et très forts. Il marchait à quatre pattes comme les chimpanzés, mais, à la différence de ces derniers, sur la paume de la main plutôt que sur le revers des doigts. Il avait un gros cerveau mais n'était qu'un parent éloigné des hominidés.

Eosimias

- **Quand** -45 à -40 millions d'années (paléogène)
- **Où** Chine
- **Habitat** Zones boisées
- **Longueur** 5 cm
- **Alimentation** Insectes, plantes

Eosimias était l'un des premiers primates. À la différence des grands mammifères qui apparurent après la disparition des dinosaures, *Eosimias* était une minuscule boule de poils qui aurait pu tenir dans la paume de la main d'un enfant. Il avait de grands yeux, peut-être utiles pour repérer les prédateurs, notamment la nuit. Il se nourrissait sans doute de nectar et de fruits.

Australopithecus

Aujourd'hui, tous les grands singes vivent en forêt, mais il y 4 millions d'années les choses étaient différentes. L'Afrique abritait toute une gamme de grands singes, familiers d'un paysage ouvert et qui marchaient debout comme nous le faisons. Le plus connus est *Australopithecus,* proche de nos ancêtres.

Australopithecus

- **Quand** -4 à -2 millions d'années (néogène)
- **Où** Afrique
- **Habitat** Zones boisées ouvertes, savane
- **Taille** 1,20 m-1,40 m
- **Alimentation** Fruits, graines, racines, insectes, animaux

Par bien des aspects, *Australopithecus* ressemblait à son très proche parent, le chimpanzé. Il avait un petit corps couvert de poil, des bras puissants pour grimper et un cerveau représentant un tiers du nôtre. Il avait cependant un bassin et des pieds comme ceux des êtres humains modernes, signe qu'il marchait debout, même s'il était plus maladroit que nous. Selon certains scientifiques, *Australopithecus* vivait dans le même type de groupe social que les gorilles, avec un mâle dominant plus grand que les femelles.

▲ MAINS LIBRES *La bipédie libéra les bras, qui devinrent ainsi disponibles pour faire autre chose, comme porter. Ce changement d'état entraîna un bouleversement dans l'évolution humaine, lorsque nos ancêtres se mirent à fabriquer des outils tels que des instruments de chasse.*

PETIT CERVEAU

Autrefois, les scientifiques pensaient que le cerveau de nos ancêtres était devenu plus gros avant qu'ils aient acquis la bipédie. Mais *Australopithecus* apporte la preuve du contraire : il savait marcher, mais son cerveau était à peine plus gros que celui d'un chimpanzé. Sa capacité cérébrale était insuffisante pour maîtriser le langage et la parole, bien qu'il communiquât en émettant des cris divers.

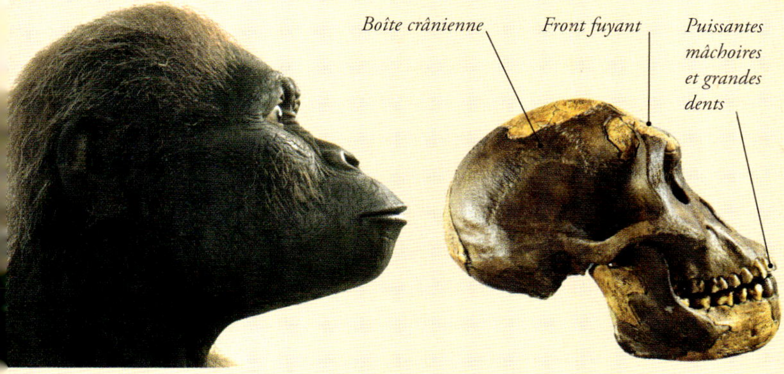

▲ CETTE RECONSTITUTION *inspirée d'un crâne d'*Australopithecus *illustre sa ressemblance avec les singes. Sa petite boîte crânienne révèle un front plat et fuyant, différent du front droit des êtres humains modernes.*

Empreinte du passé

En 1976, en Afrique, des scientifiques trouvèrent en Tanzanie ce qui semblait être des empreintes de pas humains fossilisées : elles dataient de 3,6 millions d'années. Traces d'un groupe de trois *Australopithecus* marchant dans de la cendre volcanique, elles prouvent que cette espèce était bipède.

En 1975, des scientifiques trouvèrent des fossiles de treize *Australopithecus* sur un site en Éthiopie. Cette découverte fut surnommée « la première famille », bien qu'il ait pu s'agir de victimes de prédateurs, sans liens de parenté.

PAYSAGE ET ALIMENTATION

La plupart des singes actuels vivent dans la jungle, mais *Australopithecus* habitait des espaces plus ouverts, mélange de savane et de petits groupes d'arbres. Ses grandes mâchoires et ses molaires, à l'émail épais, indiquent qu'il fouillait le sol à la recherche de végétaux coriaces (racines et graines). À l'instar des autres primates, il avait sans doute une alimentation variée (fruits, insectes, viande).

PARENT VIVANT

Le chimpanzé est un très proche parent d'*Australopithecus*. Les chimpanzés utilisent parfois des pierres pour casser des noix et des bâtons pour attraper des termites dans leur nid. Il est probable qu'*Australopithecus* se servait aussi d'outils simples comme ceux-ci, mais il existe peu d'éléments fossiles prouvant sa capacité à fabriquer des outils en pierre.

Homo erectus

Au fil des millions d'années, à mesure qu'*Australopithecus* (voir page précédente) s'adaptait de plus en plus à la vie terrestre, il se transforma, donnant naissance à de nouvelles espèces à l'apparence plus humaine. Une des plus connues est *Homo erectus,* grand et glabre, qui apparut il y a 2 millions d'années. Il savait fabriquer des outils et peut-être même faire du feu. L'espèce se répandit au-delà de l'Afrique, atteignant les confins de l'Europe et de l'Asie.

Homo erectus

- **Quand** -2 à -0,1 millions d'années (néogène)
- **Où** Afrique, Europe, Asie
- **Habitat** Zones boisées et savane
- **Taille** 1,80 m
- **Alimentation** Végétaux et viande

Homo erectus ressemblait aux humains modernes par la taille et l'apparence. Sa morphologie élancée suggère qu'il vivait dans un climat chaud et suait pour évacuer de la chaleur, d'où l'on déduit qu'il devait être glabre. Il avait un cerveau plus petit que le nôtre et le front fuyant ; ses mâchoires volumineuses lui donnaient un visage différent du nôtre.

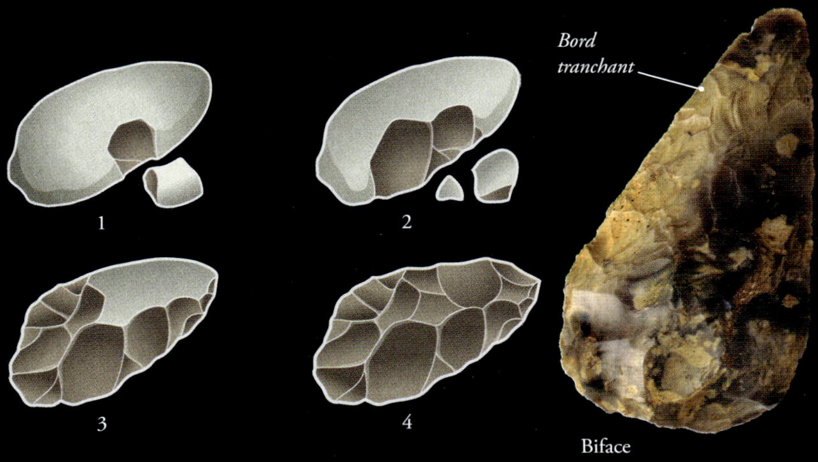

Outils à usages multiples

L'outil préféré d'*Homo erectus* était le biface. Il le fabriquait en taillant la pierre pour en détacher des éclats (avec un percuteur en pierre) et obtenir des bords tranchants. Ces outils servaient à tout : dépecer les animaux et débiter la viande, jusqu'à briser des os (pour en extraire la moelle), ou pour déterrer les racines profondes. Ces outils permirent à *Homo erectus* de consommer de la viande.

Faire du feu

Homo erectus savait-il faire du feu ? Les scientifiques n'en sont pas certains. Des traces de cendre trouvées dans des grottes qu'il habitait il y a 400 000 ans constituent un indice de leur aptitude à faire du feu. Très importante dans l'histoire humaine, la maîtrise du feu a permis à nos ancêtres de cuire les aliments, les rendant plus digestes et plus sûrs. Cela permettait également d'écarter les prédateurs et de fournir la chaleur vitale au moment où ces humains des temps passés colonisaient les régions froides de la planète.

MAIS ENCORE ?

En 1891, Eugène Dubois, un scientifique hollandais, découvrit le premier fossile connu d'*Homo erectus* sur l'île de Java, en Indonésie. D'après lui, les humains, issus des grands singes, étaient apparus en Asie plutôt qu'en Afrique. Des découvertes ultérieures d'*Australopithecus* en Afrique l'en détrompèrent.

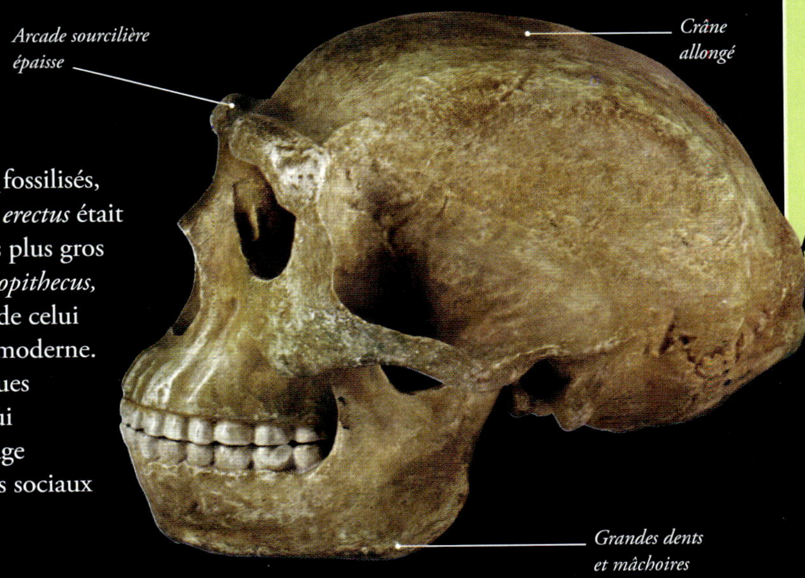

Taille du cerveau

D'après des crânes fossilisés, le cerveau d'*Homo erectus* était au moins deux fois plus gros que celui d'*Australopithecus*, et atteignait 70 % de celui d'un être humain moderne. Certains scientifiques pensent que cela lui permettait le langage et la vie en groupes sociaux complexes.

Les néandertaliens

Durant la période glaciaire, l'Europe était habitée par les néandertaliens, un peuple robuste et intelligent. Ces hommes avaient un gros cerveau, maîtrisaient le langage, portaient des vêtements, possédaient des abris, le feu, des outils et peut-être même une représentation artistique, mais c'était une espèce différente de la nôtre. Lorsque notre espèce se répandit vers l'Europe à partir de l'Afrique, il y a 40 000 ans, les néandertaliens disparurent.

Homo neanderthalensis

- **Quand** -350 000 à -30 000 ans (néogène)
- **Où** Europe et Asie
- **Habitat** Prairies et zones boisées glaciaires
- **Taille** 1,65 m
- **Alimentation** Viande principalement

Les *neanderthalensis* étaient plus petits, plus trapus et bien plus forts que nous, une morphologie ramassée qui les aidait à endurer le froid, et une grande force indispensable pour chasser du gibier aussi grand que les mammouths. Peut-être récupéraient-ils aussi des animaux morts. Leur cerveau était au moins aussi gros que le nôtre, mais leur tête était plus aplatie, avec un front plus bas et plus fuyant, une arcade sourcilière saillante, un énorme nez et des mâchoires proéminentes.

Chauffage central

Pour survivre au froid glacial de la période glaciaire, les néandertaliens chauffaient leurs abris en faisant du feu. Ils portaient des vêtements en peau de bête et en fourrure, à la manière des peuples de l'Arctique aujourd'hui. Peut-être tapissaient-ils leurs litières de peaux de lapin pour avoir plus chaud la nuit.

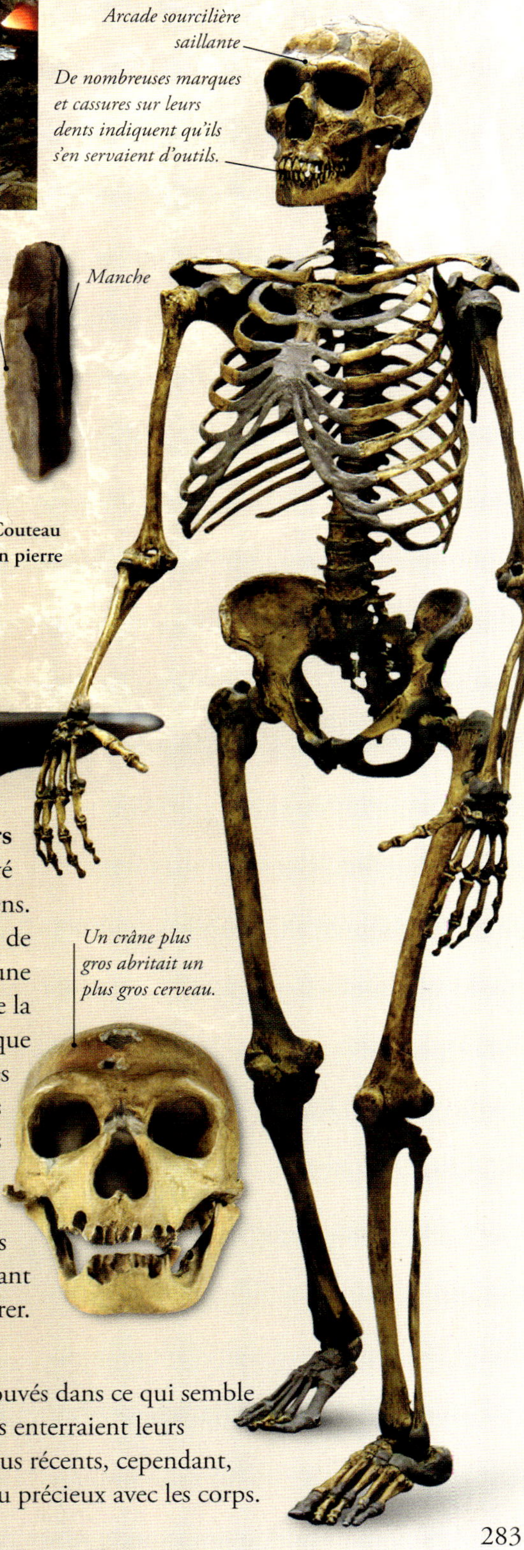

Boîte à outils

Comme *Homo erectus,* les néandertaliens fabriquaient des outils en pierre en détachant des éclats pour obtenir des bords tranchants. Bien plus variés, ils comprenaient des bifaces de grande taille, des couteaux plus fins et des pointes de lance. Ils avaient aussi, sans doute, des outils en bois, mais ces derniers n'ont pas résisté au temps.

Biface avec manche arrondi — **Biface avec deux lames et une pointe** — **Couteau en pierre**

> Le larynx des néandertaliens était semblable au nôtre, ce qui suggère qu'il était capable de parler.

Des os révélateurs

Les scientifiques ont trouvé les restes de 275 néandertaliens. À en croire les traces d'usure et de blessures sur les os, ils enduraient une grande pression physique et parfois de la violence. Ce sont les mêmes blessures que celles des cavaliers de rodéo, peut-être les néandertaliens luttaient-ils avec leurs proies. Certains de leurs os portent les marques faites par des outils de pierre, ce qui fait dire à certains spécialistes qu'ils étaient cannibales, et à d'autres qu'ils avaient des rites mortuaires, dépeçant les morts avant de les enterrer.

Six pieds sous terre

Les squelettes de néandertaliens ont été trouvés dans ce qui semble être des tombes, ce qui laisse à penser qu'ils enterraient leurs morts. À la différence des êtres humains plus récents, cependant, ils disposaient rarement des objets sacrés ou précieux avec les corps.

Mythes et *légendes*

Des dinosaures au Congo ? D'abominables hommes des neiges dans les montagnes ? L'imagination des hommes ne tarit pas quand il s'agit d'animaux fantastiques. Si beaucoup ne sont que de simples contes sur des bêtes mythiques, certains contiennent peut-être un soupçon de vérité : des légendes anciennes héritées d'une époque où des animaux préhistoriques disparus depuis longtemps vivaient encore.

Robert Plot tenait ce fossile pour l'extrémité du fémur d'un géant humain.

C'EST QUOI ÇA ?

Ce n'est que dans les années 1800 que le premier dinosaure fut correctement identifié. Jusque-là, personne n'avait la moindre idée de ce que cela pouvait être. Une description et une représentation célèbres de ce qui fut identifié plus tard comme un os de dinosaure fut publiée en 1677 par le naturaliste anglais Robert Plot, qui le tenait pour le fémur d'un géant humain.

Moitié humain, moitié singe

Que ce soit Sasquatch (Bigfoot) en Amérique du Nord, le yéti dans l'Himalaya et l'Orang Pendek à Sumatra, les légendes à propos de mystérieux hommes singes circulent. Selon certains scientifiques, l'origine de ces histoires anciennes proviendrait d'un lointain passé, au temps où les hommes colonisaient, à partir de l'Afrique, d'autres régions de la planète et rencontraient d'autres « hominidés ».

Scène peu réaliste du film
Un million d'années avant J.-C.,
datant de 1966

Erreurs et anachronismes
Certains vieux films mettent en scène des hommes des cavernes luttant contre des dinosaures. Ce qui est impossible, puisque ces reptiles ont disparu 63 millions d'années avant que n'apparaissent les hommes des cavernes. De plus, les dinosaures ne se tenaient pas assis, la queue posée sur le sol comme le montrent certains jouets ou illustrations.

Tête de serpent
Les fossiles d'ammonites ont inspiré de nombreuses légendes. Dans le folklore anglais, ce sont des serpents transformés en pierre, d'où le nom qui leur était donné autrefois en Grande-Bretagne, «*snakestone*» (pierre-serpent). Parfois, une tête de serpent était gravée sur l'ammonite.

On trouve encore l'énorme œuf des oiseaux-éléphants à Madagascar.

L'oiseau-éléphant
Sindbad le marin était un personnage de fiction arabe dont les aventures l'ont mené dans des contrées enchantées. Dans l'une des histoires, il est emporté par les serres d'un oiseau gigantesque. Ce conte a peut-être été inspiré par l'oiseau-éléphant de Madagascar, un énorme oiseau coureur qui vécut jusque vers 1600 et était sans doute connu des marins arabes.

Un dinosaure vivant ?
Le mokèlé-mbèmbé est une créature légendaire, semblable à un sauropode, qui vivrait dans le bassin du Congo. Par certains aspects, l'histoire ressemble à celle du monstre du loch Ness (voir p. 102).

Un cheval à corne
Certaines personnes pensent que la légende de la licorne pourrait être inspirée d'une ancienne légende populaire basée sur le rhinocéros éteint *Elasmotherium* (voir p. 255) avec son unique et imposante corne.

L'homme *moderne*

D'après les fossiles et les études de nos gènes, notre espèce, *Homo sapiens,* est apparue en Afrique il y a 200 000 ans. Vers -60 000 ans, les hommes modernes colonisèrent de nouveaux continents, à partir de l'Afrique, emportant avec eux outils, art et un mode de vie plus développé que jamais auparavant. Dans le même temps, d'autres hominidés plus primitifs et d'autres mammifères disparurent, peut-être victimes de notre succès.

▲ OBJETS FUNÉRAIRES
Le squelette de 24 000 ans d'un jeune homme orné d'un chapeau et d'un collier de coquillages a été trouvé dans une grotte en Italie.

Homo sapiens

- **Quand** -200 000 ans à aujourd'hui (néogène)
- **Où** Monde entier, sauf Antarctique et quelques îles isolées
- **Habitat** Quasiment tous les habitats terrestres
- **Taille** 1,80 m

Comparé aux autres grands singes et humains primitifs, *Homo sapiens* est doté d'un petit visage plat, au front haut, d'une énorme boîte crânienne en forme de ballon, d'une petite arcade sourcilière et d'un menton proéminent. Mais avant tout, notre espèce se distingue par son cerveau complexe. L'intelligence a permis à nos ancêtres d'inventer de nouveaux outils de chasse, de construire des abris, de fabriquer des vêtements, de domestiquer le feu. Le langage a permis de regrouper les connaissances et de partager les compétences. Les premiers *Homo sapiens* vivaient en communautés complexes, au sein desquelles ils s'occupaient des malades et laissaient des offrandes dans les tombes, signe d'une croyance d'un au-delà après la mort.

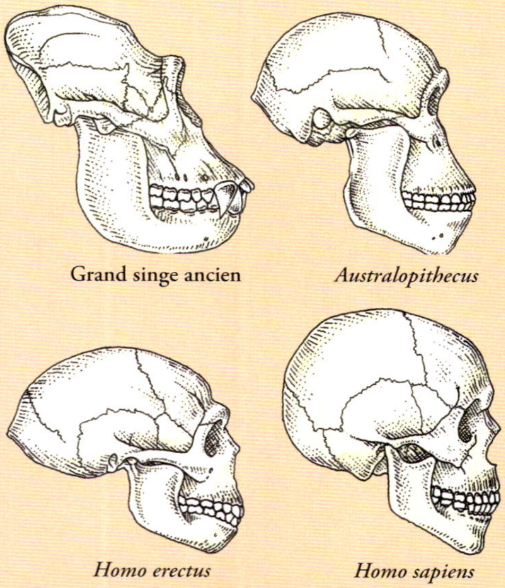

Grand singe ancien — ***Australopithecus***

Homo erectus — ***Homo sapiens***

Outils gravés

Les premiers *Homo sapiens* étaient des artisans bien plus habiles que les autres hominidés. Dès -73 000 ans, les humains du sud de l'Afrique ciselaient leurs outils en os et fabriquaient des bijoux de coquillages. Il y a 18 000 ans, les humains en Europe utilisaient l'os, l'ivoire, le bois de renne pour fabriquer des harpons, des pointes de flèches, des aiguilles. Nombre de ces objets étaient gravés de motifs artistiques comme des têtes d'animaux.

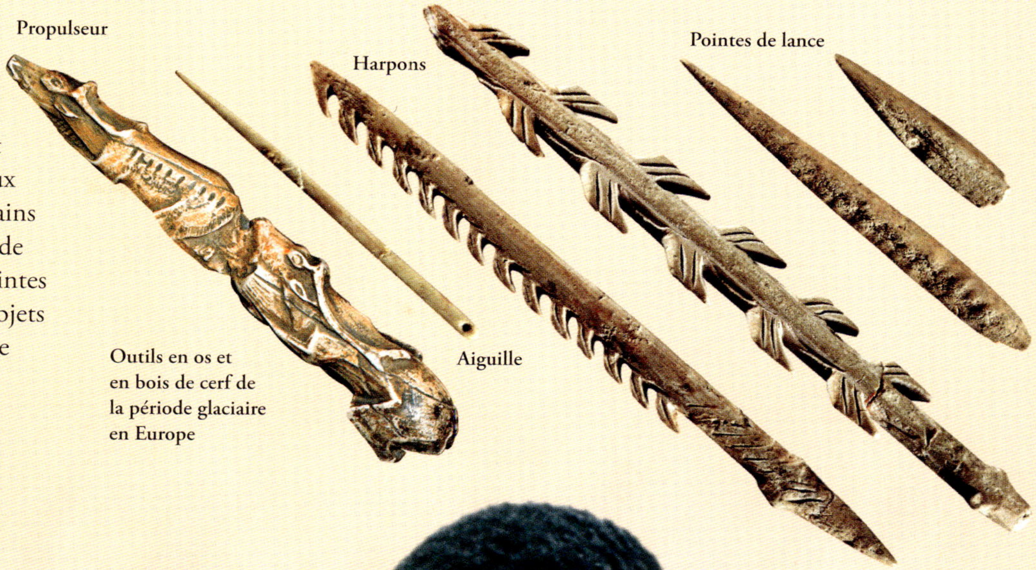

▲ LES BOCHIMANS, *ou San, d'Afrique australe suivent un mode de vie de chasseurs-cueilleurs. Au lieu d'élever des troupeaux pour se nourrir ou de cultiver, ils prélèvent leur nourriture dans la nature sauvage. Tous les premiers* Homo sapiens *étaient des chasseurs-cueilleurs. Ce mode de vie a décliné avec l'avènement de l'agriculture, il y a 8 000 ans.*

L'ART RUPESTRE DES BOCHIMANS

L'art rupestre des peuples d'Afrique australe représente des cérémonies de magie, telles des danses de guérisseurs. Alors qu'il ne date généralement que de quelques centaines d'années, cet art fait appel aux mêmes techniques que les peintures des grottes de la période glaciaire en France (voir p. 270).

Glossaire

Adaptation Trait caractéristique d'un animal ayant évolué en réponse à l'environnement ou au mode de vie. Le long cou de la girafe est, par exemple, une adaptation qui a permis à l'espèce d'accéder aux feuilles situées au sommet des arbres.

ADN (Acide désoxyribonucléique) Chaîne de molécules présente dans presque tous les organismes vivants et contenant les instructions génétiques transmises d'une génération à l'autre. Sa structure complexe, en double hélice, fut découverte dans les années 1950. *Voir aussi* Gènes.

Agnathes (poissons sans mâchoires) Vertébrés primitifs qui prospérèrent au début de l'ère paléozoïque. Deux types de poissons agnathes ont survécu jusqu'à nos jours, les lamproies et les myxines.

Algues Organismes primitifs, vivant dans l'eau ou dans des milieux humides et pratiquant la photosynthèse. Les algues sont classées parmi les végétaux.

Ambre Résine de conifère fossilisée dans laquelle on peut trouver des insectes et d'autres petits organismes parfaitement conservés.

Ammonites Mollusques marins préhistoriques, apparentés aux pieuvres et aux calmars, et pourvus d'une coquille enroulée et compartimentée.

Amphibiens Groupe de vertébrés ectothermes, dont font partie les grenouilles et les tritons. La plupart des amphibiens naissent sous forme de larves vivant dans l'eau et respirant par des branchies, puis se métamorphosent en adultes vivant sur terre et respirant par des poumons.

Ancêtre Espèce animale ou végétale à partir de laquelle une espèce plus récente a évolué.

Angiospermes (plantes à fleurs) Groupe apparu au crétacé qui inclut les arbres feuillus et les herbes.

Ankylosaures Dinosaures végétariens quadrupèdes, dont le cou, les épaules et le dos étaient recouverts d'une cuirasse de plaques osseuses.

Apparentés Organismes proches par leurs gènes et leurs traits.

Archosaures Important groupe de reptiles apparu au trias et comprenant les dinosaures, les ptérosaures et les crocodilomorphes.

Arthropodes Invertébrés au corps segmenté protégé par un exosquelette. Les trilobites étaient des arthropodes. Parmi les formes vivantes figurent les insectes et les araignées.

Aurochs Espèce éteinte de bœuf sauvage, ancêtre du bœuf moderne.

Australopithecus Membre préhistorique de la lignée humaine, ressemblant à un chimpanzé mais marchant redressé, comme les humains. Peut-être un ancêtre direct des humains modernes.

Bivalves Mollusques aquatiques, tels que les moules et les huîtres, pourvus d'une coquille articulée en deux parties habituellement identiques.

Cambrien Première période de l'ère paléozoïque, de -542 à -488 millions d'années, durant laquelle apparaissent, dans les témoignages fossiles, la plupart des grands groupes d'invertébrés.

Camouflage Motifs ou couleurs d'un animal lui permettant de se confondre avec son environnement, donc d'être moins visible.

Carbonifère Cinquième période de l'ère paléozoïque, de -359 à -299 millions d'années. Les terres émergées étaient couvertes de forêts, peuplées d'insectes et de tétrapodes, parmi lesquels les premiers amphibiens et les premiers reptiles.

Carnivore Animal mangeant de la chair animale. Désigne aussi un groupe de mammifères, l'ordre des carnivores.

Cartilage Tissu ferme et souple, dont est entièrement formé le squelette des poissons cartilagineux, tels les requins. Le squelette des vertébrés en est en partie constitué.

Céphalopodes Mollusques marins dotés de grands yeux et d'une tête bien développée, entourée de tentacules, tels que les pieuvres, les calmars, les seiches et les ammonites.

Cératopsiens Dinosaures végétariens, bipèdes ou quadrupèdes, à bec de perroquet et pourvus pour certains d'une collerette osseuse à l'arrière du crâne. Les dinosaures à cornes font partie de ce groupe.

Chélicérates Invertébrés dont la bouche porte des pinces ou des crochets (appelés chélicères), tels les araignées et les scorpions.

Conifères Arbres apparus au trias, portant des feuilles en aiguilles et dont les graines se développent à l'intérieur de cônes (pommes de pin).

Crâne Enveloppe osseuse de la tête, abritant le cerveau, les yeux, les oreilles et les fosses nasales.

Crétacé Dernière période de l'ère mésozoïque, de -145 à -65 millions d'années, qui s'acheva par une extinction de masse, au cours de laquelle disparurent les dinosaures et de nombreux groupes d'animaux.

Crinoïdes Animaux marins ressemblant à des plantes, aux bras plumeux et fixés par de longues tiges sur le fond marin. Ils font partie des échinodermes.

Crocodilomorphes Groupe de reptiles comprenant les crocodiles, les alligators et de nombreuses espèces éteintes, apparu à peu près en même temps que les dinosaures.

Crustacés Grand groupe d'arthropodes, pour la plupart aquatiques, dont font partie les crabes et les crevettes.

Cycadales Plantes produisant des graines, ressemblant à des palmiers mais portant une couronne de feuilles ressemblant à des fougères. Elles peuvent être buissonnantes ou atteindre jusqu'à 20 m.

Descendant Espèce animale ou végétale ayant évolué à partir d'une espèce plus ancienne (son ancêtre).

Dévonien Quatrième période de l'ère paléozoïque, de -416 à -359, pendant laquelle les tétrapodes évoluèrent à partir de poissons.

Dinosaures Grand groupe d'archosaures aux membres droits. Ils dominèrent les terres émergées pendant 160 millions d'années.

Diurne Animal actif le jour.

Domestiqué Animal apprivoisé et élevé par l'homme, comme le chien et le bœuf.

Dromaeosaures Dinosaures carnivores bipèdes, semblables à des oiseaux, dont la plupart ne dépassaient pas 2 m de longueur, et qui étaient présents sur tous les continents de l'hémisphère Nord.

Échinodermes Invertébrés marins pourvus d'un exosquelette calcaire, dur, et dont le corps se compose typiquement de cinq parties égales disposées symétriquement autour d'un axe. Ce groupe, connu dès le cambrien, comprend les astéries et les oursins.

Ectotherme Animal dont la température corporelle varie en fonction de la température extérieure. On dit aussi à sang froid.

Embryon Animal ou plante aux premiers stades de développement, dans l'œuf ou la graine.

Endotherme Animal dont la température corporelle, assez constante, ne dépend pas de la température extérieure. Les mammifères et les oiseaux sont endothermes. On dit aussi à sang chaud.

Envergure Distance entre les pointes des deux ailes déployées.

Environnement Milieu et espèces entourant un organisme vivant.

Ère Très longue durée dans l'histoire de la Terre, divisée en périodes.

Espèce Groupe réunissant des animaux ou des végétaux très étroitement apparentés, pouvant se reproduire entre eux et avoir des descendants capables de se reproduire.

Euryptéridés Groupe de grands arthropodes aquatiques de l'ère paléozoïque, aussi appelés scorpions de mer.

Évolution Changement graduel d'une espèce animale ou végétale sur une durée très longue. L'évolution a pour moteur principal la sélection naturelle.

Exosquelette Squelette externe formant par exemple une carapace ou une coquille.

Extinction Disparition d'une espèce animale ou végétale, résultant d'une compétition entre les espèces, de changements environnementaux ou de catastrophes naturelles. Plusieurs extinctions de masse, ayant emporté de très nombreuses espèces, ont marqué l'histoire de la vie.

Faune d'Édiacara Organismes marins fossiles, à corps mou, datés d'environ 550 millions d'années et comptant parmi les plus anciens animaux. Beaucoup furent découverts dans les falaises d'Édiacara, en Australie.

Fossile Restes, empreintes ou traces d'un organisme préhistorique, conservés en général dans la roche.

Fossilisation Processus par lequel un organisme mort se transforme en fossile, en se minéralisant.

Gastéropodes Groupe de mollusques terrestres et aquatiques, dont font partie les escargots, les limaces ou les bigorneaux.

Gènes Instructions chimiques encodées dans les molécules d'ADN. Les gènes contrôlent le développement des organismes vivants et sont transmis par les parents à la génération suivante.

Gondwana Supercontinent qui réunissait l'Amérique du Sud, l'Afrique, l'Antarctique, l'Australie et l'Inde, du précambrien jusqu'au jurassique, période à laquelle il se disloqua.

Habitat Type de milieu naturel dans lequel vit une espèce animale ou végétale.

Hadrosaures Famille de dinosaures végétariens à bec de canard, qui vivaient au crétacé.

Hominidés Famille regroupant les humains et leurs plus proches parents, dont les chimpanzés et les gorilles.

Homo erectus Espèce humaine préhistorique, ayant évolué en Afrique puis s'étant répandue en Asie. *Homo erectus* émergea il y a 2 millions d'années et vécut jusqu'il y a 100 000 ans.

Homo sapiens Espèce humaine moderne, à laquelle nous appartenons.

Hybride Organisme issu de parents d'espèces différentes.

Ichthyosaures Reptiles marins préhistoriques ressemblant extérieurement aux dauphins.

Iguanodontidés Famille de grands dinosaures ornithopodes, végétariens, répandus dans la première moitié du crétacé.

Invertébrés Animaux dépourvus de colonne vertébrale.

Jurassique Période du milieu de l'ère mésozoïque, de -200 à -145 millions d'années, dominée par les dinosaures et au cours de laquelle les oiseaux évoluèrent et les mammifères commencèrent à se diversifier.

Juvénile Jeune animal, avant le passage à l'âge adulte.

Lamproie Poisson agnathe actuel, à bouche ronde suceuse.

Mammifères Vertébrés endothermes, couverts de poils, dont les femelles produisent du lait pour nourrir leurs petits. Apparus au trias, les mammifères se sont beaucoup diversifiés et occupent aujourd'hui une grande variété d'habitats.

Marin Se dit d'une espèce vivant dans les mers ou en plein océan.

Marsupiaux Mammifères dont les petits achèvent de se développer dans la poche maternelle. Les marsupiaux, dont font partie les kangourous et les koalas, n'ont survécu qu'en Australasie et sur les continents américains.

Mastodontes Groupe éteint de grands mammifères, apparentés aux éléphants.

Meganeura Insecte géant du carbonifère, apparenté aux libellules. Peut-être le plus grand insecte ayant jamais existé.

Métamorphose Transformation importante du corps d'un animal entre le stade de larve et le stade adulte. La chenille subit par exemple une métamorphose pour devenir papillon.

Migration Déplacement des animaux d'un endroit à l'autre, souvent saisonnier.

Mollusques Grand groupe d'invertébrés, à corps mou, dont font partie les escargots et les calmars. Beaucoup d'espèces produisent une coquille dure, se fossilisant bien, d'où l'abondance de fossiles de mollusques.

Mosasaures Reptiles marins géants du crétacé, pourvus d'un long corps de lézard, de palettes natatoires, et de longs museaux. Ils étaient de redoutables prédateurs.

Néandertaliens *(Homo neanderthalensis)* Espèce éteinte d'hominidé, étroitement apparentée à notre espèce et qui peuplait l'Europe et l'Asie durant la dernière glaciation.

Néogène Deuxième période de l'ère cénozoïque s'étendant de -23 millions d'années à nos jours, divisée en quatre époques : le miocène, le pliocène, le pléistocène et l'holocène.

Nocturne Animal actif la nuit.

Nothosaures Grands reptiles marins du trias, qui se reproduisaient à terre.

Omnivore Animal qui se nourrit à la fois de végétaux et de chair animale.

Ordovicien Deuxième période de l'ère paléozoïque, de -488 à -444 millions d'années, au cours de laquelle la vie était uniquement aquatique.

Ornithischiens (dinosaures à bassin d'oiseau) Une des deux grandes subdivisions dans l'arbre généalogique des dinosaures, regroupant des dinosaures à bec, végétariens. *Voir aussi* Saurischiens.

Ornithomimidés (« Dinosaures autruches ») Animaux terrestres les plus rapides au crétacé.

Paléogène Première période de l'ère cénozoïque, de -65 à -23 millions d'années, divisée en trois époques : le paléocène, l'éocène et l'oligocène.

Paléontologie Science des formes de vie préhistoriques, fondée sur l'étude des fossiles.

Pampa Plaine d'Amérique du Sud couverte d'herbe et dépourvue d'arbres.

Pangée Supercontinent formé à la fin de l'ère paléozoïque, qui réunissait presque toutes les terres émergées et s'étendait du pôle Nord au pôle Sud.

Pelvis Partie du squelette d'un animal joignant la colonne vertébrale et les membres inférieurs, formant le bassin.

Pélycosaures Grands animaux ressemblant à des reptiles, ayant vécu avant l'ère des dinosaures. Certains d'entre eux sont de lointains ancêtres des mammifères.

Pergélisol Sol gelé en permanence, caractéristique des régions les plus au nord. Si la surface dégèle l'été, devenant marécageuse, les couches plus profondes demeurent gelées.

Période Division de l'histoire de la Terre, s'étendant sur des millions d'années. Le jurassique est une période.

Permien Dernière période de l'ère paléozoïque, de -299 à -251 millions d'années, qui s'acheva par la plus importante extinction de masse que la Terre ait connue.

Photosynthèse Processus par lequel une plante fabrique sa nourriture à partir de l'énergie du soleil et au cours duquel elle rejette de l'oxygène.

Placentaires Mammifères chez lesquels les petits à naître sont nourris par l'intermédiaire d'un organe spécifique, le placenta. Les mammifères placentaires ont remplacé les marsupiaux dans la plupart des régions du monde.

Placodermes Groupe de poissons préhistoriques, dits cuirassés, dont le corps était recouvert de plaques osseuses et qui prospérèrent au dévonien.

Plésiosaures Grands reptiles marins préhistoriques, dont les membres s'étaient transformés en palettes natatoires, servant de nageoires. Les uns avaient un long cou et une petite tête, d'autres, appelés pliosaures, avait un cou court, une énorme tête et des mâchoires garnies de crochets.

Précambrien Très longue durée s'étendant de la formation de la Terre, il y a 4,6 milliards d'années, jusqu'au début de l'ère paléozoïque, il y a 542 millions d'années. Pendant la plus grande partie du précambrien, les seules formes de vie furent des organismes aquatiques unicellulaires, microscopiques.

Prédateur Animal qui chasse d'autres animaux pour s'en nourrir.

Primates Groupe de mammifères comprenant les lémuriens, les singes et les humains.

Primitif Aux premiers stades de l'évolution

Ptérosaures Grands reptiles volants qui vivaient à l'ère des dinosaures, et dont les ailes étaient formées d'une membrane de peau tendue entre les membres.

Poissons à nageoires rayonnantes (Actinoptérygiens) Grand groupe de poissons réunissant environ 25 000 espèces actuelles et de nombreuses espèces préhistoriques, dont les nageoires sont constituées de peau tendue sur des os fins disposés en éventail.

Poissons osseux (Ostéichtyens) Poissons pourvus d'un squelette constitué d'os (communément appelés arêtes).

Poissons pulmonés Groupe de poissons pourvus à la fois de branchies et de poumons, et pouvant donc respirer dans l'eau comme à l'air libre, apparus au dévonien.

Raies Groupe de poissons cartilagineux au corps plat, apparentés aux requins, dont font aussi partie les pastenagues.

Reptiles Animaux ectothermes dont la peau est couverte d'écailles et qui pondent leurs œufs à terre. Les dinosaures, les crocodiles, les tortues, les lézards et les serpents sont des reptiles.

Roche sédimentaire Type de roche dans lequel on peut trouver des fossiles.

Rongeurs Groupe de petits mammifères, tels que les souris et les écureuils, dotés de grandes incisives tranchantes utilisées pour grignoter les noix et les graines.

Saurischiens (dinosaures à bassin de lézard) Une des deux grandes subdivisions dans l'arbre généalogique des dinosaures, dont font partie tous les dinosaures carnivores et les sauropodes. *Voir aussi* Ornithischiens.

Sauropodes Dinosaures géants à long cou, végétariens, parmi lesquels figurent les plus grands animaux terrestres ayant jamais existé.

Savane Prairie tropicale, souvent parsemée d'arbres isolés ou de forêts claires.

Schistes de Burgess Formation rocheuse située en Colombie-Britannique, au Canada, d'où ont été extraites 130 espèces identifiées d'éponges, de méduses, de vers et d'arthropodes datés du cambrien.

Sédiments Particules déposées par le vent, l'eau ou la glace. Les sédiments tels que le sable et la vase s'accumulent sur les fonds marins jusqu'à se transformer en roche sédimentaire.

Sélection naturelle Élimination naturelle des espèces vivantes les moins bien adaptées, encourageant l'évolution.

Silurien Troisième période de l'ère paléozoïque, de -444 à -416 millions d'années.

Spinosauridés Famille d'énormes dinosaures du crétacé, dont certains portaient une haute crête sur le dos.

Stégosaures Dinosaures quadrupèdes, végétariens, portant deux rangées de plaques osseuses ou d'épines sur le dos.

Tétrapodes Vertébrés pourvus de quatre membres (bras ou ailes, jambes ou pattes). Tous les amphibiens, les reptiles, les mammifères et les oiseaux sont des tétrapodes, y compris les serpents qui sont des tétrapodes ayant perdu leurs membres.

Thérizinosaures Groupe de grands dinosaures assez étranges, pourvus d'une petite tête, de pieds courts, de très longues griffes et d'un corps massif. Ils vivaient au crétacé.

Théropodes Importante branche de l'arbre généalogique des dinosaures, comprenant surtout des prédateurs. Dotés en général de dents et de griffes aiguisées, les théropodes étaient de tailles très variées, le plus grand étant *Tyrannosaurus.*

Titanosaures Très grands dinosaures quadrupèdes, végétariens, appartenant au groupe des sauropodes.

Trias Première période de l'ère mésozoïque, de -251 à -200 millions d'années, durant laquelle apparurent les dinosaures.

Trilobites Arthropodes marins dont l'exosquelette était segmenté en trois lobes. Les diverses espèces de trilobites sont de bons indicateurs de l'âge des roches sédimentaires dont elles proviennent.

Végétal Organisme opérant la photosynthèse. Synonyme de plante.

Végétarien Animal se nourrissant de végétaux.

Vertèbres Os formant la colonne vertébrale.

Vertébrés Animaux pourvus d'un squelette interne, osseux ou cartilagineux, dont l'axe est constitué par la colonne vertébrale, qui porte le crâne. Les poissons, les amphibiens, les reptiles, les oiseaux et les mammifères sont tous des vertébrés.

Index

Crédits et remerciements

Dorling Kindersley remercie également Madhavi Singh pour la relecture des épreuves et Poppy Joslin pour la maquette.

L'éditeur remercie les photographes et les agences pour leur autorisation à reproduire les photos suivantes : (légende : a = haut ; b = bas ; c = centre ; e = extrême ; g = gauche ; d = droite ; t = tout en haut).

1 Getty Images : Iconica / Philip et Karen Smith (arrière-plan). **2 Alamy Images :** Phil Degginger (4). **Corbis :** Frans Lanting (1) ; Science Faction / Norbert Wu (6). **Dorling Kindersley :** Colin Keates / avec l'aimable autorisation du Natural History Museum, Londres (2) ; Barrie Watts (7). **3 Ardea :** Pat Morris (5/g). **Corbis :** Frans Lanting (3/d) ; Paul Souders (8/d). **Dorling Kindersley :** Jon Hughes (7/d, 2/g). **Getty Images :** AFP (2/d) ; Stone / Howard Grey (5/d) ; WireImage / Frank Mullen (4/g). **Science Photo Library :** (1/g) ; Richard Bizley (1/d) ; Christian Darkin (4/d) ; Mark Garlick (7/g). **4 Ardea :** Pat Morris (bg). **Getty Images :** Stone / Howard Grey (cgb). **Science Photo Library :** Christian Darkin (bd). **4-5 Dorling Kindersley :** Andy Crawford / avec l'aimable autorisation du Royal Tyrrell Museum of Palaeontology, Alberta, Canada. **5 Dorling Kindersley :** Andrew Nelmerm / avec l'aimable autorisation du Royal British Columbia Museum, Victoria, Canada (bg). **Getty Images :** AFP (bd). **6-7 Alamy Images :** Phil Degginger. **7 Dorling Kindersley :** Colin Keates / avec l'aimable autorisation du Natural History Museum, Londres (tc). **8 Corbis :** Arctic-Images (t). **9 Alamy Images :** AF Archive (cgh). **Corbis :** Frans Lanting (bd) ; Bernd Vogel (t) ; George Steinmetz (cdh) ; Visuals Unlimited / Dr Terry Beveridge (cdb). **11 Corbis :** The Gallery Collection (tg). **Dorling Kindersley :** Colin Keates / avec l'aimable autorisation du Natural History Museum, Londres (cdh). **12 Corbis :** Douglas Peebles (bg). **Getty Images :** Science Faction Jewels / Louie Psihoyos (td). **14 Science Photo Library :** Richard Bizley (cd) ; Walter Myers (td). **16 Dorling Kindersley :** Colin Keates / avec l'aimable autorisation du Natural History Museum, Londres (t, bg). **17 Corbis :** Sygma / Didier Dutheil (td). **Dorling Kindersley :** Barrie Watts (bg). **18-19 Getty Images :** Science Faction Jewels / Louie Psihoyos. **20 Corbis :** Sygma / Didier Dutheil (g, bd). **Science Photo Library :** Ted Kinsman (td). **21 Corbis :** Sygma / Didier Dutheil (tg, td, cdh, cdb, bd). **22-23 Harry Wilson** (illustration principale). **23 Corbis :** Momatiuk - Eastcott (cdb). **Photolibrary :** OSF / Robert Tyrrell (bd). **24 Getty Images :** Stone / Howard Grey (g/onglet). **24-25 Ardea :** Pat Morris. **25 Alamy Images :** John T. Fowler (cd). **26 Alamy Images :** Nicholas Bird (bc) ; H. Lansdown (bd). **Corbis :** Frank Krahmer (bg) ; Science Faction / Norbert Wu (cgh). **27 Alamy Images :** WaterFrame (bd). **Corbis :** Gary Bell (bc) ; Science Faction / Stephen Frink (cgb) ; Stephen Frink (cd) ; Paul Edmondson (bg). **Getty Images :** Minden Pictures / Foto Natura / Ingo Arndt (tg). **28 Corbis :** Frans Lanting (bg). **29 J. Gehling, South Australian Museum :** (td). **30 Alamy Images :** Kevin Schafer (bd). **Getty Images :** National Geographic / O. Louis Mazzatenta (c). **31 Science Photo Library :** Alan Sirulnikoff (cd). **32 avec l'aimable autorisation de la Smithsonian Institution :** (cg). **35 Natural History Museum, Londres :** (bd). **37 Ardea :** Francois Gohier (cg). **Dorling Kindersley :** Harry Taylor / avec l'aimable autorisation du Royal Museum of Scotland, Édimbourg (bg). **41 Getty Images :** Comstock Images (td). **43 Corbis :** Jeffrey L. Rotman (bd) ; Visuals Unlimited / Wim van Egmond (td). **45 Dorling Kindersley :** Colin Keates / avec l'aimable autorisation du Natural History Museum, Londres (td). **Corbis :** Frank Lane Picture Agency / Douglas P. Wilson (cb) ; Visuals Unlimited / Ken Lucas (tg). **46-47 Alamy Images :** Kate Rose / Peabody Museum, New Haven, Connecticut. **46 Natural History Museum, Londres :** (bg). **47 Corbis :** Michael et Patricia Fogden (bd). **Prof. J.W. Schneider/TU Bergakademie Freiberg :** (td). **48 Alamy Images :** John T. Fowler (td). **Corbis :** Tom Bean (bg). **Science Photo Library :** Noah Poritz (t). **50-51 naturepl.com :** Jean E. Roche. **51 Dorling Kindersley :** Frank Greenaway / avec l'aimable autorisation du Natural History Museum, Londres (bd). **52-53 Getty Images :** Stone / Howard Grey. **54 Natural History Museum, Londres :** Graham Cripps. **55 akg-images :** Gilles Mermet (td). **NHPA / Photoshot :** Ken Griffiths (bd). **57 Getty Images :** The Image Bank / Philippe Bourseiller (bd). **58-59 Ardea :** John Cancalosi. **58 Alamy Images :** Danita Delimont (c) ; Scenics & Science (d). **60 Dorling Kindersley :** Colin Keates / avec l'aimable autorisation du Natural History Museum, Londres (cdh/Giant cerith). **Getty Images :** Mike Kemp (bg/snail). **62 Dorling Kindersley :** Harry Taylor / avec l'aimable autorisation du Royal Museum of Scotland, Édimbourg (onglet). **63 Dorling Kindersley :** Harry Taylor / avec l'aimable autorisation du Royal Museum of Scotland, Édimbourg (cg). **Photolibrary :** Oxford Scientific (OSF) / David M. Dennis (c). **64 Corbis :** All Canada Photos / Ron Erwin (bc) ; Frans Lanting (bd). **65 Ardea :** Ken Lucas (ch). **Dorling Kindersley :** Andy Crawford / avec l'aimable autorisation du Royal Tyrrell Museum of Palaeontology, Alberta, Canada (td) ; David Peart (bd). **66 Alamy Images :** blickwinkel (bd). **67 Dorling Kindersley :** Harry Taylor / avec l'aimable autorisation du Royal Museum of Scotland, Édimbourg (td) ; Harry Taylor / avec l'aimable autorisation du Hunterian Museum (université de Glasgow) (bg). **68 Alamy Images :** All Canada Photos / Royal Tyrrell Museum, Drumheller, Alta, Canada (c). **70 Dorling Kindersley :** Colin Keates / avec l'aimable autorisation du Natural History Museum, Londres (b). **71 Dorling Kindersley :** Colin Keates / avec l'aimable autorisation du Natural History Museum, Londres (tl, crb). **Science Photo Library :** Christian Darkin (b). **73 Corbis :** Layne Kennedy (td) ; Louie Psihoyos (bd). **75 Corbis :** Visuals Unlimited (b). **Dorling Kindersley :** Neil Fletcher (c) Oxford University Museum of Natural History (cd) ; Harry Taylor / avec l'aimable autorisation du Royal Museum of Scotland, Édimbourg (cg) ; Colin Keates / avec l'aimable autorisation du Natural History Museum, Londres (td). **77 Alamy Images :** PetStockBoys (tg). **Dorling Kindersley :** Harry Taylor / avec l'aimable autorisation du Natural History Museum, Londres (td). **79 Dorling Kindersley :** Colin Keates / avec l'aimable autorisation du Natural History Museum, Londres (td). **Getty Images :** Taxi / Peter Scoones (bd). **81 Alamy Images :** B. Christopher (bg). **Corbis :** Gallo Images / Anthony Bannister (td). **Dorling Kindersley :** Jan van der Voort (cdb). **Dr Howard Falcon-Lang :** (bd). **82 Alamy Images :** WaterFrame (cg). **83 Dorling Kindersley :** Steve Gorton / Richard Hammond - modelmaker / avec l'aimable autorisation de l'Oxford University Museum of Natural History (cg) ; Colin Keates / avec l'aimable autorisation du Natural History Museum, Londres (tg). **84 Science Photo Library :** Visuals Unlimited / Ken Lucas (t). **86 Alamy Images :** Realimage (tg). **87 Alamy Images :** botanikfoto / Steffen Hauser (cgb). **Dorling Kindersley :** Colin Keates / avec l'aimable autorisation du Natural History Museum, Londres (tc). **88 Corbis :** Arctic-Images (g). **89 Corbis :** Science Faction / Louie Psihoyos (td). **92 Corbis :** Sygma / Vo Trung Dung (b/arrière-plan). **95 Photolibrary :** Oxford Scientific (OSF) / David M. Dennis (cg). **96-97 Corbis :** Mark A. Johnson (arrière-plan). **96 Luigi Chiesa :** (bg). **98 Corbis :** Kevin Schafer (b). **98-99 Dorling Kindersley :** (c) David Peart (arrière-plan). **102-103 Science Photo Library :** John Foster. **102 Corbis :** Sygma / Vo Trung Dung (bg). **103 Science Photo Library :** Victor Habbick Visions (cg). **104 Dorling Kindersley :** David Peart (arrière-plan). **105 Corbis :** In Pictures / Mike Kemp (bd). **107 Getty Images :** AFP / Valery Hache (cg). **108 Natural History Museum, Londres :** Berislav Krzic (b). **110 Alamy Images :** Pictorial Press Ltd (b). **111 Dorling Kindersley :** Colin Keates / avec l'aimable autorisation du Natural History Museum, Londres (td). **Science Photo Library :** (tg) ; Michael Marten (tc). **Wellcome Images :** Wellcome Library, Londres (bd). **113 Alamy Images :** Kevin Schafer (t). **114-115 Alamy Images :** Paul Kingsley. **114 Dorling Kindersley :** John Downes / John Holmes - modelmaker / avec l'aimable autorisation du Natural History Museum, Londres (onglet). **115 Dorling Kindersley :** Colin Keates / avec l'aimable autorisation du Natural History Museum, Londres (cg). **Science Photo Library :** Joe Tucciarone (cd). **116-117 Corbis :** Michael S. Yamashita. **118 Science Photo Library :** Roger Harris (bd). **119 Dorling Kindersley :** Jon Hughes (tl, bl, tr). **120 Dorling Kindersley :** Andy Crawford / avec l'aimable autorisation du Royal Tyrrell Museum of Palaeontology, Alberta, Canada (cg). **122-133 Dorling Kindersley :** Nigel Hicks / avec l'aimable autorisation des Lost Gardens of Heligan (arrière-plan). **125 Getty Images :** National Geographic Creative / Jeffrey L. Osborn (cg). **126-127 Corbis :** Inspirestock (arrière-plan). **127 Dorling Kindersley :** Colin Keates / avec l'aimable autorisation du Natural History Museum, Londres (bg). **Wikipedia, L'encyclopédie libre :** (bd). **128 Dorling Kindersley :** Jon Hughes ; Colin Keates / avec l'aimable autorisation du Natural History Museum, Londres (b). **130 Getty Images :** Panoramic Images (t/arrière-plan). **131 Dorling Kindersley :** Andy Crawford / avec l'aimable autorisation du Royal Tyrrell Museum of Palaeontology, Alberta, Canada (bg) ; Avec l'aimable autorisation du Royal Tyrrell Museum of Palaeontology, Alberta, Canada (ch). **Natural History Museum, Londres :** Berislav Krzic (bd). **132-133 Corbis :** Louie Psihoyos. **133 Dorling Kindersley :** (c) Rough Guides / Alex Wilson (td). **U.S. Geological Survey :** (bd). **135 Dorling Kindersley :** Lynton Gardiner / avec l'aimable autorisation de l'American Museum of Natural History (td, bd). **137 Dorling Kindersley :** Lynton Gardiner / avec l'aimable autorisation de l'American Museum of Natural History (td,

c). **141 Dorling Kindersley :** Tim Ridley / avec l'aimable autorisation du Leicester Museum (bd). **145 Dorling Kindersley :** Bruce Cowell / avec l'aimable autorisation du Queensland Museum, Brisbane, Australie (t). **146 Corbis :** Rune Hellestad (b). **148 Dorling Kindersley :** Andy Crawford / avec l'aimable autorisation de l'Institut de Géologie et de Paléontologie, Tubingen, Allemagne (cg, td). **150 Alamy Images :** Fabian Gonzales Editorial (t/arrière-plan). **Getty Images :** The Image Bank / Don Smith (b/arrière-plan). **152-153 Dorling Kindersley :** Philippe Giraud (arrière-plan) ; Steve Gorton / John Holmes - modelmaker. **153 Dorling Kindersley :** Steve Gorton / Robert L. Braun - modelmaker (t). **157 Corbis :** Cameron Davidson (td) ; Louie Psihoyos (bg). **Dorling Kindersley :** Lynton Gardiner / avec l'aimable autorisation du Carnegie Museum of Natural History, Pittsburgh (bd). **158-159 Getty Images :** Siri and Jeff Berting (arrière-plan). **158 Corbis :** Bob Krist (bg). **160 Corbis :** Joson (arrière-plan). **163 Dorling Kindersley :** Jon Hughes (ch). **Science Photo Library :** Walter Myers (bd). **164 Alamy Images :** Alberto Paredes (d). **165 Alamy Images :** Paul Kingsley (bd) ; Tony Waltham / Robert Harding Picture Library Ltd (cdb). **Corbis :** Science Faction / Louie Psihoyos (cg). **Dorling Kindersley :** Colin Keates / avec l'aimable autorisation du Natural History Museum, Londres (tc). **Science Photo Library :** Sinclair Stammers (bg). **169 Corbis :** Louie Psihoyos (cd). **170-171 Corbis :** Aurora Photos / Randall Levensaler Photography (b/arrière-plan). **171 Dorling Kindersley :** Colin Keates / avec l'aimable autorisation du Senckenberg, Forschungsinstitut und Naturmuseum, Francfort (tg). **172-173 Ardea :** Andrey Zvoznikov (arrière-plan). **174-175 Getty Images :** Iconica / Philip and Karen Smith (arrière-plan). **175 Dorling Kindersley :** Jon Hughes (bd). **176 Mike Hettwer :** (bd). **177 Corbis :** Sygma / Didier Dutheil (bg, bc, bd). **178-179 Dorling Kindersley :** Jon Hughes. **179 Dorling Kindersley :** Andy Crawford / avec l'aimable autorisation du Staatliches Museum fur Naturkunde Stuttgart (bg) ; Steve Gorton / Richard Hammond - modelmaker / avec l'aimable autorisation de l'American Museum of Natural History (bd). **181 Ardea :** Francois Gohier (bg). **182-183 Getty Images :** Willard Clay Photography, Inc. (arrière-plan). **184-185 Corbis :** amanaimages / Mitsushi Okada (arrière-plan). **185 Dorling Kindersley :** Colin Keates / avec l'aimable autorisation du Natural History Museum, Londres (td). **186 Dorling Kindersley :** Andy Crawford / avec l'aimable autorisation du Royal Tyrrell Museum of Palaeontology, Alberta, Canada (tg). **187 Corbis :** Science Faction / Louie Psihoyos (td). **188-189 Getty Images :** WireImage / Frank Mullen. **189 Corbis :** George Steinmetz (bg, td, cd, bd). **190 Corbis :** Louie Psihoyos (td). **190-191 Corbis :** Owen Franken (arrière-plan). **191 Corbis :** Louie Psihoyos (tg). **196 Science Photo Library :** Roger Harris (bg). **197 Dorling Kindersley :** Gary Ombler / (c) Luis Rey - modelmaker (td). **Getty Images :** Science Faction Jewels / Louie Psihoyos (tc). **198-199 Corbis :** Nick Rains (arrière-plan). **199 Dorling Kindersley :** Lynton Gardiner (c) Peabody Museum of Natural History, Yale University (td). **200-201 Getty Images :** Spencer Platt. **201 Science Photo Library :** Christian Darkin (t). **202-203 Reuters :** Mike Segar. **203 Corbis :** Grant Delin (b). **206 Corbis :** Jonathan Blair (b). **Science Photo Library :** Mark Garlick. **207 Nicholas/ http://commons.wikimedia.org/wiki/ File:Western-Ghats-Matheran.jpg :** (cd). **Science Photo Library :** Joe Tucciarone (b) ; D. Van Ravenswaay (tg). **208 Corbis :** Layne Kennedy (bg). **Dorling Kindersley :** Colin Keates / avec l'aimable autorisation du Natural History Museum, Londres (bd). **209 Dorling Kindersley :** Jon Hughes (bd). **210 Dorling Kindersley :** Jon Hughes / Bedrock Studios. **211 Corbis :** National Geographic Society (td). **Dorling Kindersley :** Jon Hughes (cd). **212 John Scurlock :** (bg). **213 avec l'aimable autorisation de la Smithsonian Institution. 214 Dorling Kindersley :** Philip Dowell (onglet). **215 Dorling Kindersley :** Andrew Nelmerm / avec l'aimable autorisation du Royal British Columbia Museum, Victoria, Canada (bc). **Science Photo Library :** Pascal Goetgheluck (bd). **216 Ardea :** Steve Downer (tc). **Corbis :** Frans Lanting (td) ; Visuals Unlimited / Thomas Marent (bc) ; Momatiuk - Eastcott (bd). **Getty Images :** AFP / Sam Yeh (cg). **217 Corbis :** Paul Souders (cdh) ; Keren Su (bg). **Dorling Kindersley :** avec l'aimable autorisation du Booth Museum of Natural History, Brighton (tg) ; Nigel Hicks (bc). **218 Corbis :** Lester V. Bergman (tc). **Dorling Kindersley :** Colin Keates / avec l'aimable autorisation du Natural History Museum, Londres (bg). **219 Getty Images :** Ken Lucas (cg). **221 Dorling Kindersley :** Harry Taylor / avec l'aimable autorisation du York Museums Trust (Yorkshire Museum) (b). **224 Corbis :** Radius Images (d). **Getty Images :** National Geographic / Jonathan Blair (tg). **Science Photo Library :** Maria e Bruno Petriglia (bg). **225 Corbis :** Ecoscene / Wayne Lawler (cgb) ; Karl-Heinz Haenel ; Stock Photos / Bruce Peebles (bg, bc) ; Frans Lanting (tg). **Getty Images :** Stockbyte / Joseph Sohm-Visions of America (cgh). **226 Dorling Kindersley :** Lindsey Stock (arrière-plan). **227 Corbis :** Frans Lanting (td). **Dorling Kindersley :** Bedrock Studios (tg) ; Colin Keates / avec l'aimable autorisation du Natural History Museum, Londres (bg). **228-229 naturepl.com :** Dave Watts. **229 Corbis :** epa / Dave Hunt (t) ; In Pictures / Barry Lewis (bd). **230 Science Photo Library :** Christian Darkin. **231 Getty Images :** Photonica / Theo Allofs (cdh). **232 Corbis :** Bob Krist (arrière-plan). **233 Alamy Images :** blickwinkel (bd). **Getty Images :** Ken Lucas (td). **234 Dorling Kindersley :** Colin Keates / avec l'aimable autorisation du Natural History Museum, Londres (cg). **235 Dorling Kindersley :** Jon Hughes / Bedrock Studios (td). **Getty Images :** De Agostini Picture Library (cd). **Science Photo Library :** Mauricio Anton (bd). **236-237 Corbis :** Jonathan Andrew. **236 Science Photo Library :** Dr Juerg Alean (td) ; Richard Bizley (bg) ; Gary Hincks (bd). **237 Corbis :** David Muench (td). **Science Photo Library :** Gary Hincks (bd, bg). **239 Dorling Kindersley :** Bedrock Studios (b). **240-241 Natural History Museum, Londres :** Michael R. Long . **240 Alamy Images :** Martin Shields (bg). **241 Alamy Images :** Martin Shields (tg). **Pyry Matikainen. 242 Alamy Images :** Ryan M. Bolton (tg). **Dorling Kindersley :** Jon Hughes (d). **244 Alamy Images :** Elvele Images Ltd. **245 Dorling Kindersley :** Bedrock Studios (cd). **247 Alamy Images :** blickwinkel (bd). **248-249 Dorling Kindersley :** Bedrock Studios. **248 Getty Images :** Popperfoto / Bob Thomas (b). **250 Corbis :** Carl et Ann Purcell (arrière-plan). **Dorling Kindersley. 251 Corbis :** Kevin Schafer (bd). **255 Science Photo Library :** Walter Myers (bg). **256-257 Corbis :** Annie Griffiths Belt. **257 Science Photo Library :** Larry Miller (b). **258 Getty Images :** Gallo Images / Ray Ives (d/arrière-plan). **259 Alamy Images :** vario images GmbH & Co.KG (bd). **Dorling Kindersley :** Dave King / avec l'aimable autorisation du Natural History Museum, Londres (td, c) ; Harry Taylor / avec l'aimable autorisation du Natural History Museum, Londres (bg). **260-261 Science Photo Library :** Christian Darkin. **261 Ardea :** Masahiro Iijima (bd). **Photolibrary :** Goran Burenhult ; (td). **262 Alamy Images :** ITAR-TASS Photo Agency (b). **Corbis :** Science Faction / Steven Kazlowski (b/arrière-plan). **262-263 Alamy Images :** Gerner Thomsen (c). **263 Alamy Images :** Arcticphoto (t). **Getty Images :** AFP / RIA Novosti (b). **264 Corbis :** Reuters / Marcos Brindicci (bg). **265 Alamy Images :** The Natural History Museum (td). **Corbis :** Buddy Mays (bd). **267 Dorling Kindersley :** Bedrock Studios (cd, bg). **268 Alamy Images :** Niels Poulsen mus (b). **Ardea :** Duncan Usher (tg). **269 Alamy Images :** blickwinkel (td). **270-271 Getty Images :** National Geographic / Sisse Brimberg. **270 Getty Images :** Stone / Robert Frerck (bd) ; Time & Life Pictures / Ralph Morse (bg). **Robert Gunn :** (td). **271 Ministère de la Culture et de la Communication, direction régionale des Affaires Culturelles - région Rhône-Alpes - service régional d'archéologie :** (bg). **Getty Images :** AFP (bd). **274 Getty Images :** Gallo Images / Latitudestock (b). **275 Corbis :** Denis Scott (b). **276 Getty Images :** AFP / Stan Honda. **277 Dorling Kindersley :** Harry Taylor / avec l'aimable autorisation du Natural History Museum, Londres (tg). **278 Science Photo Library** Mauricio Anton. **279 Corbis :** Frans Lanting (bg) ; Sygma / Régis Bossu (tg). **naturepl.com :** Karl Ammann (bd). **Science Photo Library :** John Reader (td). **280 Science Photo Library :** Mauricio Anton. **281 Corbis :** Larry Williams (td). **282 Corbis :** epa / Federico Gambarini. **Dorling Kindersley :** Rough Guides (arrière-plan). **283 Corbis :** Reuters / Nikola Solic (tg). **Science Photo Library :** Pascal Goetgheluck (bg). **284 Science Photo Library :** Christian Darkin (d). **285 Alamy Images :** Sabena Jane Blackbird (ch). **Corbis :** Frans Lanting (bg) ; Sygma / Kevin Dufy (cb) ; Buddy Mays (bd). **The Kobal Collection :** Hammer (t). **286-287 Getty Images :** Gallo Images / Andrew Bannister. **288-289 Getty Images :** Gallo Images / Peter Chadwick. **290 Getty Images :** Gallo Images / Peter Chadwick (onglet). **294 Dorling Kindersley :** Dave King / Jeremy Hunt pour les Centaur Studios - modelmaker (bg). **300 Dorling Kindersley :** Andy Crawford / avec l'aimable autorisation du Royal Tyrrell Museum of Palaeontology, Alberta, Canada (bg). **304 Corbis :** Frans Lanting.

Toutes les autres images © Dorling Kindersley

Couverture : 1er plat : **Dorling Kindersley Ltd** (dinosaures) **Studio LWA/pixabay.com** (décors sauf forêt © **Superstock, imagebroker.net**) ; dos : **Shutterstock** (h) **Studio LWA/pixabay.com** (b) ; 4e plat : **Studio LWA/pixabay.com** (canyon) et **Shutterstock** (dinosaure et squelette).